茶叶市场营销

主　编　潘玉华
副主编　贺　萍　徐　方

中国商业出版社

图书在版编目(CIP)数据

茶叶市场营销 / 潘玉华著. —— 北京：中国商业出版社，2019.6
ISBN 978—7—5208—0776—0

Ⅰ.①茶… Ⅱ.①潘… Ⅲ.①茶叶—市场营销学—中国 Ⅳ.①F724.782

中国版本图书馆 CIP 数据核字(2019)第 100094 号

责任编辑:巫皆富

中国商业出版社出版发行
010—63180647　www.c—cbook.com
(100053　北京广安门内报国寺 1 号)
新华书店经销
北京京丰印刷厂印刷

*

787 毫米×1092 毫米　1/16 开　14.5 印张　210 千字
2019 年 9 月第 1 版　2019 年 9 月第 1 次印刷
定价:42.00

* * * *

(如有印装质量问题可更换)

编委会

主　编　潘玉华
副主编　贺　萍　徐　方
编　委（按姓名拼音顺序）
　　　　陈　静（宁德职业技术学院）
　　　　贺　萍（宁德职业技术学院）
　　　　刘宝顺（武夷山市茶业局）
　　　　潘玉华（宁德职业技术学院）
　　　　徐　方（中共宁德市委党校）

前　言

为了贯彻落实教育部《职业教育与继续教育 2019 年工作要点》(教职成司函[2019]32 号)教育教学内涵建设，深化校企合作、工学结合人才培养模式改革，推动职校和行业企业形成命运共同体。进一步加大专业和课程建设与改革力度，加强实训基地建设，树立全新的教育教学质量观，进一步提高我院教育质量和办学水平。本教材本着满足读者从事茶叶市场营销管理的需要，跟踪市场营销学科世界发展趋势的指导思想，力求从茶叶行业和茶叶企业营销实际出发，针对市场经济条件下茶叶企业市场营销活动和不断发展的需要，吸收国内外先进的市场营销理论和方法，致力于建立完善的茶叶市场营销学体系。坚持理论与实践相结合，阐述与评价相结合，案例分析与复习思考为辅助。为此，我们根据二十一世纪茶叶产业发展的新趋势和高职教学的特点以及目前全国茶叶生产的实际情况，在汲取以往本科《茶叶营销学》教材的精华和吸收近年来国内外先进营销技术理论和方法的基础上，致力突出本教材的实用性和可操作性，并力求做到在理论上够用、实用，突出实践操作技能的内容。本书为高职高专院校茶叶生产加工技术及茶艺与茶叶营销等专业的教科书，也可作为茶业工作者、大中专院校师生学习的参考书。

全教材共十二章，编写分工：潘玉华编写第一章、第六章；贺萍编写第二章、第三章;徐方编写第四章、第五章;陈静编写第七章;刘宝顺编写第八章的第一节;陈春编写第八章的第二节。潘玉华对全书进行了统稿。

在本教材编写中参考了大量的同类书籍和相关材料,从中汲取了许多有价值的研究成果和资料。对此,本教材虽然列出了参考文献,但难免疏漏。在此,在对本教材涉及的专家、学者表示衷心感谢的同时,我们深表歉意!

由于时间仓促,水平有限,书中缺点或错误难免,希读者阅后指正,并提出宝贵意见,以便今后进一步修改提高。

编者

2019 年 9 月

目 录

导论 ……………………………………………………………………… (1)

第1章 茶叶市场营销环境及行业分析 ………………………………… (7)
1.1 茶叶市场微观环境分析 ………………………………………… (7)
1.1.1 茶叶企业内部 ……………………………………………… (7)
1.1.2 流通环节的组织机构 ……………………………………… (8)
1.1.3 消费者 ……………………………………………………… (10)
1.1.4 竞争者 ……………………………………………………… (11)
1.1.5 政府管理部门、新闻宣传机构、高等院校、科研单位 …… (11)
1.2 茶叶市场宏观环境分析 ………………………………………… (12)
1.2.1 政治与法律因素及其对茶叶企业营销的影响 …………… (12)
1.2.2 经济与人口因素及其对茶叶企业营销的影响 …………… (13)
1.2.3 社会文化因素及其对茶叶企业营销的影响 ……………… (14)
1.2.4 科技与自然资源因素及其对茶叶企业营销的影响 ……… (15)
1.3 茶叶行业分析 …………………………………………………… (16)
1.3.1 茶叶行业(产业)概念 ……………………………………… (17)
1.3.2 茶叶行业的划分 …………………………………………… (17)
1.3.3 茶产业链概述 ……………………………………………… (18)

第2章 茶叶市场调查与预测 …………………………………………… (28)
2.1 茶叶市场调查 …………………………………………………… (28)

2.1.1 茶叶市场调查的概念 …………………………………………… (28)
2.1.2 茶叶市场调查的内容 …………………………………………… (29)
2.1.3 茶叶市场调查的程序 …………………………………………… (31)
2.1.4 茶叶市场信息获取方法 ………………………………………… (35)
2.1.5 茶叶市场调查表格设计 ………………………………………… (38)
2.2 茶叶市场预测 ………………………………………………………… (42)
2.2.1 茶叶市场预测的概念 …………………………………………… (42)
2.2.2 茶叶市场预测的内容 …………………………………………… (42)
2.2.3 茶叶市场预测的程序 …………………………………………… (43)
2.2.4 茶叶市场预测的方法 …………………………………………… (47)

第3章 茶叶市场营销组织与管理 ……………………………………… (63)
3.1 茶叶市场营销组织 …………………………………………………… (63)
3.1.1 茶叶市场营销组织的目的 ……………………………………… (63)
3.1.2 茶叶市场营销部门的职能 ……………………………………… (64)
3.1.3 茶叶市场营销组织的演变 ……………………………………… (65)
3.1.4 茶叶市场营销部门的组织形式 ………………………………… (65)
3.2 茶叶市场营销计划 …………………………………………………… (69)
3.3 茶叶市场营销计划实施 ……………………………………………… (72)
3.3.1 茶叶市场营销计划实施的概念 ………………………………… (72)
3.3.2 茶叶市场营销计划实施的过程 ………………………………… (72)
3.3.3 影响茶叶市场营销计划实施的因素 …………………………… (73)
3.4 茶叶市场营销控制 …………………………………………………… (74)
3.4.1 茶叶市场营销控制的程序 ……………………………………… (74)
3.4.2 茶叶市场营销控制的基本类型 ………………………………… (75)
3.4.3 茶叶市场营销控制的具体内容与方法 ………………………… (76)

第4章 茶叶市场营销策略 ……………………………………………… (86)
4.1 茶叶企业目标市场战略 ……………………………………………… (86)
4.1.1 茶叶市场细分 …………………………………………………… (86)
4.1.2 茶叶企业目标市场 ……………………………………………… (88)

4.1.3 茶叶企业市场定位 …………………………………………… (90)
4.2 茶叶产品策略 …………………………………………………… (91)
　4.2.1 茶叶产品整体概念 …………………………………………… (91)
　4.2.2 茶叶产品生命周期策略 ……………………………………… (93)
　4.2.3 茶叶产品组合策略 …………………………………………… (96)
　4.2.4 茶叶新产品开发策略 ………………………………………… (98)
　4.2.5 茶叶品牌策略 ………………………………………………… (101)
　4.2.6 茶叶包装策略 ………………………………………………… (103)
4.3 茶叶价格策略 …………………………………………………… (105)
　4.3.1 影响价格因素 ………………………………………………… (105)
　4.3.2 茶叶定价方法 ………………………………………………… (106)
　4.3.3 茶叶定价策略 ………………………………………………… (109)
4.4 茶叶销售渠道策略 ……………………………………………… (111)
　4.4.1 茶叶销售渠道概述 …………………………………………… (112)
　4.4.2 选择茶叶销售渠道的影响因素 ……………………………… (115)
　4.4.3 销售渠道选择原则 …………………………………………… (116)
　4.4.4 茶叶销售渠道的管理 ………………………………………… (116)
　4.4.5 茶叶商品的实体分销 ………………………………………… (118)
4.5 茶叶促销策略 …………………………………………………… (122)
　4.5.1 茶叶促销概述 ………………………………………………… (122)
　4.5.2 茶叶促销策略 ………………………………………………… (124)

第5章　茶叶推销 …………………………………………………… (135)
5.1 寻找与识别顾客 ………………………………………………… (135)
　5.1.1 顾客的寻找 …………………………………………………… (135)
　5.1.2 目标顾客的识别 ……………………………………………… (137)
5.2 约见与接近顾客 ………………………………………………… (139)
　5.2.1 约见顾客 ……………………………………………………… (139)
　5.2.2 接近顾客 ……………………………………………………… (141)
5.3 推销洽谈 ………………………………………………………… (143)
　5.3.1 推销洽谈概述 ………………………………………………… (143)

5.3.2 推销洽谈的策略与技巧 …………………………………………… (145)
5.4 处理顾客异议 …………………………………………………………… (147)
5.4.1 正确认识顾客异议 …………………………………………………… (147)
5.4.2 顾客异议的产生原因 ………………………………………………… (149)
5.4.3 处理顾客异议的原则与方法 ………………………………………… (150)
5.5 推销成交 ………………………………………………………………… (153)
5.5.1 推销成交的信号识别与策略 ………………………………………… (153)
5.5.2 合同的订立与履行 …………………………………………………… (155)

第6章 茶叶市场营销新趋势 …………………………………………… (165)
6.1 绿色营销 ………………………………………………………………… (165)
6.1.1 绿色营销的概念 ……………………………………………………… (166)
6.1.2 绿色营销的特点 ……………………………………………………… (166)
6.1.3 绿色营销的实施 ……………………………………………………… (167)
6.2 网络营销 ………………………………………………………………… (168)
6.2.1 网络营销的概念 ……………………………………………………… (168)
6.2.2 网络营销的特点 ……………………………………………………… (169)
6.2.3 网络营销的实施 ……………………………………………………… (170)
6.3 关系营销 ………………………………………………………………… (171)
6.3.1 关系营销的概念 ……………………………………………………… (172)
6.3.2 关系营销的特点 ……………………………………………………… (172)
6.3.3 关系营销的实施 ……………………………………………………… (173)
6.4 客户关系管理 …………………………………………………………… (174)
6.4.1 客户关系管理的概念 ………………………………………………… (174)
6.4.2 客户关系管理的内容 ………………………………………………… (175)
6.4.3 客户关系管理的实施 ………………………………………………… (176)
6.5 连锁经营 ………………………………………………………………… (176)
6.5.1 连锁经营的概念 ……………………………………………………… (177)
6.5.2 连锁经营的基本模式 ………………………………………………… (177)
6.5.3 连锁经营的营销实施 ………………………………………………… (178)

第7章 茶叶国际市场营销 (183)
7.1 茶叶国际市场概述 (183)
7.1.1 国际茶叶市场的贸易特点 (184)
7.1.2 我国国际贸易状况 (185)
7.1.3 茶叶国际贸易实务 (185)
7.2 茶叶国际市场营销环境 (187)
7.2.1 茶叶国际市场宏观环境分析 (187)
7.2.2 茶叶国际市场微观环境分析 (190)
7.3 茶叶国际市场营销策略 (192)
7.3.1 茶叶国际目标市场战略 (192)
7.3.2 茶叶国际市场产品策略 (193)
7.3.3 茶叶国际市场定价策略 (199)
7.3.4 茶叶国际市场进入方式和销售渠道策略 (202)
7.3.5 茶叶国际市场促销策略 (204)

第8章 茶叶市场营销技术实训 (212)
8.1 茶叶营销策划的概述 (212)
8.1.1 茶叶营销策划的定义 (212)
8.1.2 茶叶营销策划的分类 (213)
8.1.3 茶叶营销策划的原则 (213)
8.1.4 茶叶营销策划应考虑的因素 (214)
8.2 茶叶营销策划书的结构与内容 (215)

参考文献 (222)

导 论

茶叶市场营销学是我国商品经济发展催生的产物,是运用市场营销学对茶叶行业及茶叶企业营销活动深入研究的成果。它以茶叶市场营销活动为研究对象,以茶叶消费者的需求为研究中心,探讨茶叶行业及茶叶企业茶叶市场营销理论、茶叶市场营销规律、营销战略与策略,为茶叶行业以及茶叶企业营销活动提供理论知识及市场营销实践经验,指导茶叶行业以及茶叶企业有成效的营销和管理。

一、茶叶市场营销

茶叶市场营销(Tea Marketing),简称茶叶营销或茶叶经营,茶叶市场营销不同于茶叶销售或茶叶推销,它是一种管理过程,其核心内容是清楚地了解茶叶企业的顾客及其对茶叶的需求,并使企业所提供的茶叶产品或服务能使顾客满意。因此,茶叶市场营销就是识别、并预测满足茶叶顾客需求以赢利的管理过程,是一项研究茶叶行业以及茶叶企业如何适应和引导顾客的需求,有计划地组织和管理行业或企业的整体活动,把满足要求的茶叶商品或服务送到顾客手中,从而获取最大限度利润的活动。换言之,茶叶企业若要生存和发展,必须善于市场营销,从市场调查开始,分析预测顾客对茶叶的需求,并围绕顾客对茶叶的需求规划企业战略,细分市场,确定目标市场,进行市场定位,研制茶叶产品,制定价格、分销渠道、促销及其组合策略等并予以实施,最终实现企业赢利。这一系列活动构成茶叶市场营销。

二、顾客对茶叶的需要、欲望和需求

顾客对茶叶的各种需要和欲望是茶叶市场营销活动的出发点。顾客对茶叶的需要是指顾客对茶叶没有得到某些基本满足的感受状态，存在于顾客自身生理要求和社会活动及社会交往中，如用茶解渴、交友、体验等。茶叶市场营销者可用不同的茶叶产品和服务满足顾客这些需要。顾客对茶叶的欲望是指顾客对具体能满足需要的茶叶的愿望。顾客对茶叶的欲望比对茶叶的需要多得多，它受各种社会力量和环境，包括家庭、工作环境、社会时尚、商业广告及茶叶企业市场营销的影响而被激发产生。茶叶是个特殊的商品，由于其历史悠久，既有独一无二的生理功效，又有底蕴深厚的文化功能，因此，茶叶可以满足消费者多种欲望。顾客需求是指顾客有能力购买并愿意购买某个具体茶叶产品或服务的愿望。顾客对某个具体茶叶产品或服务有购买能力时，欲望就转化成需求。高档名茶，不仅质优、色香味形俱佳，还是一种社会地位的象征，如果消费者对它不仅有饮用消费欲望，而且买得起、愿意买，才能构成需求。因此，茶叶企业通过对市场调查研究分析，并能预测目标茶叶消费者的需求趋势，据此利用茶叶特殊的生理功效及文化功能优势研制茶叶产品，使其富有吸引力、有支付能力和容易买得到，从而能够影响茶叶目标消费者的需求。或者说对于一种能适应消费者潜在需求的茶叶新产品，通过茶叶企业富有影响力的营销活动和措施，可以诱发茶叶消费者的购买欲望，促成其购买行为的产生。

三、茶叶企业顾客满意

通过满足顾客需求达到顾客满意，最终实现包括利润在内的企业目标，是现代市场营销的基本精神。这一观念上的变革及其在企业管理中的运用，曾经带来美国等西方国家20世纪50年代以后的商业繁荣，以及一些跨国公司的成长。所谓茶叶企业顾客满意是指茶叶企业通过提供适应顾客需求的茶叶商品质量、服务和价值实现的顾客满意，是顾客对茶叶企业产品和服务满足需要程度的体验和综合评估。茶叶企业顾客满意的程度取决于顾客购买茶叶或服务之后实际感受到的绩效与期望的差异程度。市场经济条件下，茶叶企业存在的价值就在于其能否有效地提供满足顾客需要的茶叶产品或服务。

管理大师彼得·德鲁克(Peter F·Drucker)指出：顾客是企业得以生存的基础，企业的目的是创造顾客。由图1可知，茶叶企业作为茶叶交换体系中的一个成员，必须以对方(茶叶顾客)的存在为前提，没有茶叶顾客就没有茶叶企业。顾客决定企业的本质，只有顾客愿意花钱购买茶叶产品和服务，才能使茶叶企业资源变成财富；茶叶企业生产什么茶叶并不是最重要的，顾客对他们所购买的茶叶是否满意才是最重要的，并决定着茶叶企业的命运。从时间上来看,茶叶企业的顾客有两种:老顾客和新顾客。有关研究表明,吸引一个新顾客所花费的成本是保持一个满意的老顾客的5倍;公司70%左右的利润来自老顾客;十分满意的顾客愿意再次购买感到满意的产品;满意的顾客是最好的广告;等等。由此可知,保持老顾客比吸引新顾客更重要,而保持老顾客的关键是顾客满意。茶叶企业要在激烈竞争的国际国内市场立足发展,必须提高顾客的满意程度,采取切实可行的营销策略和措施,争取更多高度满意的顾客,培养顾客对公司及其茶叶产品的忠诚。

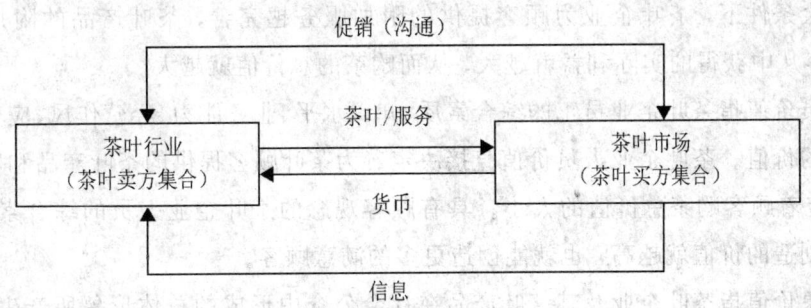

图1 简单的茶叶市场营销系统

四、茶叶企业顾客让渡价值

为了提高顾客的满意度,现代茶叶企业或组织还需了解顾客让渡价值,以便提高顾客满意度的途径。

茶叶企业顾客让渡价值是指其顾客总价值与顾客总成本之间的差额,如图2所示。

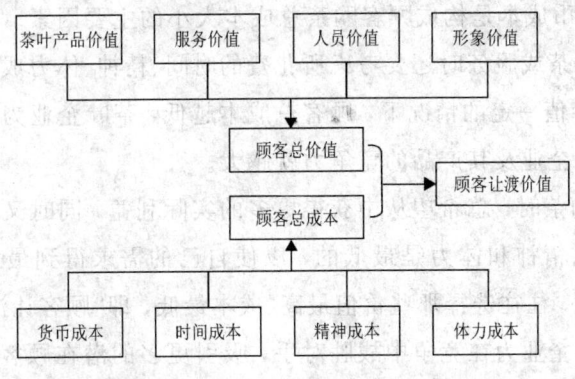

图2 茶叶企业顾客让渡价值示意图

顾客总价值是指顾客购买某一茶叶产品或服务所期望获得的一组利益，包括该茶叶产品价值、服务价值、人员价值和形象价值。

茶叶产品价值是由茶叶产品的功能、品质、品种与外形等所产生的价值。它是顾客需要的关键内容，也是影响顾客选购茶叶产品的首要因素。因而一般情况下，它是决定顾客总价值大小的主要因素。

服务价值是指伴随茶叶的出售，茶叶企业向顾客提供的各种附加服务，包括茶叶品质、功效、冲饮方法等介绍、质量的保证、送货、茶叶知识的培训等所产生的价值。在现代社会条件下，茶叶企业为顾客提供的附加服务越完善，茶叶产品的附加价值越大，顾客从中获得的实际利益就越大，从而购茶的总价值就越大。

人员价值指茶叶企业员工的综合素质、知识水平、业务能力、经营作风、应变能力等所产生的价值。茶叶企业人员价值直接决定着为茶叶顾客提供的茶叶产品和服务的质量，决定着顾客购茶总价值的大小。具有顾客观念的茶叶企业人员的综合素质越高，为顾客创造的价值就越高，也就能创造更多的满意顾客。

形象价值指茶叶企业及其茶叶产品在社会公众中形成的总体形象所产生的价值，包括茶叶企业的茶叶产品、品牌、环境等视觉形象、员工服务态度、道德行为、经营作风等行为形象、以及茶叶企业文化、价值观念、经营思想等理念形象综合产生的价值，与茶叶产品价值、服务价值、人员价值密切相关，在很大程度上是这三个价值综合作用的反映和结果。良好的茶叶企业形象，赋予茶叶产品较高的价值，能给顾客带来心理上的满足感、信任感，使顾客的需要获得更高层次和更大限度的满足，从而增加顾客购茶的总价值。

顾客总成本指顾客为购买某一茶叶产品或服务所支付的货币成本及所耗费的时间、精神和体力成本等。一般情况下，顾客购茶或服务时首先要考虑支付的货币成本的大小，因此，货币成本是构成顾客购茶总成本大小的主要因素。在货币成本相同的情况下，顾客在购茶或服务时还要考虑所花费的时间、精神、体力成本等非货币成本的大小。在顾客总价值一定的情况下，顾客总成本越低，茶叶企业为顾客创造的顾客让渡价值越大，茶叶企业及其产品的竞争力就越大。

由于顾客在购茶时，总希望从中获得更多的实际利益，同时又希望付出的有关成本包括货币、时间、精神和体力是最低的，以使自己的需求得到最大限度的满足。故而，顾客在购茶时，往往选择那些价值最高、成本最低，即"顾客让渡价值"最大的茶叶产品。因此，茶叶企业为在竞争中战胜对手，吸引更多的潜在顾客，就必须提供比竞争对手更多的"顾客让渡价值"，才能提高顾客满意度，以促进顾客更多地购买本茶叶企业的产品。为此，茶叶企业可以从两个方面提高顾客满意度，增强竞争力：一是改进提高茶叶产品、服务、人员和企业形象，以提高顾客购茶的总价值；二是通过降低成本、改善销售渠道与促销，以减少顾客购茶的货币成本及时间、精神与体力的消耗。

例证

中国茶叶市场的四大营销模式

中国作为世界茶叶的第一生产、第一消费大国，茶叶与人们的生活息息相关。现代茶叶市场可分为四大营销模式。

一、天福茗茶的连锁店模式

从1993年创办至今，天福集团在中国大陆共开设994家"天福茗茶"连锁店。天福坚持"老行业、新经营"的理念，把现代企业管理模式融入传统行业中，创建了一套茶业连锁店扩展管理方法，使得"天福茗茶"直营连锁店在各大城市迅速发展。连锁店在大陆各个中心城市的分布，加快了连锁店和消费者之间的信息传递，既方便了企业以产品为媒介将信息传递给消费者，也加快了消费者向企业传递需求的信息，大大缩短了新产品的上市时间，从而抢先占据市场。天福新产品的迅速更新换代，使得其他的企业只能作为跟随者。天福模式的精髓在于，不做生产型企业，而是将企业定位于能够控制终端销售的营销型企业，通过委托加工，什么茶好就卖什么茶，通过搭建直接面对消费者的营销平台，充分供应能为消费者接受的产品，从而化解销售压力。也因此，天福当之无愧地成为中国茶企的龙头老大。

二、立顿的超市模式

立顿是联合利华旗下的一个品牌。这个被冠之以"世界第一茶"品牌的企业，它的袋泡茶在全球的销售额达到数十亿美元，一个品牌的全年利润额就超过我国茶叶的出口总值。立顿的成功之处在于它剥离了传统的茶叶文化模式，将注意力转移到年轻一代的身上，无疑，立顿袋泡茶的时尚、快捷更受他们青睐。在营销模式方面它也是标新立异的，在销售上它认准人人都熟悉的超市货架，锁定在普通民众的消费生活区，同时充分利用各种宣传方式，不断塑造其积极自信的产品形象，吸引年轻人的眼球。但令人遗憾的是，尽管高度国际化的立顿红茶在国际市场上呼风唤雨，而在中国市场上却不尽如人意，从一个侧面也说明了中国的茶企仍有无限的上升空间。

三、红女吃茶的品类模式

说到中国的茶企，不能不提红女。不得不说，这是一个大胆的企业。红女的出现，可以说是对中国几万家茶企发出了挑战。它在传统的茶企中间，大胆地开辟了一个新的茶品类,就是吃茶。对习惯了喝茶的人们,吃茶确实是个新鲜的词。当其他的企业都在忙着证明自己的茶喝起来味道、口感都是上乘的时候,红女却说"喝茶不如吃茶好",并找出大量的证据来证明自己的观点。它从健康、营养的角度出发,将传统的茶重新定位到养生的范畴,把那些上等的绿茶、红茶、青茶等破壁成茶粉,佐之以独创的吃茶伴侣,利用互联网的影响,不断宣传自己的产品理念和形象,在网络上红红火火起来。

四、传统的茶叶批发市场模式

茶叶批发市场是比较传统的茶叶营销模式,也是国内大多数茶企仍然选择着的营销模式。为了适应我国茶叶市场变化需要,国内已经形成比较完善的茶业批发市场网络。目前,大约有60%的茶叶是通过批发市场进行销售的。我国茶叶批发市场已经具备了产品的收集、整理,价格的形成,以及产品的批发等功能,而且市场通过不断投入和改造,为交易双方提供包括信息、仓储、运输在内的服务功能。

茶叶消费模式将趋向"四化",即生产无公害化、产品多样化、品牌名牌化、网络信息化,显然,传统营销模式已无法满足市场的发展需求,因此,我国的茶叶市场销量要实现更大的突破,就必须加强自身的改革,实现产业的升级。

〔资料来源:王广伟.中国茶叶市场的四大营销模式[J].农家参谋,2012(11):39〕

第1章 茶叶市场营销环境及行业分析

茶叶市场营销环境，是指与茶叶企业营销活动有潜在关系的所有外部力量和相关因素的集合，它是影响企业生存和发展的各种客观条件。

茶叶企业的营销环境通常分为微观环境和宏观环境，前者称为直接营销环境，即与茶叶企业经营活动直接相关的，如茶叶企业的供应商、营销中间商、顾客、竞争者等；后者称为间接营销环境，包括人口、经济、政治、法律、科学技术、社会文化及自然地理等多方面的宏观环境要素。两者之间并非并列关系，而是主从关系，即直接营销环境受制于间接营销环境。

每一个企业都是在极为复杂多变的市场环境下进行营销活动的，茶叶企业概莫能外。本章拟从环境因素对茶叶营销的影响进行分析，为茶叶企业制定营销策略提供依据。

1.1 茶叶市场微观环境分析

1.1.1 茶叶企业内部

许多茶叶企业面临相同的外部环境，但取得的营销效果往往并不一样，这是因为它们有着不同的内部环境要素。

在内部各环境要素中，人员是茶叶企业营销策略的确定者与执行者，是茶叶企业最重要的资源。茶叶企业管理水平的高低、规章制度的优劣决定着茶叶企业营销机制的工作效率。例如，北京吴裕泰茶叶公司是具有悠久历史的老字号茶叶集团，公司拥有50多家连锁店，经营品种有300余种，年销售额以25%的速度增长，目前已超过1

亿元。吴裕泰辉煌业绩的背后，是其先进的企业管理制度，以管理促营销，其营销模式堪称茶叶行业典范。单就人力资源管理而言，吴裕泰就在每个环节上都下足了功夫。例如，建立系统的人员档案管理和工资管理制度；实行顾客投诉一票否决制，明确规定只要接到顾客投诉，员工就要接受下岗培训的处理；实行职工轮流培训制度；积极地引入高素质的外部人力资源，每年邀请中国农业科学院茶叶研究所、浙江大学等单位茶叶审评专家对吴裕泰的所有茶叶进行审评，确保茶叶质量在同行业处于领先地位。"半生喝茶，一世情缘"，这是北京众多茶友对百年老字号吴裕泰茶庄的高度评价，在京城经营茶叶的大大小小茶庄有上千家，要在普通顾客中有这么好的口碑实属不易，但这正是吴裕泰不断提高员工素质、竭诚服务顾客所得到的回报。

此外，茶叶企业文化和茶叶企业组织结构是两个需要格外注意的内部环境要素。所谓茶叶企业文化，是指茶叶企业的管理人员与职工共同拥有的价值标准、经营哲学和行为准则等。良好的茶叶企业文化可以促使茶叶企业员工努力工作以取得更高的绩效，从而更好地实现茶叶企业的目标。茶叶企业的组织结构主要是指茶叶企业营销部门与茶叶企业其他部门之间的相互关系，它关系到茶叶企业开展营销活动的效率。

例如，吴裕泰的企业文化包括：①核心理念：感谢前辈、回报社会、顾客为尊、为中国茶走向世界而孜孜以求。②经营行为，包括一个打造：历时一百余年，跨越三个世纪，历经无数个日夜的精心研磨，终于打造出中国"茶"业的金色品牌——吴裕泰；两个为本：以人为本，以德为本；三个为了：一切为了顾客，为了顾客一切，为了一切顾客。③广告语：跨越三个世纪，好茶始终如一——吴裕泰。

1.1.2 流通环节的组织机构

1. 供应商

供应商所提供的资源主要包括原料、设备、能源、劳务等。例如，一家精制茶厂的供货商包括提供毛茶原料的初制茶厂、提供精制设备的茶机制造厂商以及提供能源的电力公司等。

茶叶企业在寻找和选择供应商时，应考虑供货的稳定性与及时性、供货价格的高低及供货的质量水平。应特别注意以下两点：第一，要选择那些能够提供品质优良、价格合理的资源，交货及时，有良好信誉的供应商，并且要与主要供应商建立长期稳定的合作关系，保证茶叶供应的稳定性；第二，茶叶企业必须使自己的供应商多样化，尽可能多地联系供货人，以免在与供应商的关系发生变化时，使茶叶企业陷入困境。例如，对浙江省茶叶企业的调查表明，近年来不少茶叶企业纷纷从福建、贵州等地调入生产眉茶、珠茶的毛茶原料,而且调入量有逐年增加之势。主要是因为浙江省的劳动力成本高,生产价格低廉的大宗茶已无优势可言,因此舍近求远,从省外调入质优价廉的原料便能改善出口茶叶企业的微观环境,提高产品的市场竞争力。

2. 中间商

中间商是协助茶叶企业推广、销售和分配产品给最终买主的茶叶企业。它可分为两类:代理中间商和买卖中间商。代理中间商专门介绍客户或与客户磋商交易合同,但并不拥有商品所有权;买卖中间商又称经销中间商,主要有批发商、零售商和其他再售商,他们购买商品,拥有商品所有权,再出售商品。中间商对茶叶企业产品从生产领域流向消费领域具有极其重要的影响。因此,茶叶企业必须选择合适的中间商,并随时了解和掌握其经营活动,采取一些激励性合作措施,推动其业务活动的开展。

目前,我国名优茶大多采取生产茶叶企业直销、茶农自产自销等产销一条龙的销售模式,后继销售商的作用并不突出。但今后,随着名优茶消费群体的扩大,以及茶叶生产与商业流通环节专业化分工程度的加深,名茶直销的比重可能下降,而通过茶庄、专业商店和超市销售的比重会有所增加,更多的名茶生产企业将有赖于后继销售商的协作来扩大产品的市场占有率。

我国茶叶出口由于批量大,且以薄利多销为主,因此,在国内名茶销售中很少采用代理方式,但代理方式对出口茶而言却大有用武之地,利用国外代理商的渠道优势可在进口国目标市场进行广泛的分销。茶叶出口企业应积极稳妥地与国外代理商建立业务关系,尽量选择有实力、诚信可靠的代理商,及时处理代理商反馈的市场信息,更好地发挥代理商的作用,以进一步拓展我国茶叶出口市场。

3. 物流公司

物流公司协助茶叶企业储存产品和把产品从原产地运往销售目的地。根据服务内容的不同,物流公司包括仓储公司和运输公司。顾名思义,前者提供储存和保管商品的服务;后者负责通过各种运输工具把货物运往目的地。

充分利用现代快速、便捷的商流、物流、信息流,是茶叶企业提高营销效率的重要手段。尤其对茶叶出口企业而言,由于出口茶批量大,运输距离长、风险较大,运输成本相对较高,而出口茶的货价相对较低,因此,茶叶企业必须精打细算,选择合适的承运人和运输路线等,尽量节省运输成本。此外,尚需从运输时效性、安全性和交货方便性等方面进行综合考虑。这方面工作稍有不慎,会影响到履约的安全性,使出口茶叶企业蒙受损失。

4. 营销中介机构

营销中介机构主要包括市场调研公司、广告公司、各种广告媒介及市场营销咨询公司,他们协助茶叶企业选择最恰当的市场,并帮助茶叶企业向选定的市场推销产品。

由于当前茶叶生产主体规模小,交易分散,因此,营销中介机构对于茶叶国内市场促销尚缺乏充分施展的空间。随着茶业产业化进程的推进,以及现有茶叶企业通过兼并、联合不断扩大规模,今后,茶叶行业对于营销中介服务的需求会越来越大。通过广告公司这样的专业公司来进行品牌的策划和宣传,将大大提高茶类产品的市场知名度,对于提升茶叶企业的形象也十分有利。由于提供营销中介服务的专业公司分布很广,因此,当茶叶企业决定与之建立委托和协作关系时,必须作出谨慎的选择,选择的依据与对供应商的选择相似。

5. 金融保险机构

金融机构主要为茶叶企业办理融资业务,而保险公司可为茶叶企业的财产与运送的货物提供经济保障。金融保险机构也是茶叶企业营销直接环境的重要组成部分,因为许多茶叶企业都需负债经营,尤其对于上规模的茶叶企业,外部资金的供应及时性更为重要。一旦茶叶企业不能与银行等金融机构建立良好的业务关系,就可能因资金供应链断裂而严重影响到生产经营活动,尤其是茶叶企业决定开发新产品或扩大生产规模时,更应注意这一点。此外,无论是贷款还是保险业务都会产生相应的财务成本,其成本的高低分别由贷款利率和保险费率决定。因此,茶叶企业应选择合适的金融保险机构及相应的业务种类,实现对这一成本的有效控制。

1.1.3 消费者

消费者即产品的最终购买者。满足消费需求是所有市场营销工作最基本的出发点,因此,不断提高产品在消费者中的信誉度和影响力,是茶叶企业改善微观营销环境的重要途径。茶叶企业尤须注重与消费者的沟通,因为就商品属性而言,名优茶等难以做到严格规格化、定型化的产品均属搜寻品,而非经验品。绝大多数消费者不具备鉴别茶叶优劣的专业知识,更何况茶叶质量除用感官品质来衡量外,还涉及理化成分和卫生质量等隐性指标。因此,一旦消费者不能方便及时地了解茶叶产品的质量信息,就会因信息不对称而带来"买茶难""质优价次""以次充好"及消费者受骗上当等问题。可见,茶叶企业必须克服"酒好不怕巷子深"的观念,加强对产品知识的介绍和宣传,尽量减少消费者的搜寻成本,以增强消费者的"回头率"和对茶叶企业产品的认同度,扩大销售。

1.1.4 竞争者

在市场经济体制下,竞争无处不在,有行业之间的竞争、产品之间的竞争,也有品牌之间的竞争。竞争是茶叶企业的一种外部环境要素,竞争是把"双刃剑",既是效率,也是威胁。

为了在竞争中争取主动,茶叶企业必须根据对手经营策略的变化而及时调整自己的营销策略。而要做到在激烈的市场博弈中游刃有余,首先,茶叶企业需要选准自己的竞争对手;其次,茶叶企业应尽量多地了解竞争对手的经营策略,做到知己知彼,百战不殆。

此外,茶叶企业必须对所面临的竞争方式和所处的市场结构有明确的把握。例如,我国的名茶生产企业多而分散,经营规模普遍不大,存在产品差异性,因此,其市场结构较接近垄断竞争方式;而炒青等大宗毛茶,由于产品的技术含量较低,品牌特色不明显,且普遍以散装茶方式销售,因此比较接近完全竞争方式;我国的出口茶生产企业,由于生产规模较大,茶叶企业家数量有限、产量较集中,而且产品大多属于老茶号,差异性不明显,因此,较接近寡头垄断方式。茶叶企业在不同的市场结构下需采用相应的竞争策略,如垄断竞争方式应重视品牌、产品质量、交货条件等非价格竞争因素;完全竞争方式应注重对产品生产成本的控制;而寡头垄断方式则较讲究产品的价格策略。

同行之间既可成为竞争对手也可成为相得益彰的商业伙伴,地缘相对靠近的同业竞争者在相互争夺客户资源的同时,也可能因市场的集聚效应而产生外部规模优势。例如,杭州湖滨一带,茶馆分布最为集中,而茶馆生意却是杭州城最为红火的,形成"茶馆一条街"。又如,地摊式茶叶市场变场外的分散交易为场内的集中交易,尽管摊主之间无可避免地存在面对面的竞争,但因为市场外部优势的存在,各摊位反而能得到比分散交易情况下更多顾客的眷顾。可见,在某些情况下,茶叶企业可利用竞争对手来营造"环境优势"。

1.1.5 政府管理部门、新闻宣传机构、高等院校、科研单位

政府管理部门、新闻宣传机构、高等院校、科研单位既是企业不可忽视的环境资源,加强与这些公共部门的沟通联系也是企业的一种促销策略。为了树立良好的公众形象,企业必须加强与这些公共部门的沟通联系,取得这些公共部门的理解和支持;同时还必须按主动性社会营销导向,强化社会职能意识,做到以人为本,以诚信为本,

并与企业文化建设结合起来,在企业员工中大力倡导"为民造福""为产业发展做贡献"的奉献精神。

茶类产品从总体来看,其"绿色、健康、廉洁、文明"的形象已深入人心,并在海内外赢得了较高的赞誉。但就具体一家茶叶企业而言,不可能因为其"出身好"而拥有与生俱来的市场美誉,一旦不负责任的行为被媒体曝光,如掺假、质量管理上的放任自流导致产品卫生抽检不合格等,则不仅茶叶企业自身形象严重受损,给茶叶行业的整体形象也可能带来负面影响。所幸的是,这种自毁形象的茶叶企业毕竟是极少数的。只要茶叶企业不断提高经营管理水平,在茶类产品整体良好形象的基础上,努力塑造茶叶企业自身的市场美誉度,茶叶行业的前途将会越来越光明。

1.2 茶叶市场宏观环境分析

1.2.1 政治与法律因素及其对茶叶企业营销的影响

政治与法律是影响茶叶企业营销的重要宏观环境因素。政治与法律相互联系,共同对茶叶企业的市场营销活动生产影响发挥作用。

1. 政治环境因素及其对茶叶企业营销的影响

(1)政治局势是指茶叶企业营销所处的国家或地区的政治稳定状况。一个国家的政局稳定与否会给茶叶企业营销活动带来重大的影响。例如,改革开放以来,我国政通人和,人民安居乐业,各项事业蓬勃发展,这就给茶叶企业的市场营销提供了良好的环境和广阔的发展空间。茶叶产量持续增加,消费需求不断扩大,呈现产销两旺的景象。与之形成对比的是,在一些局势动荡的国度里,社会矛盾尖锐,秩序混乱,人民于惶惶然中度日,消费需求受到很大限制。在这种情况下,茶叶市场营销会遭遇较大的风险。

(2)方针政策是指各个国家在不同时期,根据不同需要制定一系列的方针、政策。政策导向必然会对市场营销环境产生深远的影响。

例如,近年来,我国通过增加投资、完善社会保障制度、刺激消费等方式,实施"拉动内需"的宏观经济政策,这就为我国茶类产品中需求弹性较大的高档消费品,如极品名茶、保健茶制品、茶饮料等提供了更广阔的市场空间,并进一步促进茶叶深加工产业的发展;而各种假期的启动,又可为以提供休闲服务为主的茶馆业带来新的市场机遇。

2. 法律环境因素及其对茶叶企业营销的影响

茶叶企业必须知法守法，自觉用法律来规范自己的营销行为；同时，还要善于运用法律武器维护自己的合法权益。

茶叶企业在从事出口营销时，必须重视进口国的相关法律、法规。许多国家的法律对商标、广告、标签等都有自己特别的规定。比如，加拿大的产品标签要求用英、法两种文字标明；法国却只使用法文产品标签；德国不允许做比较性广告和使用"较好""最好"之类的广告词等。

1.2.2 经济与人口因素及其对茶叶企业营销的影响

经济和人口因素是茶叶营销活动十分重要的外部条件，因为经济发展水平决定消费者的需求结构及需求档次，而人口数量决定了市场规模。一般而言，越是经济发达、居住人口较集中的地区，对消费品特别是高档消费品的需求量就越大，反之亦然。

1. 经济环境及其对茶叶企业营销的影响

经济环境的构成因素很多，从营销角度看，主要包括社会购买力和消费者的收入与支出模式的变化。社会购买力是指一定时期社会各方面用于购买产品（包括劳务）的货币支付能力。总的来说它的大小，取决于国民经济的发展水平以及由此决定的国民平均收入水平。我国国民经济近十多年来发展迅速，社会购买力成倍增加，这给我国茶业的发展注入了强劲活力。

从总体上看，随着经济的发展，我国茶叶企业面临的营销机会不少。例如，我国的茶饮料从20世纪90年代起步，短短的十余年时间，每年以300%左右的惊人速度增长，目前已成为国内市场上继碳酸饮料、矿泉水之后的第三大饮料。

随着消费者收入水平的提高，茶叶消费水平和档次明显提高。据研究（黄祖辉等，2004），消费群体中，月收入水平居于中上等水平的消费者购买有机茶等安全茶叶产品，实现绿色消费的意愿最为明显。目前，茶叶的市场需求已由大宗茶转向名优茶，由传统茶叶产品向茶饮料、袋泡茶以及保健茶等新一代茶制品延伸。消费者已不仅仅将茶叶当作口腹之饮，而越来越讲究品位，追求精神之饮。

2. 人口环境及其对茶叶企业营销的影响

（1）人口是构成茶叶市场的主要因素之一。在其他条件相同的情况下，人口越多，茶叶市场越大。如印度人口众多，这就决定了它既是世界上最大的茶叶生产国，也是世界上最大的茶叶消费国。就我国的情况而言，研究表明（苏祝成，2001），虽然国内人均茶叶消费量和国民收入有显著相关性，但随着人们收入水平的提高，茶叶人均消费量随着收入增长而增加的幅度是递减的。按照目前的收入水平，在传统的茶叶消费模式下，国内茶叶需求量随收入增长的余地已较为有限，而主要依赖于人口的自然增长。

（2）除了人口数量之外，人口的年龄结构、地理分布、婚姻状况、职业分布、人口流动性及其文化教育等人口特性，都会对市场格局产生深刻影响。

1.2.3 社会文化因素及其对茶叶企业营销的影响

社会文化因素通过影响消费者的思想和行为来影响茶叶企业的市场营销活动，包括民族特征、价值观念、风俗习惯、教育水平、语言文字等内容，下面仅对与茶叶企业营销关系较为密切的社会文化因素进行讨论。

1. 语言文字

语言的差异相当程度上代表着文化的差异，语言不通则信息不畅，茶叶企业应充分了解语言差异对市场营销决策的影响。尤其当茶叶企业从事对外营销活动时，茶叶广告、产品目录、合同和牌号等的文字翻译，意味着两种文化的交流，稍有不慎就会对营销产生负面影响。如"价格低廉"一词直译成"very cheap"，会给人以劣质之感，用"competitive price"则比较合适。又如茶叶能"清热退火"，若直译成他国文字，人们就很难理解这一中医术语的含义。对异国文化的高度敏感，往往成为茶叶企业在国际商战中出奇制胜的重要因素。

2. 价值观念

价值观念是人们对社会生活中各种事物的态度、评价和看法。人类行为方式主要取决于价值观念。不同的价值观影响人们对品质、时间和风险等问题的态度，从而导致消费行为的差异。茶叶企业只有弄清这些观念上的差异，才能择定有效的营销方案。例如，中国人往往把茶叶的"新"与"陈"视为品质好坏的重要标准，而西非人对新茶与陈茶区分不敏感，认为陈茶味更浓、更好。肥壮的云南毫尖红茶，在伊朗认为是高档茶，而在阿拉伯地区并非如此。因此，茶类商品的品质必须与目标市场需求和消费习惯相吻合，否则营销策略难以奏效。

3. 宗教信仰

宗教是文化中处于深层的东西，对于人的信仰、价值观和态度的形成影响甚大。茶叶企业必须对目标市场的宗教习惯有所了解，尤其是在开展对外营销活动时，必须根据进口国宗教信仰的不同，采取相应的茶叶出口营销策略。例如，我国绿茶出口几乎全部销往伊斯兰教国家或拥有大量穆斯林侨民的地区。这一现象并非偶然，而是与伊斯兰教禁止饮酒的清规戒律有关。绿茶可以提神助兴，故"以茶代酒"和"以茶兴教"成为他们根深蒂固的消费习惯。倘若茶叶企业在向这些国家和地区出口茶叶的包装上配以伊斯兰教情调的图案，并利用中东麦加朝圣活动之类的宗教节日进行宣传促销，定会收到较好效果。

4. 风俗习惯

风俗习惯对消费者的消费嗜好、消费模式、消费行为等具有重要的影响。我国是一个多民族国家，各民族都有自己的饮茶习俗，千里不同风，百里不同俗。如蒙古族人喜饮奶茶，西藏人习惯喝酥油茶，湖南人喜欢擂茶，云南白族爱喝三道茶，等等。此外，不同地方的文化对颜色和图案有不同的偏好和禁忌。例如，在中国习惯用红色作为红茶包装的基色调，这既寓意一种吉祥之兆，也反映了红茶的自然色泽；而在某些宗教国家，红色只能让他们联想到魔鬼和死亡。又如，爱尔兰茶叶商习惯用色彩来代表和区分茶叶的档次，红色、褐色和绿色分别是高、中和低档袋泡茶的标志；日本人忌用荷花图、英国人忌讳大象、在德国方形比圆形吃香等。可见，茶叶企业在产品设计、广告和包装等色彩的运用上也要与消费市场文化规范相协调，做到"入境随俗"，否则对营销会产生不利的影响，甚至起误导作用。

5. 茶文化

茶虽是一种饮料，一旦有文化的融合和渗透，便能形成独特的茶文化，就会有无穷的价值和巨大的生命力。从世界各国的茶叶贸易和消费来看，都离不开茶文化这一背景。几千年来的中华茶文化使中国人的生活处处渗透着茶香。英国并不产茶，却盛行从东方古国传来的茶文化。在与众多饮料的竞争中，茶叶消费始终雄踞第一位，茶文化是英国茶叶消费经久不衰的支柱。

在新的历史时期，传承千年的中华茶文化，只有不断推陈出新、与时俱进，才能焕发出新的生机与活力。我国台湾地区茶区发展的经验表明，茶文化是茶叶企业所拥有的一种独特资源，是茶类产品在饮料市场越来越激烈竞争中能够制胜的法宝。开展茶文化营销，一方面能提升茶类产品的文化品位，提高其附加值；另一方面，也能增进信息沟通，有助于消费者对茶叶知识的了解与认同，增加消费效用，具有很好的宣传、促销效果。

1.2.4 科技与自然资源因素及其对茶叶企业营销的影响

1. 科技环境对茶叶企业营销的影响

现代科学技术是社会生产力中最活跃和决定性的因素，一方面，科学技术突飞猛进、新原理、新工艺、新材料等不断涌现,使产品更新换代速度加快,从而影响到市场营销的产品策略;另一方面,科学技术的发展为提高营销效率提供了更新、更好的物质条件,运输工具和运输方式的改进、信息技术的迅速发展,为茶叶企业营销组合中的促销策略和渠道策略提供了更广阔的施展空间。

虽然,就茶叶行业总体而言,科技投入与推广不足,科技贡献率尚不到25%,但从茶叶企业的层面,科技对进一步提高经营绩效的作用已越来越突出。近年来,保健茶、茶饮料、速溶茶、冰茶等较高技术含量的茶类新产品不断涌现,促进了传统茶叶产品的升级换代,提高了茶叶产品的附加值。同时,这些新产品的开发也吸引了社会大量投资,有助于提升茶叶行业整体竞争实力。

此外,因互联网能够克服营销过程中时空的限制,可以为市场中所有顾客提供及时的服务,同时通过互联网的互动性可以了解不同市场特定需求并有针对性地提供服务,因此,互联网可以说是满足消费者需求最具魅力的营销工具。现今中国有数亿网民,而且大多属于收入相对较高、购买力较强的消费阶层,网上客户群体不容忽视。

2. 自然地理环境及其对茶叶企业营销活动的影响

一个国家、一个地区的自然地理环境包括该地的自然资源、地形地貌和气候条件,这些因素都会不同程度地影响茶叶企业的营销活动。就茶叶国际市场而言,各国气候条件的不同会导致茶叶消费水平的差异。一般来说,地处热带和寒带地区的茶叶消费高于温带地区。气候干燥地区高于气候比较潮湿地区,而高原地区和牧区又高于平原和农业地区。如西非绿茶消费水平之高,除生活习惯所致外,显然与其炎热、干燥的气候条件密切相关。就国内茶叶市场而言,处于不同地理位置的茶叶消费者,对同类茶叶的爱好和需求有所不同。如西北边区居民,因当地蔬菜不能生长,就争先购买砖茶,以补充人体的营养之需;而东北地区的居民,多数喜欢茉莉花茶。我国由于地域辽阔,南北温差较大,所以对茶的选择具有明显的差异。茶叶企业必须根据市场所处的地理位置和气候条件,有针对性地制定市场营销策略。

1.3 茶叶行业分析

在对市场环境分析之后,必须对茶叶行业及其特点、竞争规律及竞争者进行深入分析,进而明确茶叶企业或进入茶叶行业的可行性、或已进入茶叶行业的茶叶企业明确自己在竞争中的地位,以便制定或调整企业切实可行的战略规划,包括竞争战略,保证茶叶企业在日益激烈的市场竞争中不断壮大并持续发展。

1.3.1 茶叶行业(产业)概念

在市场营销学中,买方的集合被称为市场,卖方的集合被称为行业。进一步,从竞争者行为角度分析,行业是指一组提供一种或一类相互密切替代产品的卖方的集合。所谓密切替代产品是指具有高度需求交叉弹性的产品。如果一种产品的价格升高引起另一种产品的需求增大,这两种产品就是密切替代产品。生产和销售这两种产品的所有企业便构成一个行业。中国《国民经济行业分类》标准将行业定义为:一个行业(或产业)是指从事相同性质的经济活动的所有单位的集合。由此可知,所有生产和销售茶叶的企业构成茶叶行业,生产和销售绿茶的所有企业构成绿茶行业。茶叶行业(或茶叶产业)可简称为茶行业(或茶产业)或茶业,泛指从事茶叶产品生产经营或服务的组织和个体的集合。

1.3.2 茶叶行业的划分

根据中国国民经济核算中行业部门的分类及产业演变理论试对现代茶行业进行划分,结果见表1-1。

随着社会的发展和科学技术的进步,茶行业会进一步细化,茶产业链会不断加长加宽,茶产业结构会不断优化,对茶农、茶区经济、茶叶企业发展以及消费者的健康、社会和谐文明贡献也会逐渐扩大。

表1-1 现代茶行业(产业)分类

茶产业门类	茶产业大类	茶产业中类、小类
第一产业	农业	茶叶种植业、茶树育种业等
第二产业	制造业	茶叶加工业:茶叶初加工业、茶叶精加工业、茶叶深加工业等;茶叶生产资料业:茶叶机械设备制造业等
茶产业门类	茶产业大类	茶产业中类、小类
第三产业	商业	茶叶批发零售业等
	餐饮业	茶馆业等
	旅游业	茶文化休闲旅游业
	教育科研	茶学教育、茶叶科研、茶技能培训组织等
	技术服务	各种茶叶技术服务业等
	会展业	各种形式的茶叶展业

1.3.3 茶产业链概述

根据产业演变理论及产业链理论可知,在科技进步、社会需求以及市场竞争的推动下,茶叶产业演变过程中,关联茶产业不断产生,也即茶产业链不断延长或拓宽,茶产业形成了链状结构,因此,茶产业链形成了。

1. 茶产业链概念

产业链即从一种或几种资源通过若干产业层次不断向下游产业转移直至到达消费者的路径。它包含四层含义:一是产业网络结构的表达;二是产业关联程度的表达,产业关联性越强,链条越紧密,资源的配置效率也越高;三是资源加工深度的表达,产业链越长,表明加工可以达到的深度越深;四是满足需求程度的表达,产业链始于自然资源、止于消费市场,但起点和终点并非固定不变。产业链的实质就是产业关联,而产业关联的实质就是各产业相互之间的供给与需求、投入与产出的关系。产业链的延伸则和产业特性有一定关系,能够专业化深化的产业容易延长产业链。产品的综合利用程度越高,则产业链越宽。

茶产业链将茶产品作为其要素,因此,可以认为茶产业链是指与茶叶产品生产密切相关的具有关联关系的产业群所组成的网络结构。茶产业链的结构形态主要表现在其产业链的长度和宽度。这里所说的茶产业链的长度,是指产业链中由起点到终点的环节多少,它是对茶产品加工深度的刻画。而茶产业链的宽度,是指茶产品(包括其副产品)的用途多少,它反映的是茶产品综合利用的广泛程度。

例如,就茶的饮用功能而言,其主体运行轨迹是一条线性产业结构链:植茶(鲜叶)—初加工(毛茶)—精加工(商品茶)—商场,这四个环节构成这条产业链的长度。在茶的综合利用上,从植茶(茶树、鲜叶)至加工(毛茶、成品茶)各环节的茶产品都有多种用途。如茶树用途:(1)采摘的鲜叶可制成毛茶,除可作为成品茶的原料,还可作为速溶茶、即饮式茶饮料、茶提取物的原料;(2)茶园可开发成休闲旅游观光园;(3)茶籽可生产成高级食用油——茶籽油,其副产品可加工为有机肥——茶饼。因此,包括作为饮料在内的上述所有用途构成了茶产业链的宽度(见图1—1)。

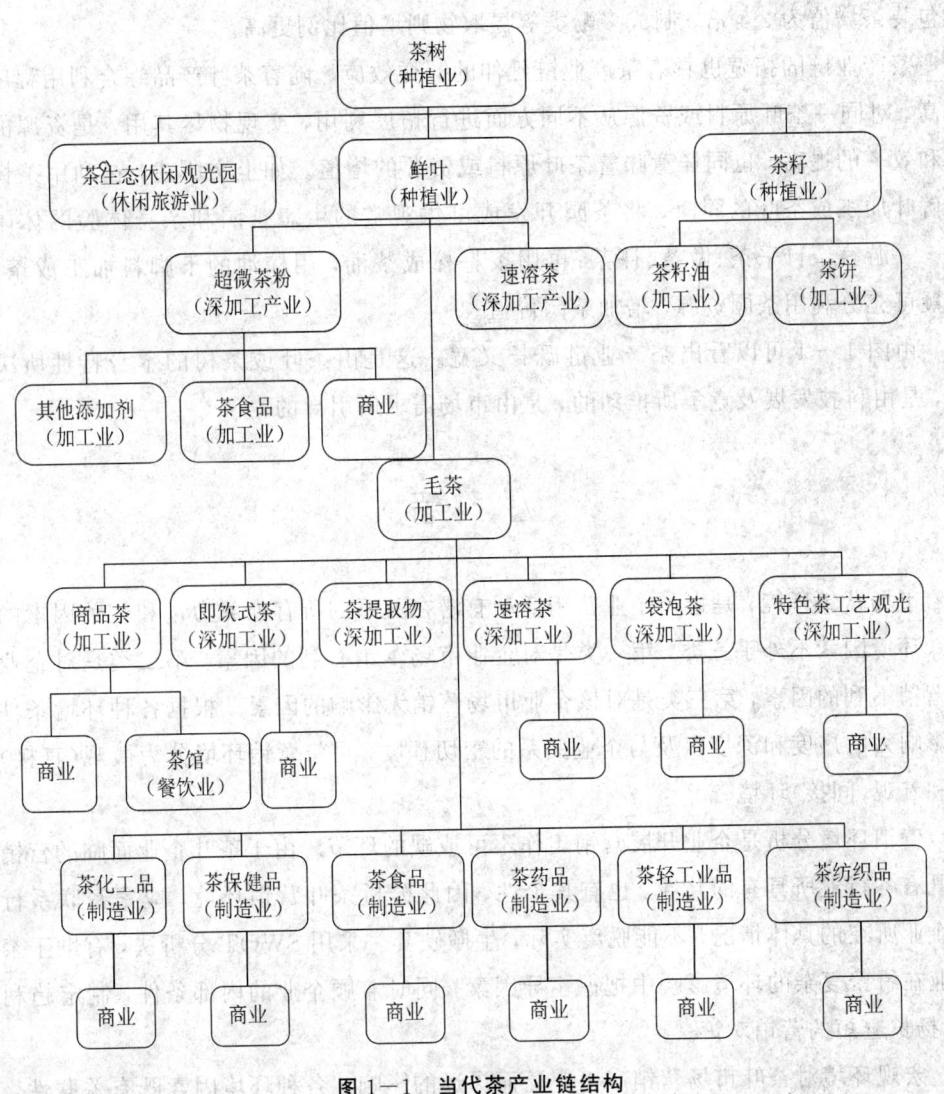

图1-1 当代茶产业链结构

2.茶产业链特点

茶产业链中各产业相互依赖、相互作用可形成"关联效应",随着茶产业链的延伸与拓宽,不仅可促进茶业增值,而且对国民经济中众多产业的发展具有很大作用和效能。当茶产业链延伸或者说加工链条延长时,从实物形态来看,由于茶产品加工的深化,茶产品的外部特征和物化特性发生转变,功能和作用得以增强扩大,意味着同样多的茶叶原料或资源,可以生产更多更好的最终产品。从价值形态来看,则意味着附加价值的增加,即在同样数量"投入"的条件下,能够吸收更多的为社会承认的活动,创造出更高的价值和剩余价值。如把鲜叶加工成毛茶增值为鲜叶值的1.2倍,加工成小包装茶增值为2.4倍,制成多酚类等提取物则增值比例更高。

茶产业链的拓宽也具有茶产业链延伸的同样效应。随着茶叶产品综合利用程度的提高,对同一茶叶原料或资源从不同方面进行拓展利用,实现物尽其用,是资源的节约和效率的提高,也同样意味着茶叶原料或资源的增值。如上文所述,在利用茶树采摘鲜叶加工成茶叶的同时,将茶园开发成可供观赏的生态茶园和亲身体验的休闲产品——游客亲自采茶、做茶、评茶;再用茶籽榨成茶油,用榨油的下脚料加工成茶饼,无疑可充分利用茶园资源,增加茶园价值。

由图1-1可以看出茶产业链既长又宽。这是由茶叶或茶树的本身特性所决定的,是由科技发展及竞争所推动的,是由市场需求所引导的。

小 结

市场营销环境,是指与企业营销活动有潜在关系的所有外部力量和相关因素的集合。环境因素不外乎三类,第一类是对企业市场营销有利的因素,第二类是对企业市场营销不利的因素,第三类是对该企业市场营销无影响的因素。根据各种环境条件产生影响力的广度和深度以及与企业关系的密切程度,可将营销环境分为微观(直接)环境和宏观(间接)环境。

营销环境分析是企业开展营销工作不可或缺的环节。由于茶叶企业面临的营销环境既有各行业所具有的共性,也有其个性,因此分析茶叶营销环境,应紧密联系行业或企业所在的具体情况,不能脱离实际,生搬硬套。采用SWOT分析法,有助于茶叶企业在纷繁复杂的环境影响中把握主导因素,同时兼顾企业的内部条件,制定趋利避害、扬长避短的营销对策。

宏观环境对茶叶市场营销产生广泛而深远的影响。各种环境因素既有关联性,同时又有从不同方面、以不同形式影响茶叶企业的市场营销,如政策法规主要对企业经营发挥规制和导向作用;而经济和人口因素通过改变消费需求对企业营销施加影响;社会文化、科技及自然因素等则能产生多层次的、综合性的影响力。从现实情况来看,社会文化和自然条件等对茶叶消费需求起着主导作用;从长远观点分析,政府扶持、经济、人口环境及科技因素等外部条件将成为茶业实现可持续发展的重要促动力。

当前茶叶企业的市场营销面临着不少有利的宏观因素,如茶叶作为保健饮料,社会效益好;喝茶文明,礼貌廉洁,国家倡导,社会响应。此外,我国知识密集型产品和第三产业的发展、计划生育、人口老龄化等因素都会增加茶叶消费人口,有利于茶类产品拓展市场空间。同时,也应看到某些不利因素,如当前饮料消费呈现多样化趋势,而我国传统茶类"老面孔"依旧,已不能完全适应现代消费潮流。此外,绿色壁垒给我国茶叶对外营销带来较大压力,而国内茶叶企业对国际市场环境的应变能力尚待进一步提高等。

茶叶市场营销的微观环境主要包括企业内部环境、供应商、中间商、营销中介机构、竞争对手、消费者和社会公众。这些因素与市场营销工作的关系最为密切,它们直接影响到营销组合方式和营销策略的实施效果,因此,茶叶企业必须高度重视对微观营销环境的分析和研究。但由于微观环境条件在不同企业间存在较大差异,因此,难以对其中的有利或不利因素作统一界定,茶叶企业应根据各自的具体情况作出客观的评价。一般而言,企业应根据环境应变的要求,充分发挥内部资源的优势,扬长避短;尽量争取供应商、中间商、营销中介机构的协作与支持;根据竞争对手的情况及时调整经营策略;树立良好的公众形象,提高产品的信誉度和企业的公信力等。

【案例 一】
我国茶行业的 SWOT 分析

当今,随着人们保健意识的增强,茶叶因兼具防病强身功效而备受消费者青睐,饮茶时尚风靡全球,国际茶业一片繁荣。中国是茶的故乡,茶是中国的国粹。历史上,中国茶香飘四海,茶文化饮誉中外,丝之邦,盛极一时。然而,现在中国是茶业大国,却不是茶业强国。改革开放特别是我国加入世贸组织以来,国内各茶区奋起直追,产量、出口均有较大增长,各地茶市日趋兴旺,名茶佳品琳琅满目,茶厂茶号星罗棋布,值得欣喜。但环顾国内茶市,品牌众多而强势名牌寥若晨星,茶商林立而龙头企业凤毛麟角,小规模、分散化是我国茶业与国际接轨的最大软肋。有关专家学者认为,从总体上看,中国茶业还处在产品阶段、市场待开发期。老问题没有解决,新问题接踵而来。近年来,我国茶叶出口因"绿色壁垒"而频遇寒流。继欧盟提高茶叶农药残留标准之后,2006年日本出台的《食品中残留农业化学品肯定列表制度》,茶叶设限更严,门槛更高。严峻的现实再次昭示:中国茶业必须更弦易辙,改变一盘散沙的小生产,走产业化道路,除此别无他路可走。近一时期,各地不少茶叶企业就市场转化进行不懈探索,取得一定成效,但进一步发展却步履维艰,瓶颈尚未突破。问题的症结依然是企业规模问题。各地现有茶商企业,规模有限,品牌竞争力低,其辐射半径不出省,甚至出不了市县。至今,全国还没有一个真正的茶叶龙头企业,也没有一个真正叫得响的茶叶品牌,这就难以跻身国际茶市强手之林,我国茶业正面临新的挑战。

1. 发展优势(strengths)

(1)中国茶的文化力

中国民族文化底蕴深厚,作为中国民族产业的茶可借此融入世界,扩张国际市场。一些企业在国际化战略方面做了初步尝试并已取得一定成效。如2010年的中日韩茶文化交流会,中日韩茶道交流会是东亚地区乃至亚洲地区最大型的茶道文化交流会议,目的在于共同交流和探讨茶道文化、发展茶产业、促进茶经济、弘扬茶文化精髓。茶是最能代表民族的,其国际化潜力也将是巨大的,从此角度来说,我国茶行业具有巨大的发展空间。

(2)饮茶习惯的惯性

中国几千年的文明史,茶几乎渗透到社会生活的各个领域。中国人有饮茶的传统,有"一日无茶则滞,三日无茶则病"之说,在很多场合,茶仍无可替代,且很多茶品牌都有着深厚的文化底蕴和历史渊源,在国内拥有相当稳定的需求量。从高端茶市场的历史演进过程看,茶消费的品牌结构及地域结构都较为稳定。

(3)产品稀缺性

高档茶的供给增长尤其受到一定限制,诸如工艺、产量或者产地等客观因素,产量增长比较缓慢,短期内难以大量扩产,给产品的稀缺性带来了可能,适度稀缺是高档茶的重要特征。由于消费者对高档茶价格基本不敏感,高档茶具有较好的提价能力,尤其在经济波动时期,抗风险能力较好。

2. 发展劣势(weakness)

(1)营销方面整体战略部署缺失

我国绝大部分企业营销方式仍停留在企业或产品导向阶段,大多表现为广告大战、会展招商、明促暗扣、让利返点等初级竞争手段。某些龙头企业不过是依靠历史的机缘成就了今天的地位,而其在非相关业务方面的扩张上更是乏善可陈,问题的关键正是这些企业的战略失误。

(2)品牌建设急功近利

综观近几年的国内市场,很多企业均热衷于品牌营运商的营销模式。在茶业资本大量进入渠道的情况下,这一策略在短期内能给企业带来低成本扩张下的高盈利增长,但从企业核心竞争力和长期品牌战略这一角度来看,这一类似贴牌加工的营销模式十分短视。

(3) 文化引导战略缺乏

我国的茶文化引导战略规划缺乏,尚处在萌芽阶段,无论在国际还是在国内,文化引导方式普遍呈现出急功近利的特点。我国的茶文化更多的还是形而上的东西,与生活明显脱节,没有体现在饮茶者的行为模式中,是中国茶文化的一种缺失。

(4) 市场竞争无序

造假、仿造、偷漏税行为严重。仿造名茶品牌包装误导消费者、仅靠大量广告提高知名度等现象普遍。同时,因税收收入小于征收成本,完全执行税收政策的利益动机不足,使大多数家庭作坊式小茶厂得以生存,一定程度上造成中小茶厂数目过多,盲目发展,过度低效竞争的局面。此外,由于地方既得利益,茶生产企业不会自动退出该产业。

(5) 政策制约

加入世贸组织后,我国关税大幅降低,进口许可证与行政审批手续日益简化,为国外其他饮品进入中国提供了有利条件,对我国茶业生存发展造成了相当大的冲击。"十五"期间,国家对茶行业加大调整力度,对茶生产提出了更高的要求。

(6) 现代工艺改良落后

产品的技术创新相对滞后。在产品生产工艺的创新以及推出新产品方面,茶行业生产技术基本属于传统型,只有部分新技术的运用。虽说新产品推出速度较快,但更多地仅仅体现在包装和名称上。

3. 发展机遇(opportunities)

(1) 中国本土潜力大,经济增长良好

改革开放40年来,我国国民经济保持了较好的增长态势。农村市场消费明显提高,城镇服务性消费也大幅上升。农村潜在购买力开始逐渐释放,消费结构向发展型、享受型升级,消费品的需求呈加速增长态势。自1980年以来,我国贫富分化逐步加剧,基尼系数不断增大,可较好应对茶产业结构升级趋势,为茶产品高端化提供了难得的历史机遇。

(2) 居民收入水平提高,消费潜力巨大

实证分析表明,1990～2006年的17年间高收入人群消费能力不断提高,高档茶品、茶价格占高收入者收入比例从1990年的25%下降到2005年的8%,消费比重的下降促进了高端茶由奢侈消费品向日常消费品的过渡。同时,自1991年以来,由于城镇居民收入增长率始终高于高端茶价格增长率,高端茶的价格水平一直在居民可承受范围内,即使在目前高价位水平下,我国茶仍具有较大的提价空间。

(3)民族文化容易进入国际市场

随着国际经济一体化的进程,我国国粹一个个走向世界,与其他资源结合,能更好地开发、运作国内、国际市场。中国茶也一样会成为一种中国特色民族产品,运用好民族文化,让世界陶醉。

4.面临的威胁(threats)

(1)外来资本进入

外来进入资本主要通过贴牌外包、全资收购以及控股参股几种方式。通过贴牌外包形式往往为了获得较大利润,急功近利,出现大量透支原茶品牌,结果干几年就跑。在其他饮品仍很难彻底颠覆国人对茶偏好的背景下,许多国际茶类品牌仍纷纷通过投资参股中国茶企业,多数带有"必须控股"的条件。由于中方多为行业龙头企业,独资化趋势日益明显,有些甚至对中方不利。

(2)其他饮品的替代

据国家统计局资料显示,随着饮茶消费结构健康化,酒类和饮料在居民茶类消费中的比重逐渐上升。此外,酒类对高端市场的重点培育也给我国国内饮用茶企业带来越来越大的挑战和竞争压力。而其他饮料不断地培育年轻消费群体,且已在福建、广东突破夜场消费,大面积进入餐饮渠道,对国内茶形成了很大冲击。

案例分析

1.环境因素中的机遇和威胁是绝对的吗?如何看待绿色壁垒既对我国的茶叶出口造成冲击,又促动茶叶绿色营销这一现象?

2.你认为我国茶叶出口面临的最主要的威胁是什么?如何制定趋利避害以扩大我国茶叶出口的对策措施?

【案例 二】

"德信茶"中国内地营销环境分析及营销战略

我国香港德信行有限公司为了更好地开发中国内地的茶叶市场，于2001年在珠海投资5000多万元成立德信行(珠海)天然食品有限公司。以下是2002年度德信茶制定的中国内地市场营销战略的过程。

(一)环境分析

1. 内地市场背景分析

内地茶叶市场有两个突出问题：一是"散"，生产经营分散；二是"乱"，市场混乱。

(1)生产经营分散。茶叶领域内没有真正的龙头企业，全国6.7万家茶叶初制厂，平均每家茶厂加工量不足10t，规模小、实力弱，经营粗放、分散。北京有5900～6000家企业经营茶叶，60%～70%是私有企业，多数自产自销。立顿来到内地后开拓市场的势如破竹，就说明了这一点。

(2)市场秩序混乱。在茶叶流通领域内，市场发育程度低，竞争无序而且混乱，市场有"地区性"和"分散性"的特点。进货渠道复杂，提级提价、假冒伪劣、自定档次现象存在，消费者难辨真假。

(3)品牌经营无力。内地的茶叶市场营销还停留在简单的推销阶段，竞争手段原始，以散茶销售为主。销售上以价格、数量竞争为主。消费者对茶叶的认知停留在品种和产地上。茶商卖产品不卖品牌。

2. 竞争对手分析

其主要竞争者有两种经营模式：一是食品经营方式，如联合利华、京华、旭日升等；二是传统经营方式，如天福、吴裕泰、张一元、猴王等。

3. 德信茶SWOT分析

(1)优势。一是公司历史悠久，品牌内涵厚重。德信茶已是国际品牌，在中国香港特区位居第三，畅销东南亚几十年；二是在香港等市场有成功的品牌运作经验；三是建立了涵盖工厂建设、机器设备、基地建设、加工工艺和产品质量的标准化体系，设备采用不锈钢无铝材料，无污染；四是得到了茶叶行业内机构、协会和专家的认同和支持，组建了一支年轻、专业的营销团队；五是花色品种齐全，配方独特；六是成功解决了绿茶的保鲜难题。

(2)劣势。一是德信茶在国内市场上的知名度不高；二是产品定位于中高收入阶层,价格较高;三是国内市场传统的散茶消费习惯在短时间内很难改变。

(3)机遇。一是股东在资金、资源方面给予了强有力的支持;二是在袋泡茶(西式茶除外)市场,没有消费者信得过的优质品牌;三是北方绿茶细分市场年增长率为10%,无强势品牌;四是联合利华谋求花茶第一,绿茶力度不大;五是旭日升产品线长,资源分散。德信可以集中优势力量侧翼进攻,以绿茶、玫瑰花茶为主要武器,以低成本和先入优势来换取较大的市场份额。

(4)威胁。一是中国加入世贸组织后竞争者众多,联合利华的目标是成为茉莉花茶内地北方第一品牌,并向绿茶市场扩张,国际品牌抢滩内地市场,会对德信茶在国内市场的份额构成威胁;二是茶饮料的高度增长,对德信茶造成了一定的产品替代冲击;三是茶叶是一种地方土特产品,本地化消费趋势明显,地方品牌固守本地市场。

(二)德信茶内地市场营销战略

1.德信茶的目标消费者

德信茶的第一目标消费者为新一代年轻企业家、白领,其次就是生活于现代家庭的成员。他们有知识、有修养,追求生活质量,思想开放,容易接受新事物。

2.德信茶的品牌定位

德信茶的品牌定位是"德信茶,中国茶,现代茶"。要求现代、天然、健康、专业。

3.德信茶的4P策略

(1)产品策略。三大产品系列:以袋泡茶为主,优质茶为轴,节庆日主推茶王;袋泡茶中,主推花茶和果味茶。

(2)价格策略。开拓期,以高价值、高品质、高品位及品牌效应来支撑较高的零售价位,给经销商较大的利润空间,全国统一零售价。

(3)通路策略。

——通路选择。依目标消费者的购物特征,结合现今零售业发展趋势、可控性和效益选择通路。

——通路结构。主要是大型卖场、连锁超市、百货商场、中高档酒店、餐饮场所、办公室。

——经销商政策。经销商进货价为售价的50%;配合、支持各地方的促销活动,直接拉动业绩增长。

(4)促销策略。

——第一阶段为地区性促销,方式为堆箱、端架陈列、试饮、派样、赠品、大型户外(road show)活动。第二阶段为全国性消费者促销,并配以媒介造势。

——德信茶广告语系列

德信茶,时尚生活新概念。

德信花茶,融入健康,品味芬芳。

德信果味茶,喝出青春与活力。

德信健康茶,天然健康,源于德信——德信茶,健康茶。

〔来源:任力,汤一,姜含春,根据包小村、蔡正安编著《茶叶市场谋略》(123~124)改编〕

案例分析

1.德信优质茶的SWOT分析主要牵涉到哪些环境因素?"德信茶"SWOT分析具有什么意义?这些因素对茶叶企业是否有普遍意义?

2.比较案例一和案例二的SWOT分析,请说明茶叶企业在何种情况下应以分析宏观环境因素为主,在什么情况下又以分析微观环境为主?

 思考题

1.什么是市场营销环境?为什么营销环境有直接和间接、宏观和微观之分?

2.说明茶叶市场营销环境的特点。

3.何为SWOT分析法?优势和机遇的概念有什么区别?

4.目前影响茶叶消费需求的宏观环境因素主要有哪些?为什么?

5.联系实际说明对茶叶行业发展起到不利影响的宏观环境因素。

6.为什么说茶叶将成为21世纪的饮料之王?

7.茶叶企业营销的微观环境包括哪些?其中最容易为企业所控制的是什么?

第 2 章　茶叶市场调查与预测

对茶叶市场进行调查与预测是茶叶企业进行有效市场营销工作的基础，它是一种系统的研究工作。为此，茶叶企业必须建立完善的市场营销信息系统，认真地开展市场营销调查和预测活动。

2.1 茶叶市场调查

在市场经济条件下，任何企业生产的产品和提供的服务，必须通过市场才能实现其使用价值，一方面满足社会的需要，另一方面实现企业的经营目标。茶叶企业也是如此。为了在瞬息万变的市场上求生存、求发展，为了寻找市场机会，茶叶企业必须具有较强的市场应变能力，必须及时作出正确的决策。然而，正确的决策来自全面、可靠的市场信息。茶叶企业必须重视对市场信息的搜集、处理及分析，为企业决策者进行正确决策提供依据。

2.1.1 茶叶市场调查的概念

茶叶市场调查是市场调查主体对调查对象的一种认识活动，茶叶市场的主要矛盾是茶叶卖方与买方、茶叶供给与需求的矛盾。茶叶市场调查，就是要从不同时间、不同空间、不同茶叶种类上调查茶叶供给与需求、卖方与买方矛盾的各个方面，找出这对矛盾运动变化的种种原因及其规律。具体来说，茶叶市场调查就是以科学的方法系统地收集关于茶叶市场茶叶供求活动的历史与现状，了解卖方竞争对手的活动情况及买方的需求、购买动机和购买行为，并对所收集的情报资料进行整理分析，以探索茶叶市场供求矛盾运动规律性的工作过程或认识过程。

茶叶市场调查的中心问题可以归结为:研究如何组织茶叶市场调查研究,采取什么调查方式、方法,才能正确地、及时地认识茶叶市场,了解茶叶市场活动规律,才能最有效地获得真实可靠的茶叶市场信息,以达到为茶叶企业作出正确的经营决策而服务的要求。

2.1.2 茶叶市场调查的内容

影响茶叶消费的因素错综复杂,有政治、经济、人口、科学技术、文化教育、社会风俗及自然环境等。因此,使茶叶市场调查所涉及的内容非常广泛,概括起来,有以下几个方面:

1. 茶叶需求调查

茶叶需求是指茶叶消费者在一定时期、一定茶叶市场范围内,有货币支付能力的购买茶叶或准备购买茶叶的要求。茶叶需求情况调查的内容主要有以下两个方面:

(1)茶叶消费者调查。茶叶消费者对茶叶的需求是复杂的,而且随着环境的变化而有变化的。这部分调查包括调查了解对茶叶有需求的人口构成,如地理分布、民族、信仰、年龄、职业、文化程度等;以及茶叶消费者的消费倾向、购买动机、购买行为等心理方面的调查,目的在于弄清企业茶叶的目标消费者之所在。

(2)茶叶需求调查。茶叶市场现实需求与潜在需求的调查内容,反映着茶叶市场容量及各种类茶叶的需求构成。主要是了解茶叶市场的大小与性质,以及不同茶叶市场与不同地区的茶叶不同需求情况,弄清茶叶大概能卖多少,茶叶市场占有率如何,摸清茶叶的销售趋势,预测下个月卖多少,明年卖多少,包括分析饮用茶叶的意见。既要研究不同市场对茶叶的不同需要,也要研究茶叶新产品进入市场及其市场组合策略,调查出口茶叶的需求情况,还要了解销路情况及我国茶叶在国际市场的需求潜力,包括出口茶叶的种类、数量、品质、品类、规格、包装等内容,分析市场风险以及我国茶叶如何开拓新的国际市场的策略。

2. 茶叶供给调查

茶叶供给指在一定时期内,可以投放市场销售的茶叶,包括一定时期内的产量(除自销部分)、库存量或进口量。调查茶叶供给的主要内容有:

(1)竞争者研究。竞争者研究,又称市场结构分析,是分析与各竞争者之间在茶叶市场上的占有情况和动态。弄清竞争对手的底细、成功的秘诀及失败的原因,做到知己知彼,其中包括竞争者的生产能力、经营能力、品类规格、品质、商标、厂牌、成本、产品更新换代能力、定价方针、推销方法、销售地区等各方面的研究,为确定茶叶市场竞争策略提供依据。

(2)供给概况。茶叶市场供给概况调查，是了解一定范围内茶叶供应总额及构成情况，并通过同茶叶需求总额及其构成情况对比分析，掌握茶叶市场的供需平衡状况，以弄清本厂茶叶在市场上的占有情况及发展潜力，为茶叶企业制定营销组合策略包括价格策略提供依据。进行茶叶供给市场调查时，还应调查了解影响茶叶生产的有关因素，如生产能力、科技在茶叶生产上的应用水平、自然气候、商品率变化，以及茶叶价格对于供给的影响。

3. 宏观环境调查

政府政策的改变、法律的变动、国民收入的变化等宏观环境都对茶叶企业的营销活动有重大影响，甚至与茶叶企业营销成败有关；税收政策、银行贷款、能源问题等种种因素都直接对茶叶价格发生影响；国民收入影响消费者的购买力；尤其是茶叶出口企业，对于进口国有关进口政策的研究更为重要。

4. 茶叶 4P 组合调查

茶叶 4P 组合的调查主要是指对本茶叶企业可以控制的各种市场手段，即营销要素的调查。如：

(1)产品调查。产品调查，是指对本茶叶企业新老茶叶产品的品质、包装、用途、功能、产品组合等问题的调查研究。如对某种茶叶包装设计的调查，应采取何种措施延长某茶叶的生命周期的调查、新茶叶产品发展经费预算的调查、对茶叶产品系列中的茶叶品种增减的调查、对现有产品系列扩大、紧缩或固定的调查等。

(2)价格政策调查。研究本茶叶企业茶叶价格变动对消费者购买力的影响及不同茶叶的价格需求进行弹性分析。如影响茶叶价格变动因素的调查，茶叶市场供求情况的调查，运用价格变动促进茶叶销售的调查，茶叶产品生命周期不同阶段定价原则的调查，等等。

(3)销售渠道调查。茶叶销售渠道方面调查，指直接推销或中间商选择策略的调查，如怎样划分茶叶市场区域，存货中心与零售点设置问题的调查，茶叶储存方法与时间的调查，茶叶批发商、零售商推销状况分析的调查，销售运输方法研究的调查，等等。

(4)促销决策调查。对茶叶促销决策方面的调查包括研究不同促销手段对于茶叶销售促进的效果；采用何种广告手段、口号与主题进行宣传；采用何种媒体，在不同媒体中如何分配预算经费；采用何种促销手段或如何组合促销手段及预算经费分配的调查；促销费用与效果的测算；对茶叶企业促销的目标市场进行选择研究；等等。

2.1.3 茶叶市场调查的程序

茶叶市场调查程序,是指具有一定规模的正式调查,从调查准备到调查结束全过程的先后次序和具体步骤。在茶叶市场调查中建立一套系统的、科学的程序,有助于提高调查效率和调查质量,减少盲目性。一般来讲,正式调查的全过程大体可分为准备阶段、实施阶段以及分析和总结阶段。

1. 准备阶段

调查准备阶段是调查的开端。准备是否充分周到,对于随后的实际调查的开展和质量影响很大。这一阶段,着重在于解决调查的目的、要求、方法和调查力量的组织等问题。

(1)确定调查课题。在开展调查前,一般要根据茶叶企业该时期的预测、决策和计划的要求,或该时期在经营中或市场销售活动中出现的新问题,提出要调查的课题。如某种茶叶销量连续下降,需要通过茶叶市场调查找出问题所在,以便及时调整经营措施。

(2)情况分析。茶叶市场调查在初步提出需要调查的课题后,要搜集有关资料做进一步分析研究,必要时还可以组织非正式的探测性调查,以判明问题的症结所在,弄清调查目的,才能为预测、决策、计划提供作为客观依据的可靠资料。如研究茶叶销量下降的原因:是消费者对茶叶品质有意见?是对价格有意见?是市场经济不景气?是竞争者有了竞争性很强的新产品好茶或替代产品进入市场?为了确定问题所在,需要搜集有关资料,包括对茶厂或茶叶企业的历史、产品、竞争者、分销渠道与方法、消费者购买习惯、包装、广告与促销方法等进行分析。根据分析,茶叶销量连续下降的主要原因是消费者对茶叶品质不满意和对价格有意见。这种看法是否正确?今后是着重于发展新产品还是改进原产品的品质与调整茶价?这两种办法究竟哪一种好?调查者可根据以上问题进行非正式调查,向有关专家、业务人员或消费者征求意见,目的在于确定问题所在。

(3)调查课题可行性分析。在对调查课题有关情况分析的同时,要根据调查目的考虑调查的范围和规模多大才合适,调查的力量、时间和费用负担是否可行,从经济效益或社会效果来衡量这次调查是否值得等问题。如果原来提出的课题比较简单,通过情况分析和非正式调查就可以解决,那就不必再做正式调查。如果原来提出的课题涉及面太宽,或者不切实际,以至调查的范围和规模过大,内容过多,无法在限定时间内完成调查任务,就应该根据具体情况加以分析。在实际工作中,如果事先对调查本身的可行性缺乏深入分析研究，随后的调查工作往往会走弯路，甚至使调查的结果和取得的信息资料不能发挥应有的作用，造成人力、财力的浪费。

(4)拟定调查方案和工作计划。对调查课题，经过分析研究后，如果决定要进行正式调查，就应制定调查方案和调查工作计划。

所谓调查方案，是对某项调查本身的设计，包括调查的目的和要求、调查的具体对象、调查的内容提纲和调查表格、调查的地区范围、调查资料的搜集方法等主要内容，是指导调查实施的依据。所谓调查工作计划，是指对某项调查的组织领导、人员配备和考核、完成时间和工作进度、费用预算等的预先安排。目的是使调查工作能够有计划、有秩序地进行，以保证调查方案的实现。调查方案和调查工作计划各有不同的作用。一般大型调查，如规模较大的茶叶需求调查，需要分别制定调查方案和调查工作计划。对于一些内容不很复杂、范围较小的市场调研，如茶叶价格调整后的销售变动趋势调查，可以把两者结合起来，只拟订一个调查计划，附以调查内容提纲和调查方法。

2. 实施阶段

调查方案和调查工作计划，经领导审查批准后，就进入调查实施阶段。这个阶段的主要任务是，建立调查组织，按照调查方案和调查计划的要求，系统地搜集各种可靠资料和数据。

(1)建立调查组织确定调查人员。可根据调查任务和规模大小，配备调查人员，建立调查组织。茶叶市场调查是一项复杂细致的工作，涉及社会学、统计学、心理学以及经济学等多方面知识。茶叶市场又处于变化状态。因此，调查人员必须具有上述知识及实践经验，富有市场敏感性，能够实事求是，肯于钻研问题，熟悉地方语言、状况等。

(2)调查人员的训练。调查人员确定后，需要集中进行培训。对于临时吸收的调查人员，要进行短期培训。学习或培训的内容主要包括明确调查方案，掌握调查方法和技术，了解同调查目标有关的方针、政策、法令和必要的经济知识和业务知识。对调查人员的培训，是保证调查质量十分重要的措施。

(3)调查人员的管理。对于调查人员的监督管理，要贯穿于整个调查工作的始终。其中主要的工作就是对有关茶叶调查工作进展情况进行检查。检查的主要方法：一是审查收集的资料，验证其是否符合要求；二是现场检查，其具体做法是追查访问，即另派调查员对已进行的调查结果进行复查，以提高调查质量；三是电话检查，这种方法比较经济；四是路线检查，就是派人沿着调查人员所走的路线进行复查。

(4)资料的搜集。茶叶市场调查所需的资料,可分为原始资料的搜集和现成资料的收集两大类。

①原始资料的搜集:原始资料又称第一手资料,指需要通过实地调查才能取得的资料。取得这部分资料所花时间长,费用较大。在实地调查中应当根据调查方案所确定的调查方式,先选择好调查点(可以是单位,也可以是消费者家中,等等),然后运用各种不同的调查方法,取得第一手资料。调查点的确定可以采取普查、重点调查、典型调查、抽样调查等方式。向调查点进行调查的方法,一般有询问法、观察法、实验法等。

在实际调查中,应当根据调查方案所提出的资料范围和内容,尽可能搜集现成资料。

②现成资料的收集:现成资料又称第二手资料,指政府机关、科研机关、茶叶企业等单位现有的资料,包括茶叶统计报表、各种文献或报刊。如国内有关的《茶叶年鉴》《经济日报》《中国商报》《市场报》《经济信息报》,各地的经济生活报、市场行情报或各地的茶叶杂志,都有关于茶叶市场的信息资料。收集第二手资料,必须保证资料的准确性和可靠性。对于统计资料,应该弄清指标含义和计算口径,必要时应调整计算口径,使之符合调查项目的要求。某些估计性的数据,要了解估算方法和依据以及可靠程度。某些保密的资料,应当根据有关保密的规定,由专人负责收集、保管,严防泄密。

3. 分析和总结阶段

调查所得来的大量信息资料,往往是分散的、零星的,由于来源不一,性质各异,有的可能是片面的、不真实的,必须综合整理分析,区分鉴别,去伪存真,才能客观地反映茶叶企业所要调查问题的内在联系,揭示问题的本质和各种现象间的因果关系,为进一步的茶叶市场研究或预测、决策所用。这一步的工作,大致可分为检查核实、整理汇编、分析与编写调查报告等。

(1)资料的检查、核实和校订。对于调查所得资料,在整理过程中,首先要检查资料是否齐全,是否重复或有遗漏之处,是否有可比性,是否有差错,数据和情况是否相互矛盾。一旦发现问题,应及时复查核实,予以订正、删改和补充。调查人员在实地调查中,应当边测研、边检查,以便及早发现问题,及时核实订正。

(2)资料整理汇编。数据资料的整理大体可分为以下几步:

①对原始资料进行认真、细致的检查。从逻辑上检查资料的准确性和完整性;从内容上检查是否有遗漏、笔误或逻辑错误,若发现问题应及时采取必要的补救措施。

②选择合适的分组标志,对原始资料科学地进行分类分组。这项工作很重要,分

类分组不合理、不科学,将不能正确反映被研究现象的本质特征。标志可分为数量标志和属性标志。凡用数量界限将总体各部分区别开来的标志称为数量标志,如按年龄大小分为若干组。凡按属性类别不同,将总体各部分区别开来的标志称为属性标志,如按性别不同分为男、女两类。选择分组标志的原则是:从研究目的出发;从反映现象本质的需要出发;根据研究对象的特点而定。分组标志还应满足穷尽性和互斥性的要求。

③统计汇总。把数据资料按一定的格式分门别类地汇集起来。汇总的方法主要有:手工汇总和计算机汇总。手工汇总可采用:a.划记法。按已确定的标志绘制汇总表,将同类型的标志值用点线符号记入表中再进行统计。b.卡片登录法。用特制的登录卡片进行分组汇总。这种方法的准确程度较高,但工作量较大。手工汇总一般要自己编制统计图表。统计图有圆形图、直方图、曲线图等多种形式。统计表可分为简单表、分组表和复合表。统计图表能以直观、清晰、简化的形式将汇总的数据资料表现出来。

计算机汇总的步骤是:编码、登录、输入和程序编制。编码的主要任务是用不同的数字符号标记调查内容的不同类别,编码可在调查前或调查后进行。登录是将编好码的调查资料录入到资料卡片或登录表上,以便输入计算机中储存起来。输入的主要方式有打孔卡输入和键盘输入,前者现已很少采用。被输入的所有数据资料称为数据库。以后只要编制(或调用)一定的统计程序给计算机发出指令,计算机就可以用统计表的格式输出所需要的汇总资料。

(3)资料分析。一方面可对整理好的资料,运用一系列分析方法,如时间序列分析、相关分析、回归分析、判别分析、聚类分析等,分析判断调查误差以及产生误差的原因,并设法采取弥补措施。另一方面要运用整理出来的资料和数据,通过分析与综合引出正确的调查结论。

(4)编写调查报告。调查报告是完成调查工作后编写的书面报告。调查报告一般有专题报告与基本报告两种形式,要由调查的目的和要求来定。调查报告的基本内容一般包括:调查目的、方法、时间和调查步骤的说明,调查对象的基本情况,所调查问题的有关资料和分析说明,调查的结论和建议,调查时所应用的调查表格以及经过整理的统计资料和图表等,作为报告的附件。一般来说,调查报告的结构大体由前言、正文、结束语三个部分组成。另外,需注意的是调查结论要明确,切忌模棱两可、不着边际;也不应把报告的完成看作茶叶市场调查的结束,应继续注意茶叶市场情况变化,以检验调查结果的准确程度和调查方法的正确与否,为以后改进调查方法打好基础,并从中发现茶叶市场新的趋势。

2.1.4 茶叶市场信息获取方法

信息获取方法,是指调查人员在进行调查过程中,搜集各种有关茶叶市场信息资料所采取的具体方法以及设计调查表和调查对象询问时所运用的技巧。选用何种方法和技术,取决于茶叶市场调查的目的、内容和调查对象的特点。

1. 询问法

询问的调查方法,就是通过询问的方式,收集茶叶市场信息资料。目的是要求询问对象回答有关"事实""意见"和"原因"方面的问题。如了解顾客对茶叶实际购买和饮用状况,这是事实调查;了解购买者对茶叶种类、品质、价格及交货期等方面的意见,这是意见调查;了解消费者改变茶叶需求的理由和购买动机,这是原因调查。按调查者与调查对象的接触方式和调查表格的递送方式不同,可分为以下几种形式。

(1)走访调查。指调查人员走访调查对象,以说话方式当面提出调查问题,以获得所需情报资料的方法。走访询问调查,根据调查要求和调查人员、被调查人员的多少,可分为个别访问或开会座谈的方式,一次调查或多次调查。

走访询问调查,要求调查人员具有熟练的谈话技巧,要善于对被访问者启发引导,善于综合归纳谈话的内容。其方法有以下几种:

①采用拟好的问卷问答,调查人员按照事先拟好的调查问卷的具体项目,有顺序地依次发问,让被访问者回答,并一一予以记录。这种面访调查,一般适用于为了取得便于统计归类的数据资料。

②采用自由谈话方式:茶叶市场调查对于了解茶叶消费者的消费倾向、购买动机及茶叶品质、包装、规格等方面的意见,大都适宜采用自由谈话方式。

走访询问调查的优点在于能与被调查者进行比较深入的面对面交谈。调查的内容可以放开,有利于对连锁性问题、相关行业与相关产品的市场情况的了解,也可以从中进一步了解消费者的心理、习惯和爱好。其优点可综合为四性:一为直观性,当面听取意见,直接接触实际资料;二为灵活性,虽有调查提纲,但可不受表格或问卷的限制;三为启发性,直接交谈,相互启发,还可以互相探讨以及向被访问者解释某些问题;四为真实性,亲自访问得来的资料,真实性较高。亲自走访时发出的询问回收率较高。不足之处,主要是所花调查力量和费用较大,对调查人员的要求较高,调查结果往往易受调查人员的工作态度、调查技术熟练程度和心理情绪等因素的影响。

(2)信访调查。又称函件通信调查。即将设计的调查表(问卷)邮寄给调查对象,由调查对象根据调查表要求填妥后寄回的一种调查方法。

这种方法对于居住分散的调查对象最为适用，只要通邮的地方都可采用此法。同走访询问调查相比较具有人力和经费较省，可使被调查者有充分时间考虑，从容作答，避免受调查人员态度、情绪的影响等优点。不足之处主要有被调查人员的回答往往不全或肤浅，乃至缺乏代表性；也可能因调查表中所提问题不够明确，而导致误解或模糊答复，其可靠程度较难评价；回收率较低，寄出的调查表往往不能如期收回是最大的缺点。为了弥补这一缺点，可结合使用询问表格留置调查的办法。

(3)电话询查法。该法是由调查员根据抽样要求，用电话询问意见的一种方法。适宜需要迅速了解消费者对茶叶市场有关政策措施的反应，多数属于探测性调查，其目的是迅速查明茶叶市场出现的新问题，如茶叶脱销的情况。

运用这种办法，取得茶叶市场信息快，时间省，回答率较高，费用较低，而且如能按统一的调查表格询问，则回收资料的统一性较高。所以，也是茶叶市场调查常用的办法之一。不足之处，被调查者仅限于能通电话者，询问时间不能太长，对问题只能得到简单的回答，无法深入了解。在使用电话调查时要注意：调查前，应准备好问话要点，语句要简略易懂。问题要集中，而且要为被调查者所理解。

(4)询问表留置调查。此法指调查员将调查表面交被调查者，并即席解释调查目的要求及说明回答问题的方法等，然后留交本人，由其事后自行填写，再由调查员约定日期收回。这种调查方法是介于走访调查与信访调查之间的一种方法，吸收了两者的某些长处，克服了两者的一些不足。采用这种方法，可当面解释调查目的要求，而消除被调查者的某些疑问和顾虑。又可使被调查者有充分时间思考，从而可避免走访调查中所产生的受调查员倾向性意见的影响，减少调查误差，又可提高调查表的回收率。这种办法的不足之处是，调查费用较高，调查地域范围受限制。

(5)日记调查。日记调查是指对被调查单位或调查者发放登记簿或账本，由其逐项记录，再由调查人员定期收集、整理、汇总的一种专项调查形式，如茶叶柜台、茶叶店发放登记簿或账本，由被调查者逐日逐项记录，并由调查员定期加以整理汇总的方法。如对有目的地选择零售商店进行茶叶销售情况的调查，可采取"营业日记"的调查方法，以获得消费者需求的情况与茶叶销售规律。这种方法，可以如实反映被调查点的经济活动情况，所收集的资料比较系统可靠，便于对不同经营单位之间的情况进行分析对比。要注意的是，这种调查工作难以坚持到底，被调查点可能会中断"营业日记"，因此，需要调查员对被调查点进行协助、督导。

2. 观察法

观察法是由调查人员或借助机器如照相机、录音机、录像机等在现场直接观察记录调查对象行为，如售茶现场、茶文化节、茶博览会上购茶者购茶活动等以取得第一手资料的方法。这种方法的特点是，不直接向被调查者提出问题要求回答，而是直接观察被调查者言行举止或通过仪器对调研对象的行为和现场事实加以记录。以判别调查对象在某种情况下的行动反应或感受。观察法与询问法相比，其优点为：调查员能直接与事实接触，调查的回收资料直接来自事实，而使调查的结果比较真实可靠。其不足之处在于：首先，所要调查的问题只能在发生的现场才能观察到，而且事先难以预料在何时何地发生，往往需要长时期观察才能得到调查结果；其次，调查对象的心理活动，如购茶动机，对茶叶及其品牌的态度和偏好等难以全部观察到；最后，调查费用较高且费时。观察法可分为以下几种：

(1) 直接观察法。直接到调查现场观察，以获得真实资料，是观察中的一种主要方法。常用于以下调查：

①茶叶商品需求调查：对于消费者喜爱的茶叶品类、品质、规格、花色、包装、商标等，可以到茶叶销售现场直接观察记录。

②茶叶库存调查：对于库存茶叶进行盘点，观察库存茶叶的残次劣变情况，以掌握茶叶库存的合理数量、合理时间及合理结构状况。

(2) 实际痕迹量法。为了了解茶叶不同规格包装的销售结果，可以告示顾客，在某段时间内，凡在本店购买小包装茶的顾客，可凭用过本店的包装纸到该店享受 9 折优惠等。茶叶企业可凭回收的包装了解到哪种小包装更受消费者欢迎。对于了解广告选择何种媒体（杂志、报刊）更有效，也可采用此法：在选择的几种广告媒体上登广告的同时，附有回条，凭回条优惠出售某种茶叶，最后根据回条回收情况即可了解何种广告媒体能更有效地传递茶叶商品信息。

3. 试验法

此法是从自然科学的试验法借鉴来的，是指在选定的试验市场中，通过变换影响销售实绩的各种市场手段进行对比试销试验，以观察其结果的一种调查方法。如为了了解茶叶价格变动（提高或降低），对于茶叶销售量影响的程度和方向时，可应用此法。选择若干茶叶销售店或柜组，进行对比试验，以观察其结果。又如，在决定是否推广某种茶叶小包装时，在调查广告和推广手段是否科学有效时，在要摸清改进茶叶的品质、花色等对销量的影响程度及方向时，在了解某茶叶新产品的市场需求情况时，均可应用此法。但在使用试验法时要注意，不宜采用单一因素来进行试验，应控制或选择相同的条件进行试验,或在分析结果时,考虑其他因素的影响,以保证试验结果的准确性。这类方法在茶叶市场调查中有以下几种方法值得借鉴。

(1)连续性试验法。这是一种最简单的试验调查法,指茶叶企业在给定条件下,对前后不同时期的试验对象进行观察、对比分析,改变条件前后试验对象的试验结果的试验法。具体做法举例说明:某茶厂为了改进某茶叶的包装,需了解改进包装后对销售量的影响,可先确定在若干茶叶销售店、柜组进行新包装茶叶试销,在试验前对试验店、柜台前一定时期内(时间长短自行掌握)该茶叶的销量进行统计;然后将改进包装的茶叶投入试验店、柜台出售,经过同样长的时期后,进行销量统计,通过对前后不同时期销量增减的数据分析及分析非试验因素对销量的影响结果,就可以得到是否改进包装的结果,据此作出相应决策。应用这种方法必须注意分析研究因前后时间不同而可能发生的其他非试验因素对试验结果的影响。

(2)横向对比试验法。是指茶叶企业在同一时期内,在对照组与试验组间进行的对比试验方法。具体做法:先确定若干茶叶店为试验组和若干茶叶店为对照组,然后在试验组按一定条件(如改进茶叶价格)进行试验;对于对照组则按原来条件(如按原价销售茶叶)进行销售活动,用以同试验组进行对比测定试验结果。通过横向对比试验,可消除因不同时期试验而可能产生的非试验性因素的影响,使两组在所处市场客观环境和主观环境能力大体相同的条件下进行试验。这样两组差别就可以比较正确地反映出试验的效果。

4. 横向连续性试验法

这种方法是上面两种试验法的结合,即对试验组和对照组同时在试验前后不同时期内的某个经济变量(如销售量)进行的对比试验。设试验组在试验前一定时间内某经济变量的统计值是 X_1,试验期间相同时间内该经济变量的统计值是 X_2;对照组的相应值分别为 Y_1 与 Y_2,试验结果为 Z,则

$$Z=(X_2-X_1)-(Y_2-Y_1)$$

上式中,X_2-X_1 的差值(某经济变量的增加量或减少量)主要反映了试验效果。Y_2-Y_1 的差值则完全反映了由其他非试验因素引起的对于经济变量的影响。因此,上式中的 Z 值实际上消除了其他非试验因素的影响,因而较好地反映了试验结果,为茶叶企业决策提供了良好的依据。

2.1.5 茶叶市场调查表格设计

茶叶市场调查中所采用的各种方法,都需要通过调查表格来收集资料,完成调查

任务。调查表用来反映调查的具体内容,为调查人员询问或调查对象回答提供依据。

1. 调查表的构成

调查表要详细完整而不遗漏,主要有以下几项内容:

(1)调查对象的基本情况。被调查对象的基本情况指关于被调查对象的特征情况,如果调查对象是个人,则包括姓名、性别、年龄、文化程度、职业、居住区等,这些项目的设置是为了便于对调查资料的分类汇编及对调查问题的具体分析。至于列入哪些项目,则根据调查目的来确定。

(2)调查内容。本身是指所需调查内容的具体项目,这是调查表最主要、最基本的部分。调查表除了以上内容外,有些调查表根据需要还包括表格填写说明或编号,编号是为了分类归档,或便于计算机处理。

2. 调查表的形式设计

调查表可根据调查目的要求设计出不同形式,下面介绍几种茶叶市场调查中可运用的表格。

(1)一览表和单一表。这是统计上常用的两种表式。

①一览表:把若干个调查点和相应的调查项目依次设计在一张表内以便调查登记。这种表一般用于调查项目比较简单统计性的调查。如某年全国茶叶消费量情况表。

②单一表:单一表又称卡片式,这种表是将一个调查对象(一个单位、某个茶叶市场等)的所有调查项目登记在一张表(或卡片)上。这种形式的表格,有利于对茶叶企业的基本情况及市场环境的分析。

(2)封闭式。这是根据调查内容要求回答问题的方式而设计的一系列表式,在表中已设计了各种可能的答案,被调查者的回答限制在给定的几种答案中选择。这种形式的表式有以下几种。

①二项选择法:又称是非法,即回答的项目只能是肯定或否定,二者择其一。如:"在春茶上市时是否准备买茶叶?"回答项目自然是只有"买"或"不买"。又如:"家里有小包装茶吗?"回答只能是"有"或"无"。"你们地区有客来敬茶习俗吗?""你们镇上有喝早茶习惯吗?"等问题的调查均可采用二项选择设计表格。这种表式,可以迅速得到明确的答复,而且便于统计。但不足之处是难以表达被调查意见的程度。

②多项选择式:指对所提出的问题,设计好三个以上的答案并编序号,以便被调查者从中任选一个或几个答案的表式,如喜欢饮用下列哪种茶叶(请在喜欢的茶叶旁方框内打上√)?

①祁红　　　　　□　　②龙井　　　　　□

③太平猴魁 □　　④铁观音 □

⑤普洱茶 □　　⑥黄山毛峰 □

⑦信阳毛尖 □

这种方法可以避免二项选择法的强制性的缺点,这种表适合范围较广,如消费者对茶叶的评价、购买动机、广告效果等的调查都可采用此法。

③排位法:是结合多项选择法,从列举的若干答案中,由被调查者依照自己的喜好程度顺序排列回答而设计。在设计表格的时候,可根据调查目的,设计相应的询问项目,要求被调查者作出相应回答。如对于多项选择法中列举出的七种茶叶,要求消费者回答内容及方式有以下几种。

请对这七种茶叶按喜爱的程度举出四种。如我喜欢的茶叶:

①×××、②×××、③×××、④×××。

按喜爱程度全部排队列出我喜欢的茶叶:

①×××、②×××、③×××、④×××、⑤×××、⑥×××、⑦×××。

举出最喜欢的一种茶叶:×××。

或最不喜欢的一种茶叶:×××。

此法比较简单,便于运用统计,但列出项目不宜过多,以免发生判断困难。

④比较法:指在表中设计成对的对比项目,由被调查者加以比较回答。这种方法常用来测量消费者对两种不同类型或品牌的茶叶的偏好程度或评价。如在下列每一对茶叶中选择认为好的,在旁边方框内打√。

□　龙井与黄山毛峰　□

□　六安瓜片与炒青　□

□　铁观音与普洱茶　□

□　涌溪火青与炒青　□

⑤评比量表法:评比量表法就是用一定语言记号、数目等设计好的表式,用以测定被调查者的态度、意见、感觉等心理活动的一种调查技术。这种表的设计通常是以两端为极端,中间划分几个等级。这可根据调查目的来确定,一般划分不宜过细,过细会造成统计分析的困难。在实际工作中,也不必要过细地测定消费者的心理活动。在茶叶市场调查中,一般分三个或五个等分较适宜。如:表2—1自左至右表示饮茶对于人体健康的作用程度,在认为合适的下面打"√":

表2—1可测定消费者对茶叶与健康的了解程度及看法正确与否。又如,测定消费者对某种茶叶的喜好程度可设计表2—2。

表2-1 合理饮茶对人体健康调查表

很有益	有益	一般	无用	无害

表2-2 测定消费者对××茶叶的喜好程度

不喜欢	无所谓	喜欢

(3)开放式同封闭式比较而言,是指对调查的问题不列出所有可能的答案,而是由被调查者不受任何约束自由回答的调查表式。在实际工作中,通常提出一至若干个调查提纲,如"饮用减肥茶后,对它的效用印象如何?""饮用茶叶和咖啡有何看法?"使其充分发表意见。这样,往往可收到事先所估计不到的资料与建设性意见。这种调查常用于有关茶叶品质的评价、茶叶新产品评价、消费习惯及消费倾向等的调查。但有时会得不到明确的答复,影响对问题的分析。对于需要作出数据统计的调查,也不宜运用。

3. 设计调查表应注意的问题

调查表设计是否合理,直接影响到调查结果。调查表设计不当,往往导致调查资料的遗漏差缺或错误、整理汇总及分析的困难,以致造成茶叶企业决策的失误。为使调查工作达到预期目的,设计表格时应注意以下问题。

(1)必要性。调查表应避免列入与调查主题无关的或虽有一定关系但被调查者无法回答的问题。不是每一项调查都必须拟订调查表,有些内容比较简单的茶叶市场调查,可以只拟订一个调查提纲作为调查表。对于不同内容的茶叶市场调查,应视其复杂程度来设计表格。

(2)明确性。调查表中所提问题力求明确无误,通俗易懂,避免使用含糊的、多种理解的或过于专门化的词语。如"春茶上市时您可能买茶吗?""您知道茶叶可消除人体中的自由基吗?"等一类不明确、含糊的词句,易引起被询问者的反感。

(3)针对性。选择表式进行调查,应当根据不同的调查内容、目的、要求及对象的特点,运用一定的表式,灵活掌握。对于文化水平较高而属于茶叶品质的内容,则可运用开放式,即自由回答方式。属于评价性的内容则可用评比量表式。

(4)艺术性。表中设计的项目用语,力求生动活泼,有趣味,避免使用艰深枯燥的用语及提出引起反感的或带有强迫性的问题。如"某茶叶品质很好,价格便宜,你喜欢吗?"是一个不理想的用语。对于表中一系列问题的排列次序,应注意将同类型的或成套的问题排在一起,将简单的以及调查对象感兴趣的问题放在前面,反之则放在后面。

2.2 茶叶市场预测

茶叶市场预测是茶叶企业进行生产和贸易决策的前提和重要依据。随着商品经济的发展,茶叶市场竞争日趋激烈,茶叶企业同市场的关系日趋密切。茶叶市场环境瞬息万变,要使茶叶企业在竞争中取胜,取得良好的市场经营效益,必须依赖于茶叶市场调查和预测所提供的大量市场信息,对茶叶市场未来发展趋势作出相应预测,以便茶叶企业作出正确的经营决策。茶叶市场预测不仅要以科学的理论为基础,还需以科学的方法和技术作为预测的手段。

2.2.1 茶叶市场预测的概念

茶叶市场预测是经济预测的一个分支,是对茶叶市场经济行情如茶叶供求及其价格变动趋势的预测。是依据对茶叶市场经济活动规律的认识,在调查研究掌握资料的基础上,运用一定的方法和技术,对茶叶市场未来一定时期内的茶叶供给、需求、价格变动趋势、市场竞争态势所作的科学判断和估计,尤其要注意预测市场对茶叶的需求变化。

从茶叶市场预测的含义可知,做好茶叶市场预测要求对茶叶市场经济活动规律加以研究,必须通过茶叶市场调查研究,掌握大量资料,以及掌握一定的经济预测方法。

2.2.2 茶叶市场预测的内容

茶叶市场预测是为茶叶企业决策、规划服务的,因此,对于茶叶市场预测的内容应该服从于茶叶企业的决策、规划的要求。茶叶市场预测的内容很广泛,茶叶企业处于不同的市场时期,预测的内容有所不同和侧重。一般而言,茶叶市场预测的主要内容有以下几个方面。

1.居民购买力及其发展趋势的预测

这类预测,是指对居民收入和投向的变化、对茶叶商品购买力及其增长程度、居民消费构成的变化以及上述因素对茶叶需求的影响的预测,还包括对主要市场茶叶销售旺季和节日市场的购买力趋向预测。通过以上内容的调研,预测掌握消费者对茶叶的消费能力、消费意愿及其发展规律,进而为茶叶企业制定茶叶价格、茶叶新产品开发和上市的决策提供依据。

2.消费者需求的预测

这类预测包括在一定时期内市场茶叶需求量以及消费者对茶叶种类、规格、花色、品质、包装的要求及变动趋势,还包括不同季节、不同地区、不同消费者对茶叶需求及其变化趋势,新产品投入市场适销性及对同类产品销售影响的预测,以便掌握消费者对茶叶消费倾向的规律,为制定茶叶生产、经营计划和决策提供依据。

3.茶叶市场占有率预测

市场占有率反映企业的经营能力和竞争力。当某地茶叶的市场容量一定时,茶叶企业茶叶市场占有率的高低,决定了茶叶企业在市场上茶叶销售量的大小。通过市场占有率的预测,除可了解茶叶销售量,还可了解竞争对手的市场经营能力和有关情况。

4.茶叶商品货源及购销预测

茶叶企业预测茶叶商品货源(制成品、毛茶、鲜叶)变动情况主要是为了了解未来茶叶市场的货源供应规律及与价格涨落的关系,以便为制定茶叶进货计划和策略提供依据。

5.茶叶生产经营预测

指对茶叶企业生产经营的茶叶成本、价格及赢利的变动趋势预测。这类预测与上面几项预测有一定关系,是以上述预测为基础的。通过对消费者购买力的预测、需求变化趋势的预测、茶叶市场竞争能力预测、茶叶供应规律的预测等,以及分析比较各地区其他茶叶企业或有关商品的质量、价格、成本、利润等指标,预测生产经营的茶叶成本、价格及赢利的变动趋势。

为了能对茶叶企业营销决策提供正确有效的依据,对上述问题预测,应该建立在对宏观环境分析预测以及茶叶行业分析预测的基础上。宏观环境分析:有关经济发展政策、规划、经济发展态势、就业水平、有关茶叶科技发展动态和推广运用情况、社会消费时尚等分析;茶叶行业分析:饮料食品行业及茶叶行业的产销、市场竞争态势等分析。在对宏观环境和茶叶行业分析预测后,才能对茶叶企业的消费者需求、购买力、市场占有率、货源、成本、价格、利润等相关问题进行预测。

2.2.3 茶叶市场预测的程序

为了提高预测的成功率、准确率,一个完整的预测可以按以下所述程序进行。

1.预测准备阶段

这一阶段包括确定预测目标、搜集与分析资料、找出预测对象的发展规律以及选定预测方法等步骤。

(1)确定预测目标

预测首先要明确目的和对象。也就是解决为什么要预测、预测什么的问题。

预测是为了影响决策,是决策的基础。茶叶市场预测的目标,是根据茶叶生产和营销部门的具体决策而决定的。茶叶生产和营销部门每一次具体决策活动的目的,就是某一次预测活动的目的。如:是为了制订当前的茶叶生产、销售计划,还是为了长期规划?是为了发现问题、修改原定计划,更好地安排茶叶生产或把握有利销售时机,还是为了新的机会安排投资发展新种类?是为了确定茶叶生产规模、定价政策,还是为了茶叶市场战略?等等。明确了每一个具体决策活动的目的,就比较容易确定预测对象。

预测目标除规定预测的范围和内容外,还要规定预测的时间限期(即期、短期还是中期、长期)。预测目标要比较具体的确定预测范围、内容及时间期限,反映出预测目的。

预测目标确定妥否与预测的准确度和能否由预测产生经济效益有直接关系。原则上预测目标的确定要考虑到必要性、科学性、可行性和经济合理性。必要性指通过预测应能改变茶叶企业现状,对未来事件的设想应能影响当前行动决策;科学性是指预测目标应遵循社会经济发展规律,注重具体的历史条件与环境;可行性是指根据主观经验与判断、资料拥有的情况、已掌握的技术手段应能够达到预测目的;经济合理性是指通过预测改变当前状况带来的经济效益,必须大于预测费用。

(2)搜集、分析资料

资料是预测的基本投入。开展茶叶市场预测必须掌握大量准确的数据和资料。

①搜集整理资料。搜集资料的范围要根据所确定的预测的目标划定。资料的来源有外部资料和内部资料。搜集外部资料的主要途径:一是国际、国内有关组织、各国、省、地方政府、研究机构、企业团体、新闻机构等定期、不定期发表的,公开的或非公开发表的有关茶叶出版物、报刊、资料文献,如相关茶叶行业的年鉴;二是通过内外销售人员、市场调研人员进行茶叶市场调研获取的资料。内部资料为本茶叶产销部门茶叶行业和本茶叶公司的活动资料。

资料来源不同,计算尺度与搜集方法的不同都会使资料的可靠性受到影响。因此,需要对资料进行比较鉴定和必要的调查,这就是资料的整理过程。搜集到的资料,如数据、情况、判断、设想,其中不真实的成分要删除,属于不精确的要重新换算订正。经过鉴别的资料,要进行必要的调查。如使度量衡单位、时间单位、指数基期、人口因素、价格因素、特异事变的影响等保持一致,并对资料进行必要的分组、归类,使资料具有系统性、可比性和连续性,经过鉴定和订正的资料,可作为正式的信息分类储存。

②分析资料。分析资料就是通过对整理加工后的资料,进行资料样式性质的分析。如分析资料是提供了某一经济问题质的情报,还是对某一经济问题质的陈述提供量的内容?资料提供的是一组有规律的经济现象的统计数字,还是提供了与观察对象有内在联系的影响因素?提供的资料完整性和系统性如何?如所搜集的资料是反映国际国内茶叶市场对茶叶需求产品结构及其变化的描述资料,还是有国际国内茶叶市场对不同茶叶购销量多年连续的数字?通过对资料样式性质的分析与研究,找出其提示事物的规律,以便选择正确的预测方法。

(3)选定预测方法

选定预测方法是预测的关键。依据不同的标准所选择的预测方法,对预测结果有一定的不同。

预测方法有很多,有理论分析、行为研究、意见测验等主观判断法,也有数理经济统计的预测方法和定量预测方法两大类。但是,任何一种预测方法都不可能在所有的预测场合中总是优于其他方法,而是各有利弊,各有一定的适用性。因此,关键问题是在众多的预测方法中依据不同情况加以权衡,做出相应选择。决定预测方法时,首先考虑资料占有情况,结合决定预测方法选择的基本因素,如预测目标、预测时间长短、预测准确度来考虑。与此同时,还应考虑方法的复杂程度以及进行预测所需成本和预测效果分析。其中,资料占有情况是主要考虑因素。如资料表现为定性的,即选定性预测法,如表现为量的描述,可选择定量预测法,如掌握有关量的资料主要与时间有关,而且表现为历史的连续性,就可选用趋势预测法,等等。

预测时,最好同时用几种方法做初步估测,将估测结果比较,根据理论分析和经验判断,选择最佳方法进行正式预测。

准备阶段对预测的成败有决定意义。资料的搜集、整理与分析又是准备阶段的重要一环。一般来说,对所选课题研究的进展,只能达到对一定资料占有的基础所能支撑的高度。

2.预测进行阶段

有了充分的准备,也就是说,当预测目标明确,掌握了一定资料,并选定了适当的预测方法后,就可以进行预测了。

在进行预测时,如果是定量预测,首先应建立数学模型,再根据建立的数学模型外延类推，通过计算将模型展开到未来，就可得到预测结果；如果是定性预测，在掌握资料的基础上，凭主观的认识和经验，进行逻辑推理，对未来加以判断。但不管是主观判断还是模型计算，预测过程中始终要注意资料样式是否发生变化。如果发生的变化显著，对预测须加以修正。

3.预测评价阶段

这一阶段是运用一定的检验方法，对预测的准确程度加以估价。

对未来事件的设想往往与实际不尽相符，预测出现误差不可避免。预测目标有误差是正常的，表示预测本身与预测方法都能被检验，保持了预测的客观性。一定幅度内的误差是可以接受的，但误差如果太大，就失去了预测的意义。一般来说，短期预测误差幅度以≤3%、即期预测误差以≤2%、中期预测误差以≤5%、长期预测误差以≤15%为宜。检查误差的计算方法：

绝对误差＝实际值－预测值

$$相对误差 = \frac{绝对误差}{实际值} \times 100\%$$

$$平均绝对误差 = \frac{\sum(Y-Yc)}{N}$$

$$标准差 = \sqrt{\frac{\sum(Y-Yc)^2}{N}}$$

式中：Y——实际值；

Yc——预测值；

N——统计资料中的期数。标准差又称均方差，这种方法常被采用。

通过对不同的预测方法的误差分析，误差最小的预测结果较准确。因此，一般取误差值较小的方法所得的预测结果。这就是通常采用的评价定量预测准确程度的方法之一，即对几种预测技术提出的结果进行比较。当企业内部无能力时，可征询专家意见。在定量情况下，还可对模型进行试验。比如，用模型预测最近一期的需求变动，将预测结果与实际发生的变动进行比较，以确定模型是否忠实地反映经济体系过去的动态变化，以及未来的可能性，并作出概率估计，一旦发现误差较大，就要及时修改模型或改用其他预测方法。

4.提出预测报告阶段

预测报告是预测结果的文字表述。写好预测报告不仅是预测的完成步骤，而且也是对调研全过程的总结和综合反映。预测结果能否对决策产生影响，与能否写好预测报告有很大关系。预测报告一般应包括以下内容:①研究摘要;②研究所使用的方法;③研究的主要目的;④研究的发现与结果;⑤提出若干决策性建议;⑥必要的附件。

通常报告的组织结构为题目、摘要、引言、正文、结论、附录。

(1)题目。题目是对报告内容的高度概括。因此,要求题目醒目、明确,与文中内容相符。有时,可在主标题后加一说明性副标题。选择题目可参照下列两条标准。

①经常性预测以反映预测目标为主。也就是说,如果是按时间就一特定内容提出预测报告,题目主要反映预测目的、对象、范围及时间界限,如"2010年茶叶市场需求预测""2011年国内茶叶市场消费预测"等。

②应急性预测以反映预测结论为主。突出结论,以引起有关部门的重视。如"2010年第一、二季度茶叶价格将小幅度提升"等。

(2)摘要。在正文前,将调研的主要发现、预测结果及建议、采取的对策予以摘要说明。摘要配合题目可引起有关人士对预测的重视。在下述两种情况下,摘要更有特殊意义:

①分析较多,整个报告篇幅较长。摘要可使重大结论与行动建议突出。

②分析和预测过程运用了较多的技术性语言,如图表、公式、模型或其他专业语言。摘要可用较通俗的语言扼要介绍主要观点。摘要中的要点,应从预测结论与对策中提炼概括,绝不是文内小标题的简单罗列。

(3)引言。在正文前简单介绍预测目的以作为正文的引子。

(4)正文。正文包括资料的分析及预测过程、方法及模型、必要的图表、预测的结果及理由陈述。重点是资料的分析。

(5)结论。结论除摘要说明预测结果外,要有针对性地提出建议与对策,同时,对制约因素或限制条件作必要说明。

(6)附录。附录包括较复杂的计算方法说明、附表、资料来源及其他未列入正文的有关资料。

一般预测报告文字要通顺、扼要,避免使用一些调研工作的专用名词,以便调研工作人员以外的人能看懂报告。

2.2.4 茶叶市场预测的方法

1.定性预测法

定性预测法主要依靠预测者的知识、经验和对资料的综合分析。这类方法简便易行、费用省,能够综合各种因素分析纵横复杂情况,不需要较详细地占有资料和较高的数字水平，只要求预测者熟悉业务，具有较丰富的经验和一定的分析能力。尤其在信息众多、情况变幻不定、资料不全、数据不足、时间紧迫的情况下，更经常使用。在进行开发茶叶新产品预测时，这种预测法的效果是较理想的。但是，这类预测受预测者理论素质、经验水平的影响比较大，准确性差距很大，预测结果虽然也常伴有数量内容，但其本质属于推断预测对象的未来性质和变动方向。在使用这类方法时，切忌主观臆断，要注意综合比较。

(1)因素分析法

茶叶市场行情波动是各种因素综合作用的结果。如果能够经过分析，确定各种因素对形成茶叶市场行情的意义和作用，找出历史上与当前影响茶叶市场行情发展起主导作用的因素，那么，就有可能凭借理论与经验，通过比较类推作出茶叶市场未来趋势判断。

因素分析法又称因素列举法，或有利与不利因素分析法。这是常用的预测法。

因素分析法的基本含义：运用理论与经验，通过对市场的考察和研究，列举出影响市场的基本因素，并比较、评价各类因素，从而对未来发展趋势作出判断预测。因素分析法的基本程序有以下几步。

①列出基本因素。列出观察到的影响茶叶市场变动的基本因素，可按有利因素和不利因素分别列出。

②评价因素作用。评价各类因素作用的方向、程度及时间，运用理论与经验作出历史的、辩证的分析。

③得出结论。如国内茶叶市场前景看好或红茶价格回升乏力等。

在运用因素分析法预测茶叶市场行情时，列举因素是较重要的。影响经济与行情的因素很多，在分析时不可能也没有必要一一列举并加以量度，一般只列举那些对行情扩展有利或不利的因素。具体分析时，除应考虑经济因素、周期因素，还应考虑政治因素、自然因素、社会因素、科技因素、投机与心理因素等。要随时注意在短期起作用的偶然因素，如自然灾害因素。

在因素分析法中，如能认识并区分出可控制因素与不可控制因素，对茶叶市场行情预测具有更大的现实意义。因为对可控制因素影响的方向与程度人为地加以调整，往往会改变预测结果。例如，影响出口茶叶需求的因素中，出口国家和地区市场居民的收入水平、茶叶国际市场价格、进口国的有关商品政策、当地长期形成的消费习惯及季节性、茶叶世界生产、出口、消费与库存情况等，对茶叶出口公司来讲均是不可控制的因素，而我国出口茶叶的质量、包装、交货及时性、广告宣传的费用与形式、服务程度以及成本、库存、利润目标、定价政策等则是可控的因素。上述不可控制因素对我国出口茶叶销售前景的影响一般很难改变,而上述可控制因素却是可以改变的。对各种可控制因素影响的大小以及改变某一因素的影响程度需付出的代价和可带来的效益加以分析比较,便可作出更具现实意义的条件预测。

(2) 类比预测法

类比预测法是一种传统预测方法,一般适用于供求稳定的茶叶商品预测。类比预测法即比较类推法,指运用比较这一认识事物普遍使用的方法,推测市场行情未来变化的方法。具体指拿当前的情况和历史上发生过的类似情况进行比较来推测行情的未来变化。分析过去,类推未来。如通过考察日本、美国等经济发达国家对深加工茶叶产品(茶食品、茶多酚胶囊、茶日用品等)需求变化规律,一般可预测我国未来该商品市场需求的发展,通过考察茶叶早些时候的市场销售情况,可推测在发展中市场上的茶叶消费变化趋势。

通过历史对比分析进行市场预测时,必须根据经济发展规律并考虑各个时期的具体条件是否相同,以及考虑对目前行情中的可控制因素和不可控制因素的分析,不能机械地类比,未来行情变化的条件不可能完全是历史的重复。要具体分析,根据全面情况作出预测。

(3) 经理人员判断法

由茶叶企业负责人召集各部门主管人员,对某个预测主题如"近期茶价是否上涨"进行讨论以作出判断预测的方法。各主管人员必须事先有所准备,在会上阐述自己的看法,分析有关资料,逐步讨论出比较一致的看法,最后得出预测主题的判断结果。使用这种方法时,要使各个预测者事先有所准备,是为了使参加预测的每一个人都能在不受干扰的情况下独立发表见解,以避免个人的主观臆断产生对整个预测的不良影响。

(4) 销售人员判断法

由茶叶企业负责人或预测主管人员召集直接从事茶叶销售或采购等业务的一线人员,征求他们对某个预测主题的意见,如"某城市茶叶消费潜力"。并对其加以综合判断,结合对市场动态的研究,推测茶叶销路及销售量的判断预测方法。该法的长处是可利用最接近市场的销售人员的第一手资料和专业知识,并可发掘销售人员的责任感和荣誉感,使销售人员对根据他们自己预测制定的份额有更大的推销信心。需要注意的是,预测需要大量的时间和精力,超出了大多数销售人员一般所能胜任的水平。

(5) 加权综合判断法

这种方法是指针对预测主题,收集参加预测讨论人员的意见,用加权平均法,得出综合性的判断结果。

假若参加预测的人员,可分为经理人员和销售人员两部分,其具体做法:将根据预测主题收集到的参加预测讨论人员的判断结果,在具体判断的基础上,分别算出经理人员预测数的平均值和销售人员预测数的平均值;然后,由预测主管人员根据参加人员工作经验的丰富程度和预测意见的重要程度,对各自预测数的平均值确定不同的权数(比重),平均之后,即可得出综合判断的预测值。用公式表示为:

$$Yc = \frac{\bar{X}_1 W_1 + \bar{X}_2 W_2 + \cdots + \bar{X}_n W_n}{\sum W}$$

式中:Y——预测值

$\bar{X}_1, \bar{X}_2, \cdots, \bar{X}_n$——参加预测的某群人预测值的平均数;

$W_1, W_2, \cdots, W_n$——参加预测相应人的权数。

(6)消费者需求征询法

消费者需求征询法是由茶叶企业的预测部门或委托的调研公司向广大顾客调查他们对茶叶的需求,征求他们对茶叶和服务的意见,征询他们的预期购买力。因为顾客在计划期内的需求量或订货量,是预测单位最准确的情报来源,故可靠性较大。使用这个方法时,结合分析茶叶市场需求趋势,并加上一个判断的补充量,其预测结果还是比较准确的。

(7)专家意见判断法

专家意见判断法又称专家集体判断法、专家意见综合预测法。所谓专家意见判断法,就是不仅利用资料而且利用专家的经验、创造能力、分析能力和思维能力预测茶叶市场发展的一种方法。在专家集体反复研究的基础上,拟订出一个或几个预测方案。这种预测方法既简便又节省,考虑问题也较全面。

在西方广泛流行的德尔菲法(Delphi Method),就是一种专家意见判断法。所谓德尔菲法,简单说就是主持预测机构根据预测目的,选定具有专门知识或混合知识的专家数十人,以征询调查方式向专家提出问题,同时提供所有与预测有关的情报,请专家作出个人预测。然后,将个人意见综合、整理、归纳、匿名反馈给各个专家,再次征询意见。这样,在专家和主持预测机构之间往返循环若干次,个人预测不断得到修正。最后,将趋于一致的意见作为最终预测。

以秘密方式(匿名)进行是该法的特点。参加预测的专家直接同中介(主持预测机构)联系,而专家之间不发生直接联系。优点:一是可以利用专家集体智慧;二是由于采取不记名方式,专家可以排除干扰,无顾虑地各抒己见。这样,集中多数人的才智,把个人思想加以系统化,所以预测结果比较准确。

德尔菲法通常运用与重大决策有关的预测课题。如利用外资引进技术等重大决策,或企业的研制与发展方向、投资方向、市场战略等有关决策或制定长期规划时有关的预测需要;茶叶企业对主要市场的经济预测,以及企业内意见,影响重大决策的其他问题。在一般情况下,凡采用德尔菲法,除了对定量预测进行判断评价外,都是因缺乏较详细的数据而无法采用其他更为精确的预测技术。

在选定专家小组时,要特别注意的是,选择专家被认为是德尔菲法预测成败的关键。专家人数的确定,可根据决策课题大小和涉及范围宽窄而有所不同。在一般情况下,如果是政府部门为制定决策组织预测,可为30~50人;如果是企业预测,一般10~15人即可。过多会使组织结构庞杂,预测费用增大;太少可能会使代表性不全,使分析工作受到限制。

在运用德尔菲法的准备阶段,还要设计调研表或调研提纲。调研表的设计,应紧紧围绕着预测目标或研究课题,从不同的侧面,以表格形式提出若干个有针对性的问题向专家咨询。表格应尽量简化,切忌复杂、混乱;提问题不要过多,一般以15~25个为宜;问题要明确、清楚、不附带条件。

2.定量预测法

定量预测法主要靠数量资料,使用数学模型或数理统计方法来判断市场发展趋势和数量关系的预测方法。这类方法很多,下面介绍几种常用的方法。

(1)实绩对比法

实绩对比法是一种根据上一期销售实绩,推算下一期预测值的简单预测方法。其计算公式为:

$$X = A \times \frac{A}{B}$$

式中:X——下期销售预测值;

A——本期销售实绩;

B——上期销售实绩。

由于此法考虑的其他市场因素很少,故只能用于茶叶供求趋势比较稳定情况下的销售预测。

(2)移动平均法

移动平均法是利用过去若干期的实际销售量,每测一期在时间上向后移动一次,求其平均数的预测方法。其算法又可分为简单移动平均法和加权移动平均法。

简单移动平均值求法：

$$\bar{X} = \frac{\sum X}{|n|} = \frac{X_1 + X_2 + \cdots + X_n}{n}$$

加权移动平均值求法：

$$\bar{Y} = \frac{\sum YW}{\sum W} = \frac{Y_1W_1 + Y_2W_2 + \cdots + Y_nW_n}{W_1W_2W_3\cdots W_n}$$

式中：$\bar{X}, \bar{Y}$——预测值；

$X_1, X_2, \cdots, X_n, Y_1, Y_2, \cdots, Y_n$——第i期的实际销售量(i=1,2,3,…,n)；

$W_1, W_2, \cdots, W_n$——第i期权数(i=1,2,3,…,n)。

例：某商店茶叶组各月的销售实绩，如表2-3每次用四个月的资料，逐步预测一下第五个月和第六个月的期望销售量。

表2-3 移动平均法预测销售实绩举例

月份	销售实绩/t	权数	简单移动平均数值	加权移动平均数值
11	16	0.2		
12	19	0.3		
1	17	0.4		
2	18	0.1		
3	20	0.2	(16+19+17+18)/4=17.5	(16×0.2+19×0.3+17×0.4+18×0.1)/1=17.5
4	21	0.3	(19+17+18+20)/4=18.5	(19×0.3+17×0.4+18×0.1+20×0.2)/1=18.3
5	22	0.4	(17+18+20+21)/4=19.0	(17×0.4+18×0.1+20×0.2+21×0.3)/1=18.9
6	24	0.1	(18+20+21+24)/4=20.25	(18×0.1+20×0.2+21×0.3+24×0.1)/1=20.9

(3)指数平滑法

这是用一种指数加权的方法来进行移动平均的预测方法。所取的指数叫平滑系数，用a表示。a取值范围一般是1＞a＞0；a起加权的作用。

此法实际上是加权移动平均法的一种改进算法，它所需的资料较少。在茶叶市场销售预测中，只要有本期原来的预测销售量和本期的实际销售量就可以预测下期的销售量。其公式为：

$$\bar{X}_n = \bar{X}_{n-1} + a(X_{n-1} - \bar{X}_{n-1})$$

式中：$\bar{X}$——下期预测值；

$\bar{X}_{n-1}$——本期预测值；

X_{n-1}——本期实际值；

a——平滑系数。

例：某茶叶企业 3 月份原来的茶叶销售量预测值为 100 万元，而该月茶叶销售实绩为 109 万元，如果取 $a=0.2$，则 4 月份茶叶销售量预测值为多少？如果取 $a=0.8$，则 4 月份茶叶销售量预测值为多少？

解：当 $a=0.2$，$X_n=100+0.2\times(109-100)=101.8$（万元）

当 $a=0.8$，$X_n=100+0.8\times(109-100)=107.2$（万元）

由以上计算可看出：平滑系数就是为了使预测值趋向平滑。仍以上题为例，如果考虑上期实际值在本期预测中的比重有 20% 的作用，则取 $a=0.2$；如果考虑上期实际值在本期预测中的比重有 80% 的作用，则取 $a=0.8$，所以，一般取"在 0～1 之间"但是，如果取 $a=1$，则说明本期预测值和上期实际值一样；如果取 $a>1$，那就是一种递增趋势。

此法简单易行，在西方企业管理中已普遍使用，在使用此法时，还必须考虑其他市场因素的影响。

(4) 季节指数法

季节指数法是利用过去的资料，求出平均一年中各种季节茶叶销售量占全国茶叶销售量的比重，以预测来年某季度茶叶销售量的方法。因为在正常情况下，全年销售中的季节（月）波动是有规律的，所以，算出了季节指数，就可以根据该年的计划销售量或预测销售量，来推算该年某季度的预测销售量。利用这个原理也可以进行月度的预测。

例：某商场茶叶商品 2002～2007 年各年度及第一季度的茶叶销售量资料如表 2-4 所示。试计算 6 年平均的第一季度销售的季节指数以及 2008 年第一季度的期望销售量。

解：如表 2-4 所示，

因为：6 年平均的第一季度销售量 $=\dfrac{22.2}{6}=3.7(t)$

6 年中各季度的平均销售量 $=\dfrac{75.0}{6\times 4}=3.125(t)$

表2－4 季节指数法预测举例

年度＼销售量	年度/t	第一季度/t
2002	9.6	2.8
2003	11.5	3.3
2004	11.6	3.4
2005	13.2	4.1
2006	13.8	4.0
2007	15.3	1.6
合计	75.0	22.2

所以：6年平均的第一季度的季节指数＝$\frac{3.7}{3.125}$＝1.18(t)

2008年第一季度的期望销售量＝4.6×1.18＝5.428(t)

(5)趋势外延法

趋势外延法也可称为时间序列法。所谓趋势外延法，是以历史的时间序列数据为基础，运用一定的数学方法把过去的变动趋势外延到将来，从而求出市场预测值。

趋势外延法可用于各种有一定时间规律的预测。前提：①趋势明显；②方程配合得当；③统计数据具有连续性和完整性，一般应有10年的不间断资料，至少不少于三年。趋势外延法，一般作为中期预测的一种主要方法。趋势外延法有多种方法，下面介绍常使用的直线趋势法。

一般在预测时，首先在直角坐标纸上画出图形，以横坐标代表时间，纵坐标代表变量（如茶叶产值、产量、销售量、进口量或出口量等）。由图观察各点散布情况，如果大体上形成直线趋势，就配合直线方程。如果为曲线，可配合有关曲线方程。配合方程的方法有多种，用得最多的方法是最小平方法。这是因为用最小平方法配合趋势线可使时间序列观察值(Y)对趋势值偏差的平方和最小，从而获得最佳配合曲线。最小平方趋势方程的数学特征是：

$$\sum(Y-\overline{Y})=0$$

$$\sum(Y-\overline{Y})^2=最小值$$

若一个线性趋势方程是由最小平方法确定，那么，就不再有另一个线性趋势方程具有更小的观察值对趋势值的偏差平方和。

应用最小平方法配合直线方程进行预测的方法和步骤如下：

当一时间系列的长期趋势，表现为一条向上或向下倾斜的直线时，可用直线方程配合，此方程称为直线趋势方程。记：

$$Y = a + bX \qquad ①$$

式中：因变量，表示时间序列趋势值，如茶叶出口量、销售额等；

自变量，表示时间，一般用年份；

常数，是直线的截距，在此表示 $X=0$ 时，Y 的计算值（即趋势值）的平均值；

常数，是直线的斜率，在此表示 X 每增减变动一单位时 Y 的增减量。

两常数可由下列标准方程式求得

$$na + b\sum X_i = \sum Y_i$$
$$a\sum X_i + b\sum X_i^2 = \sum X_i Y_i$$

如令 $\sum X_i = 0$，则得

$$a = \frac{\sum Y_i}{n} = Y$$
$$b = \frac{\sum X_i Y_i}{\sum X_i^2}$$

当将各项总和代入式①即可得－a、b。

使 $\sum X_i = 0$，可对变量时间做如下处理：如果资料项数 n 为奇数，可取中项为原点，每一单位 X 代表一期。原点 $a=0$，原点前后各项依次为 ± 1，± 2，± 3，…则 $\sum X_i = 0$。如资料项数 n 为偶数，则取中间两项的中点为原点，原点 $X=0$ 不写出，中间两项分别记作－1、1，每一单位 X 代表半期，原点前后各项依次记为 ± 1，± 3，…其和为 $\sum X_i = 0$。

例：假定我国茶叶出口 1998～2008 年年销售量见表 2－5 第 3 栏。试用最小平方法预测出口趋势。

分析：首先利用直角坐标绘图，如图 2－1 所示，从图中 Y 曲线可看出销售系列在 11 年中的平均变动基本呈一直线，故销售趋势可用直线方程计算。

设代表出口趋势的直线方程：$Y = a + bX$，然后求 a、b。原资料共 11 期，即 $n=11$，将原点置于中项（2003 年）。列出 X 系列值。列于表 2－5 中。

表2-5 1998～2008年我国茶叶出口销售量(万吨)

序号	年份	销售量 Y	X	X^2	XY	$\hat{Y}$	$(Y-\hat{Y})$	$(Y-\hat{Y})^2$
1	1998	21	−5	25	−105	20.9385	0.0615	0.0038
2	1999	19.96	−4	16	−79.84	21.913	−1.953	3.8142
3	2000	22.78	−3	9	−68.34	22.8875	−0.1075	0.01156
4	2001	24.97	−2	4	−49.94	23.862	1.108	1.2277
5	2002	25.23	−1	1	−25.23	24.8365	0.3935	0.1548
6	2003	26	0	0	0	25.811	0.189	0.03572
7	2004	28.02	1	1	28.02	26.7855	1.2345	1.524
8	2005	28.66	2	4	57.32	27.76	0.9	0.81
9	2006	28.7	3	9	86.1	28.7345	−0.0345	0.0012
10	2007	28.9	4	16	115.6	29.709	−0.809	0.6545
11	2008	29.7	5	25	148.5	30.6835	−0.9835	0.9673
合计	11	283.92	0	110	107.19	283.921	0.001	9.20478

即得

$$a = \frac{\sum Y}{n} = 25.811$$

$$b = \frac{\sum XY}{\sum X^2} = 0.9745$$

那么，年销售趋势方程：

$$Y = 25.811 + 0.9745X \text{（2003年为原点）}$$

此趋势方程的意义是，置原点于中项(2003年)，即 $X=0$ 时，中项为各年平均销售量，2003(第六)年趋势值为25.811万吨，每年的增量为年平均0.9745万吨，据此公式可导出任意一期的趋势值。

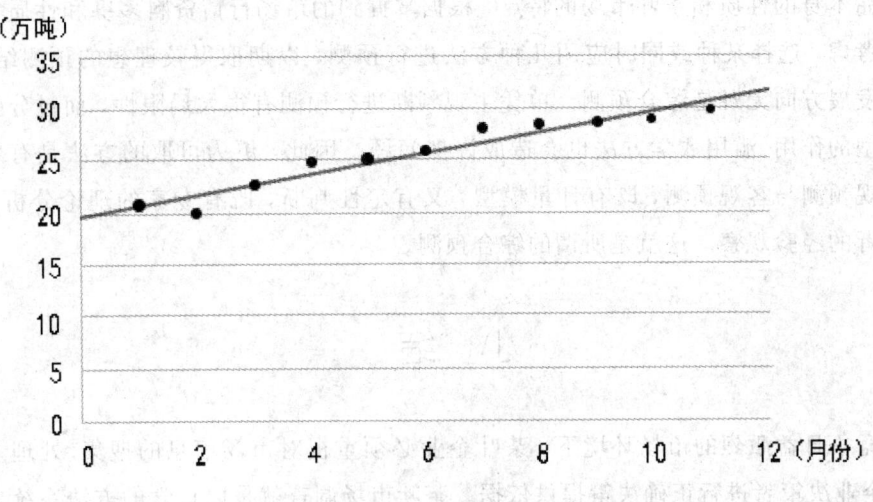

$$Y = 25.811 + 0.9745X$$

图2-1 1998~2008年我国茶叶出口销售趋势

预测:一旦建立趋势方程,将当前趋势简单地在时间上向前延伸,就可获得未来期间的趋势值。

如2001年的趋势值:

(2001) = 25.811 + 0.9745 × (2001)
　　　 = 25.811 + 0.9745 × (-2)
　　　 = 23.862(万吨)

2008年的趋势值:

(2008) = 25.811 + 0.9745 × (2008)
　　　 = 25.811 + 0.9745 × 5
　　　 = 30.6835(万吨)

同理:可计算销售量1998~2008年各期趋势值,列于表2-5第7栏中。

用表2-5第7栏趋势值确定趋势线见图2-1。

预测时,将X值代入方程,即可求出预测值。如2012年出口销售量预测值:

(2012) = 25.811 + 0.9745 × (2012)
　　　 = 25.811 + 0.9745 × 9
　　　 = 34.5815(万吨)

估计标准差越小,预测区间越窄,预测值的可靠程度越高。

预测方法除前面介绍的以外,还有很多种方法。在进行茶叶市场预测时,要根据茶叶商品本身的性质和茶叶市场的特点，根据掌握到的市场行情资料多寡和性质等因素综合考虑，选择某种或同时应用几种方法进行预测，以期取得较理想的预测结果。预测的发展方向无疑是综合预测。单凭主观判断进行预测有很大局限性，而过分强调计量模型的作用、滥用数学方法也会造成许多问题。因此，更为可取的方法是有效地结合主观预测与客观预测，既有计量模型，又有定性判断，既有专家的理论分析，又有实践者的经验观察。这就是所谓的综合预测。

小 结

在竞争日益激烈的市场环境下，茶叶企业必须重视对市场信息的搜集、处理及分析，为企业决策者进行正确决策提供依据。茶叶市场调查就是以科学的方法系统地搜集关于茶叶市场宏观环境包括茶叶供求活动的历史与现状，了解竞争对手的活动情况及买方的需求、购买动机、购买行为，并对所收集的情报资料进行整理分析，以探索茶叶市场供求规律性的工作过程或认识过程。茶叶市场调查的中心工作可以归结为：研究如何组织茶叶市场调查研究，采取哪种调查方式、方法以正确、及时地认识茶叶市场，了解茶叶市场活动规律；最有效地获得真实可靠的茶叶市场信息，以达到为茶叶企业作出正确的营销决策而服务的要求。在茶叶市场调查中建立实施一套系统科学的程序，有助于提高调查效率和调查质量，减少盲目性。调查程序，是指从调查准备到调查结束全过程的先后次序和具体步骤。一般来讲，正式调查的全过程大体可分为：准备阶段、实施阶段以及分析和总结阶段。茶叶市场调查的方法，包括样本选择方法（调查对象选择方法）和信息资料获取方法。在确定调查主题和内容之后，需要运用正确的方法选择样本，即选择调查对象和抽样设计。抽样设计一般指抽样调查方法，这种方法被广泛用于如茶叶需求数量、种类及其规格构成的调查，有关茶叶品质分析、验收、库存茶叶质量分析等方面的调查。抽样调查是指对总体中的一部分样本所进行的调查，并依其结果推算总体的方法。这种方法可能产生的误差，用统计方法计算控制。为使抽样调查的部分具有相对代表性，抽样必须根据调查目的、对象进行设计，否则选出的样本不一定代表母体，这样会影响调查结果的准确性。茶叶市场调查常用的抽样方法，大致可划分为概率抽样与非概率抽样两种。信息获取方法，是指调查人员在进行调查过程中，搜集各种有关茶叶市场信息资料所采取的具体方法以及设计调查表和调查对象询问时所运用的技巧，包括询问法、观察法、试验法等。选用何种方法和技术，取决于茶叶市场调查的目的、内容和调查对象的特点。茶叶市场调查中，所采用的各种方法，都需要通过调查表格来收集资料，完成调查任务。调查表用来反映调查的具体内容，为调查人员询问或调查对象回答提供依据。

茶叶市场预测是依据对茶叶市场经济活动规律的认识，在调查研究掌握资料的基础上，运用一定的方法和技术，对茶叶市场未来一定时期内的茶叶供给、需求、价格变动趋势、市场竞争态势等所作的科学判断和估计。

为了提高预测的成功率、准确率，一个完整的预测可以按以下程序进行：确定预测目标，搜集分析资料，选定适当预测方法进行预测，运用一定的检验方法对预测准确程度评价，最终提出预测报告。

对茶叶市场未来发展及其趋势预测的准确程度，是茶叶企业较为关心的问题。预测目标有误差是正常的，表示预测本身与预测方法都能被检验，保持了预测的客观性。一定幅度内的误差是可以接受的，但误差如果太大，就失去了预测的意义。客观的预测应是区间预测，而不是点预测。根据预测的对象或范围的不同、预测的准确度而异。预测的准确度还随预测时间长短不同而异。预测时间越短，准确度越大；预测越久远，准确度越差。茶叶市场预测，经常性预测是2年以内，而长期预测限于指出茶叶市场变化的大致方向和一般趋势，以影响茶叶生产和贸易发展战略措施的拟定。预测的准确度还随茶叶市场资料搜集和处理技术的不同以及预测方法与技术的不同而不同。预测方法可分为两大类：定性预测法和定量预测法。前者主要依靠预测者的知识、经验和对资料的综合分析，推断预测茶叶市场未来性质和变动方向。后者主要靠数量资料，使用数学模型或数理统计方法，来判断茶叶市场发展趋势和数量关系。

【案例 一】
利用公开的情报

人们总以为商业情报是锁在竞争对手的保险柜里的，其实有关竞争对手的大部分资料都是可以从公开的媒体和各种资料上获得的。因为任何企业都不可能完全地封锁自己，除非它不销售产品、不对外宣传，而它的任何一个"行动"，总会有一些"预兆"，只要经营者掌握了这个规律，便能够洞悉市场变化，决胜于千里之外了。《万讯剪报》就是一份关注这些"行动""预兆"的期刊。

《万讯剪报》是北京九洲万讯科技发展有限公司主办的期刊，是一本汇编了全国400多种报纸的信息资料，有金融、财经、机械、汽车、交通、电器、招商引资、房地产、企业文化、竞争战略等30多种类别，覆盖了大部分行业。每类剪报一周一期，全年52

期,每期约有50页,用户可以随时订阅。

某公司经理是《万讯剪报》的用户,对为什么要订《万讯剪报》,他回答说:"我的职责是开拓市场,要拓展市场就必须了解市场信息和竞争对手的情况。这些资料从哪儿来呢?报纸是一个重要的渠道。我曾经专门招聘了一个信息员,让她每天从公司订的十余种报纸中搜集有用的资料。不说她搜集的资料是否全面,单单算一下每年的基本投入——每月800元的工资和一年几千元的订报费,至少1万多块钱。现在我订的这份剪报,一年订费只有1800元,而且这些资料是从上百份报纸上剪下来的专题报道,当然划算。"

目前北京九洲万讯科技发展有限公司的会员有400多位,其中南方的客户明显多于北方;咨询公司、广告公司的订户比其他行业的企业多。有一次,美国麦肯·光明广告有限公司委托该公司跟踪彩电行业的情况,而《万讯剪报》只有家电类的专题剪报,于是公司经理让剪报员在遇到有关彩电的报道时复印一式两份,一份用于常规剪报,另一份则汇总成一册专门的彩电行业剪报,为客户了解竞争对手、制定销售策略提供了便利。当然,企业还应根据收集的信息进行行业分析和预测。报纸上的信息如果不加整理和分析,即使订一年的剪报也没什么用处。

案例分析

1. 你认为公开情报对企业来说有无意义?为什么?

2. 九洲万讯科技有限公司的做法对搜集公开情报有何好处?有何不足?你认为该如何改进?

【案例 二】
可口可乐公司"原叶"茶饮料是如何出现在中国饮料市场的?

可口可乐公司成立于1892年,目前总部设在美国亚特兰大,是全球最大的饮料公司,拥有全球48%的软饮料市场占有率以及全球排名前三位碳酸饮料中的两位(第一位和第三位),2001年营业收入就已经达到200亿美元,2005年可口可乐品牌价值就已经达到667亿美元,连续八年蝉联"全球最佳品牌"(The Best:Global Brands)。可口可乐公司在全球200个国家拥有160种饮料品牌,并且于1979年重返中国市场(1927年,可口可乐公司曾在上海设厂)。可口可乐公司的产品包括碳酸饮料、运动饮料、乳类饮品、果汁、茶和咖啡等多种饮料,国人熟悉的可口可乐公司品牌有"可口可乐""雪碧""芬达""水森活""美汁源""茶研工坊""原叶"(茶饮料)。虽然可口可乐公司拥有众多的产品和品牌,但是其主打的产品仍然是可口可乐、雪碧等碳酸类饮料。

2001年可口可乐公司根据现有的软饮料市场调查与相关市场预测,作出了公司整体的战略调整,将可口可乐公司定位为"全方位的饮料公司",连续推出多种非碳酸类饮料,包括果汁饮料、包装水和茶饮料。可口可乐公司根据对市场的预测,成功地将果汁饮料"美汁源"推向市场,并在短短的几年时间内,便登上了同类产品的市场占有率榜首。而日后的软饮料发展趋势也验证了可口可乐公司在21世纪初的英明之举:几年之后,软饮料在中国市场发展迅猛,2004年软饮料总产量几乎达到了3000万吨,2008年软饮料总产量达到了6000万吨,是1980年的210倍。而全球软饮料市场也同样表现惊人,2006年软饮料消费总额约为1730亿美元,较上年增长了6%。同时根据A.C.尼尔森的一项调查表明,碳酸饮料在经历了21世纪初高速发展的几年后,增速逐渐放缓,而包装水、果汁、茶饮料等非碳酸饮料则增长迅速,尤其是茶饮料。最近几年,中国茶饮料市场发展速度超过300%,是所有饮料类别中增长最快的。茶饮料在全国市场渗透率达32.6%,仅次于碳酸饮料和包装水饮料。

于是,在2008年年初,可口可乐公司通过对茶饮料市场的长期观测、调查与预测之后,终于推出了"原叶"绿茶、"原叶"红茶两款茶饮料。众所周知,在绿、红茶饮料的市场中,康师傅和统一始终独霸天下,两家的市场占有率达到了82%。对于竞争如此激烈却又十分诱人的茶饮料市场,可口可乐公司通过"100%的原叶泡制而成"的新概念进行宣传,同时邀请成龙父子进行代言,进行大规模的广告投放;与此同时,可口可乐公司制订了一系列的整合营销方案:百万瓶规模的赠饮活动,全方位电视、平面、户外广告,多元化的店内陈列,在全国超过30个省和直辖市展开广告攻势和销售。其矛头直指茶饮料市场的领导品牌——康师傅和统一。如此等等的促销手段足见可口可乐公司对茶饮料市场的"偏爱"。据A.C.尼尔森数据显示,从2007年12月到2008年12月,可口可乐公司在中国茶饮料市场上的份额从4.9%急增到8.9%。据行内人士透露,可口可乐公司在茶饮料市场上接近3%~4%的占有率增幅,主要依靠"原叶"茶饮料,这对一个子品牌来说,是很不容易的。

其实,可口可乐公司在2008年年初推出"原叶"茶饮料之前,在市场上的茶饮料产品为"茶研工坊",但是由于种种原因,"茶研工坊"在茶饮料方面始终无法突破现有状况,以致招来可口可乐公司全面停产退出市场的尴尬局面,可以说"茶研工坊"是一个失败的品牌,那么"原叶"茶饮料能否突破"茶研工坊"为可口可乐公司威震茶饮料市场的产品,我们将拭目以待。

〔姜含春、葛伟根据2008年第8期《大经贸》中崔涛编写《原叶茶，离100%还有几步？》改编〕

案例分析

1. 在康师傅与统一共占82%的茶饮料市场的局面下，可口可乐公司仍然决定进入茶饮料市场，请你谈一谈市场预测对于公司战略的影响。
2. 可口可乐公司能否突破"茶研工坊"的成就？为什么？

1. 茶叶企业为何要进行营销调查？营销调查的内容通常包括哪些？
2. 假如你要进行茶叶新市场推广或新产品研发或价格调整，请设计一份相应的调查问卷。

第 3 章 茶叶市场营销组织与管理

茶叶市场营销组织与管理对于茶叶企业营销战略的落实关系重大，它直接关系到整个茶叶企业营销活动的成败。茶叶市场营销管理（职能和过程）包括营销计划、执行与控制三个环节。计划是茶叶企业整体战略规划在营销领域的具体职能体现，营销战略或计划的执行是实现茶叶企业战略目标的必然过程，控制的任务是确保茶叶营销活动按照计划规定的预期目标运行。职能和工作必须有专门的机构与部门来承担和运行，因此，组建科学合理的营销部门是茶叶企业必不可少的工作。

3.1 茶叶市场营销组织

3.1.1 茶叶市场营销组织的目的

茶叶营销计划要靠组织去制订和实施，没有一个有效且符合市场导向观念要求的组织，茶叶企业的营销职能无法执行。茶叶企业建立营销组织有利于利用各种资源，制订、完成营销计划所规定的任务。

具体来说，建立茶叶营销组织还有以下几个方面的目的：

1.确定专业分工。根据企业开拓市场的根本要求，相应设立营销及其管理部门，有利于专人专职研究，并不断开拓市场的营销计划及实施方案，确保企业的高效益。

2.协调人员与任务。分工的结果是各司其职，但也会引起各行其是，缺乏必要的合作与协调。这就需要营销组织将各项任务进行逻辑的组合，并明确其相互间的关系，确保营销各部门、各环节对客户的服务协调一致。

3.明确职权与责任。任何一项职务的设立,都应确保其权责有机结合。茶叶企业能否有效开发茶叶新商品,不断开拓市场,获得理想的投资利润,关键在于明确规定营销、行政管理、财务、人才开发等各部门的职权与责任,确保以营销为中心,充分发挥整体效益。明确责任的前提是确保其有必要的、履行责任的权利。两者有机结合,一般就能保证企业的高效益。

4.保证战略的统一布置。现代企业由于奉行以现代市场营销观念为指导,在组织上将推销、广告及客户服务集中于营销部门,并设立或扩大市场营销部门,同时将推销职能改为营销职能,由一个企业高级主管负责,有利于保证茶叶企业实施统一的战略部署。

3.1.2 茶叶市场营销部门的职能

应该说,组织机构设置本身并不是目的,它只是实现目标的工具和手段。作为一个有效的组织,总是善于把企业的各项任务分配给有关部门,实现科学的职能分工。营销部门的职能主要有以下几项:

1.市场调研职能。搜集和研究有关茶叶销售经营的各种情况和意见,为销售经营的所有其他职能服务。具体工作是研究茶叶市场需求及消费者购买习惯的变化,预测市场发展的趋势,调查消费者对本企业茶叶商品的反映,评估各种销售策略的实际效果,分析竞争者的产品及其市场反映等。

2.产品计划职能。设计并筛选各种茶叶产品方案,制订销售计划,确保新产品投入市场并能满足用户需要。产品计划工作还包括产品的整理、优化品种结构、提出最佳产量计划的依据及老产品及时淘汰的建议,以避免茶叶企业一切不必要的损失。

3.销售促进职能。将潜在顾客转为现实顾客的一切活动,是茶叶企业最为重要的营销业务活动。将有关茶叶产品的信息提供给消费者,唤起其注意并培养和产生偏爱,增加市场的需求量,为该茶叶产品的销售创造条件。一般来说,市场营销部门通过广告宣传、公共关系、人员推销、营业推广等途径执行促销职能。

4.顾客服务职能。为使顾客对本企业茶叶产品产生信赖感、安全感、亲切感,茶叶企业应长期保持与一些老顾客的业务联系,企业应提供一些必要的和及时的售前、售中与售后服务。在现代市场经济条件下,这一职能已成为竞争的一种有效手段。

5.行政管理职能。对日常事务性工作的管理,如文件登记转呈、交通安排等。其作用在于方便茶叶企业主要营销业务活动的开展,也使高层领导摆脱一些琐事,集中精力抓好全局,管好大事,确保企业有计划地开拓前进。

6.人事管理职能。负责茶叶企业营销部门工作人员的招聘、挑选、训练、任用、辞退等,并就这些问题向上层提供有关人事档案和参考性意见。

3.1.3 茶叶市场营销组织的演变

茶叶企业的市场营销部门是执行营销计划、服务市场购买者的职能部门,市场营销部门的组织形式,主要受宏观市场营销环境和茶叶企业所处的发展阶段、经营范围、业务特点等因素的影响。营销部门的演变过程可以分为四个阶段。

1.简单销售部门。这种情况主要是指一些茶叶零售店的营销活动。规模较小的茶叶企业,以生产观念作为指导思想,在销售上大部分都采取零售方式。习惯上零售业主是销售负责人,自己也直接从事某些推销工作。销售部门的职能主要是推销生产部门生产出来的产品,生产什么就销售什么。

2.兼有营销职能的销售部门。这种组织形式通常不仅具有销售职能,还兼有一些营销职能。这类茶叶企业大多数以推销观念作为指导思想,当市场竞争开始激烈,销售部门除了负责产品推销之外,还需要经常进行市场营销研究、广告宣传以及其他促销活动,随着竞争的推进,这些工作就成为销售部门的专门职能。

3.独立的市场营销部门。规模较大而且业务范围较广的茶叶企业,愈加重视市场营销研究、新产品开发、广告促销、顾客服务等市场营销职能,于是,市场营销部门成为一个相对独立的职能部门,作为市场营销部门负责人的市场营销副总经理同销售部门副总经理一样直接受总经理的领导,市场营销成为与销售部门平行的职能部门。

4.现代市场营销部门。在茶叶企业专设营销部门的情况下,销售副总经理和市场营销副总经理行为的出发点并不一致,销售副总经理趋向于短期行为,侧重于取得眼前的销售量;而市场营销副总经理则多着眼于长期效果,侧重于制订适当的产品计划和市场营销战略,以满足市场的长期需要。因此,在这两个部门矛盾冲突的解决过程中,便形成了由市场营销副总经理全面负责市场营销部门和销售部门的现代市场营销部门。现代市场营销部门可以通盘考虑茶叶市场战略,可以形成较好的营销对生产的反馈机制,这样公司才能算是一个"以顾客为中心"的现代市场营销公司。相反,若是营销被认为只是营销一个部门的职能时,营销的经济意义会被大大减弱。

3.1.4 茶叶市场营销部门的组织形式

下面,我们以现代茶叶营销组织中最先进的营销组织形式——茶叶企业专设的现代市场营销部门为代表,说明其在实践中的具体组织形式。

1.职能型组织

市场营销部门最普遍的是按职能来组织。它们按照需要完成的工作职能来进行组织,市场营销经理的工作就是协调各专业职能部门的活动,职能部门的数量可以根据需要随时增减,如图3-1。

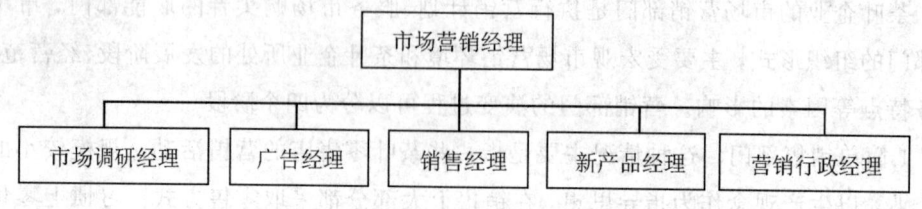

图3-1 职能型

职能型组织的优点是分工明确、结构简单、管理方便,其缺点是市场营销经理的组织协调工作更加复杂化。这是因为没有一个职能部门对某一具体的产品或市场负责,所以没有按每项产品或每个市场制订完整计划,有些产品或市场就被忽视,每个职能部门都在获得更多的预算和较其他部门更有力的地位竞争,使营销经理经常面临协调上的难题。它最适用于产品品种少或销售地区集中的企业,对有关产品的专业知识要求不高,或企业经营地区的情况差别不大的营销组织。

2.地区型组织

在全国范围内进行营销的茶叶企业通常按地理区域组织其销售力量,如图3-2。

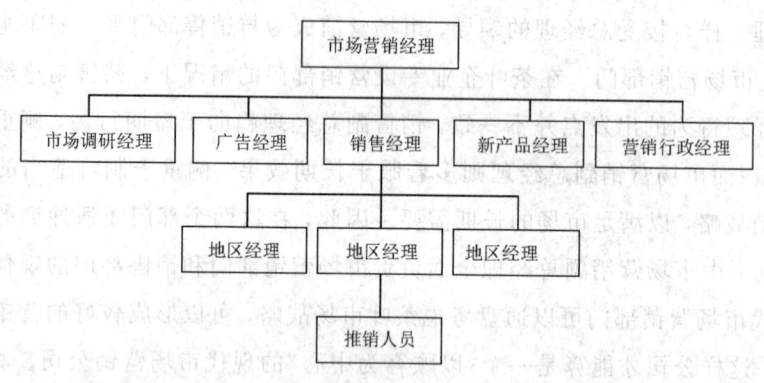

图3-2 地区型

在这种组织内,为避免一些不必要的职能重复,调研、广告、行政管理等仍归原职能部门,且与各地区部门并列,它的优点是发挥每个地区部门熟悉该地区情况的优势。其自身的缺点是当经营品种较多时,难以按不同产品的使用对象来综合考虑,各地区的活动协调也比较困难。它适用于销售区域大而经营品种单一的茶叶企业。

3.产品管理型组织

茶叶企业生产多种品类产品，各种产品之间的差别很大，则可以按照产品设置营销组织，如图3-3。

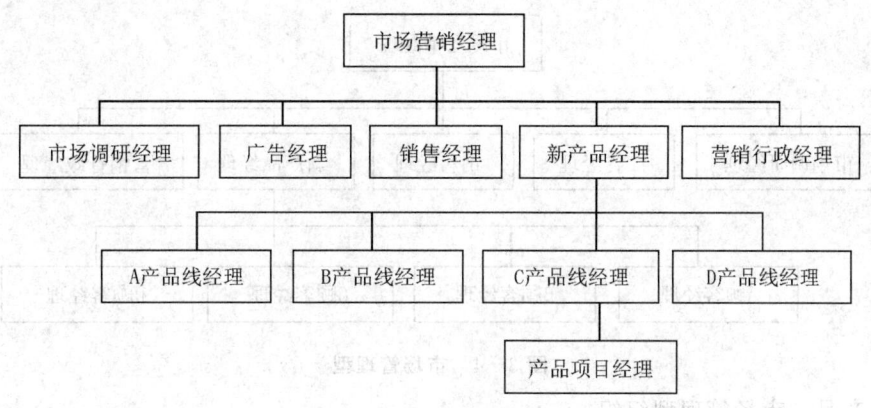

图3-3 产品管理型

产品经理的任务是制订产品的长期发展战略和年度销售计划，监督计划执行和检查执行结果，并采取必要的调整措施。此外，需要制定竞争策略。

产品管理型组织的优点：①产品经理可协调他所负责产品的营销组合策略；②产品经理对所管的产品在市场上出现的问题能及时做出反应；③较小的品种或品牌也因有专人负责而不致遭忽视；④由于必须与各方人员打交道，产品经理成为锻炼年轻经理的极好位置。

产品管理型组织的缺点：①产品管理容易产生一些矛盾冲突，产品经理权力有限，需要依赖广告、推销、产品开发等其他职能部门的配合；②产品经理较容易成为他所负责的产品方面的专家，但不容易熟悉其他方面的业务；③产品管理系统的成本往往比预期的组织管理费用高，因为产品管理人员的增加导致人工成本的增加，同时企业还要继续增加促销、调研、信息沟通和其他方面的人员。为了避免上述缺点，需要对产品经理的职责以及他们同职能专家之间的分工合作关系做出适当的安排。

4.市场管理型组织

当顾客可按其特有的购买习惯和产品偏好细分和区别对待时，适用于建立市场管理型组织（图3-4）。

市场管理型组织与产品管理型组织相似，由一个总市场经理管辖若干细分市场经理。市场经理的职责亦与产品经理相似，为自己负责的市场负责长期的和各年度的计划，分析市场趋势及所需要的新产品，注重长远的市场占有率，而不是眼前的获利能力。市场管理型组织与产品管理型组织有相似的优点和缺点，它的最大优点是各种市场营销活动通过市场经理被组织起来，满足不同顾客群的需要，而不是着眼于职能、地区或产品。

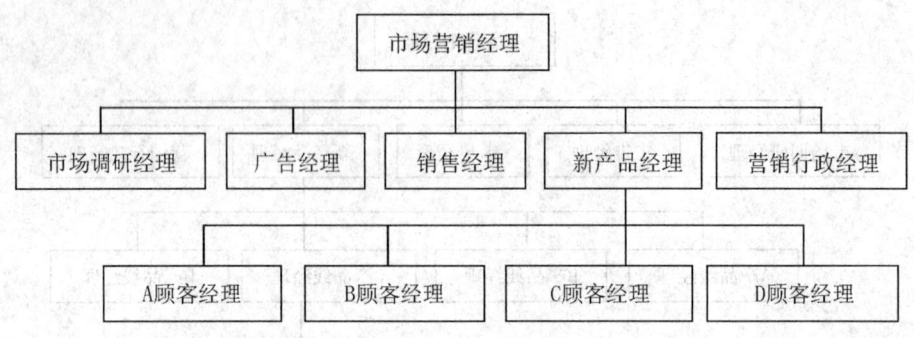

图3-4 市场管理型

5.产品—市场管理型组织

面向不同市场、生产多种不同产品的企业，在确定营销组织结构时可建立一种既有产品经理又有市场经理的矩阵组织。例如，茶叶公司的产品可分为三种：乌龙茶、龙井茶、茉莉花茶，所供应的主要用户也可分为三类：高档、中档、低档消费者。这时可将产品和市场因素组合起来形成一个矩阵结构，如图3-5。

产品经理

市场经理	乌龙茶	龙井茶	茉莉花茶
高档			
中档			
低档			

图3-5 矩阵结构

产品经理负责各种茶叶产品的销售利润和计划，为产品寻找更广泛的用途；市场经理则负责现有和潜在的各种消费市场，两者相互结合，推进多角化经营。这种组织管理费用较高，会发生权力和责任界限不清的问题，产生内部冲突。

6.事业部型组织

从事多角化经营的大型公司常按不同的经营业务划分若干个战略经营单位——事业部。事业部各自独立，组织上也自成体系，设有自己的职能部门，由此产生了营销职能如何在公司总部与事业部之间划分的问题。一般来说有以下几种选择：

(1)公司总部不再设营销部门，营销职能完全由各事业部自己负责。

(2)公司总部设规模很小的营销部门。其任务是从全局出发，协助最高决策机构，对市场机会与风险进行评估，做出切实可行的营销决策。并对事业部的营销业务给予咨询和指导，帮助力量较差的事业部开展市场营销活动。

(3)总公司设立适当规模的营销部门，通常要为总公司和各事业部提供广告宣传、公关促销、营销调研、人员培训等工作。

(4)总公司设置庞大的营销部门，直接参与各事业部的营销规划工作，并对计划实施过程加以控制。

在这种组织形式下，总公司对市场营销的控制程度完全取决于最高决策管理者的水平、最高决策层市场营销观念树立的程度、总公司营销部门的人员组成及其水平等因素。

3.2 茶叶市场营销计划

1.市场营销计划的含义

茶叶企业市场营销管理最首要的任务是制订营销计划。茶叶市场营销计划就是对茶叶市场营销的主要活动方案所做的详细、系统的谋划。

茶叶市场营销计划大致包括五个方面的计划：

(1)总体计划。它是整个茶叶企业的总体计划，是对主要的营销目标和措施做出概括性说明，它涉及的都是带全局性和具有比较深远意义的问题。它的内容是关于整个企业的任务、发展策略、短期目标等。

(2)局部计划。局部计划与茶叶企业计划大致相同，不过，它的范围要小一些，主要阐明茶叶企业在一个地区或一个部门的任务、目标、发展和获利能力等。内容上包括销售、财务、生产、人事等各项具体政策和目标。

(3)产品计划。产品计划主要是指具体策划制定某一特定茶叶产品或产品组合的目标、策略及政策。

(4)品牌计划。品牌计划主要是指具体策划制定茶叶企业品牌建设的目标、策略及政策。

(5)市场开发计划。市场开发计划是指茶叶企业开发某一特定市场或为某一特定市场服务的计划。

上述这些计划，一般由各级茶叶市场营销部门负责草拟编制。但有时也可以由上一级部门综合于一个总体计划中，如产品计划及厂牌计划，往往可以综合在一起，表现在一个品类计划或产品计划中。

2.茶叶市场营销计划的作用

茶叶市场营销计划即茶叶市场营销活动的具体描述，规定茶叶企业各种经营活动的任务、策略、政策、目标、具体指标和措施，避免营销活动的混乱或盲目性。归纳起来，茶叶市场营销计划的作用主要表现在以下几个方面：

(1)营销计划详细说明预期的经济效果，有关机构和企业可以预计计划期末的发展状况，减少经营的盲目性，使企业有明确的发展目标，以便在整个计划执行期中根据预期的目标，不断调整行动方案，采取相应措施，力争达到预期目标。

(2)营销计划确定实现计划活动所需的资源，从而茶叶企业可事先测知资源的需要量，并据以判断企业所要承担的成本费用，有利于财务节约费用开支计划。

(3)营销计划描述将要进行、采取的任务和行动，茶叶企业可以明确规定各有关人员的职责，使他们有目标、有步骤地去争取完成或超额完成自己所被委派的任务。

(4)由于营销计划有助于监测各种市场营销活动的行动和效果，使茶叶企业能有效控制本身的各种营销活动，协调各部门各环节的关系，顺利完成茶叶企业的各项任务和目标，使茶叶企业进一步获得巩固和发展。

3.茶叶市场营销计划的内容

茶叶产品市场营销计划包括：计划概要、市场现状、风险与机会、营销目标、市场营销策略、行动方案、预算及控制等内容，如图3-6。

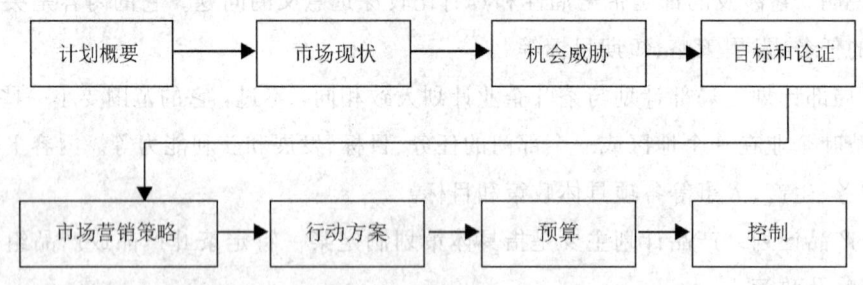

图3-6 茶叶市场营销计划的内容

(1)计划概要。首先应对本计划的主要目标及执行方法和措施，做扼要的概述。"计划概要"部分的主要目的是让茶叶企业高层主管快速掌握了解计划的核心内容，并据以调查和初步评核计划的优劣。为了便于审核者进一步阅读评核计划所需的资料,通常在计划概要部分之后,紧接着便列出计划内容目录。

(2)市场现状。市场现状是正式计划中的第一个主要部分,是对当前茶叶市场营销情况的分析,也就是对茶叶企业市场处境的分析。在这个部分中,应详细分析和描述目标市场的特点及茶叶企业在这一目标市场中所处的地位。分析内容包括:茶叶市场容量的大小、细分市场、消费者的需求、现有的环境因素。弄清市场中茶叶产品的竞争情况,确定流通渠道及销售网点。

(3)机会与风险(SWOT)。了解了茶叶市场的基本情况之后,需要分析优势(strength)、劣势(weakness)茶叶企业营销面临的机会(opportunity)、威胁(threat),简称为SWOT。必须把风险与机会的分析和茶叶企业的优势与劣势分析结合起来进行,才能使这项分析真正给企业带来赢利的机会,回避可能遇到的风险。一个市场机会能否成为企业的营销机会,关键在于机会是否与企业在目标和资源方面的优势相匹配,在这方面是茶叶企业的强项,应当充分发掘和利用这个市场机会。因此,在计划中要对市场机会与风险进行科学、详细的预测、分析和判断。

(4)营销目标。确定茶叶企业的目标是茶叶市场营销计划的核心内容。茶叶企业首先确定每个战略目标的财务报酬目标,包括投资报酬率、利润率、利润额等指标,并把财务目标转化为营销目标,营销的具体目标为销售收入、销售增长率、销售量、市场份额、品牌知名度、分销范围等。并根据预期目标与实际目标之间的差异,分析原因,提出解决办法和方案。

(5)市场营销策略。茶叶企业为达到营销目标所运用的逻辑方式或推理方法称为市场营销策略。茶叶市场营销策略包括目标市场、市场营销因素组合、市场营销费用支出水平等具体策略。

①目标市场:市场营销策略应详细而清楚地说明茶叶企业突出重视的细分市场。这些不同细分市场对茶叶的消费者爱好、提供的赢利机会、对市场营销工作的反应是互不相同的。因此,企业必须敏锐地觉察到这些区别,从竞争的角度出发,将自己的财力、物力集中投入那些最有利的细分市场,即应为每个目标市场制定相应的市场营销策略。

②市场营销因素组合:在计划书中,市场营销管理人员还应概括提出有关市场营销因素组合的各种具体策略,如茶叶新产品策略、价格策略、分配路线策略及其他促进销售策略等。并根据前述对茶叶产品的威胁和机会的分析,说明采取上述各种不同策略的理由。

③市场营销费用支出水平:计划中需要详细说明为执行各种市场营销策略所必需

的市场营销费用预算,并确定恰当的费用水平。

(6)行动方案。营销策略确定之后,要真正发挥效用还必须将它们转化为具体的行动方案。主要围绕四个方面的问题来制订:①要完成什么任务?②什么时候完成?③由谁负责执行?④完成这些任务需花多少费用?整个行动计划可以按照时间顺序列表加以说明,使整套促销活动落到实处,要制订可实际操作的具体计划和行动方案。

(7)预算。当营销目标、策略及行动方案拟订之后,茶叶企业应制定一个保证该方案实施的预算,这种预算实际上就是一份预计损益表。收入方将列出预计销售产品的数量和平均价格,支出方则列出生产费用、储运费用及其他市场营销费用,收入与支出的顺差便是预期利润。茶叶企业的高层主管将负责预算的审查,予以批准和修改。预算一经批准,便成为原料采购、生产安排、人员计划和市场营销业务活动的依据。

(8)控制。营销计划的最后一部分为控制,它用来监督检查整个计划进度。为了便于监督检查,一般市场营销的目标和预算草案,都是分月或分季制定的。这样高层主管就可审查每一时期企业各部分的成果,指出哪些部门没有达成预算目标,并要求相应部门做出解释,提出改进措施,从而使组成市场营销整体计划的各部门工作受到有效的控制,以保证整体计划的有效执行。

3.3 茶叶市场营销计划实施

3.3.1 茶叶市场营销计划实施的概念

茶叶市场营销计划实施,是指将茶叶企业的营销策略和计划落实、分解为具体的营销行动,实现营销计划的既定目标的过程。营销实施包括动员公司全部的人力和资源,实施每日或每月的例行营销活动,通过这些活动来有效地实现营销计划。它解决的是由谁、在什么地方、什么时间、如何落实的问题。茶叶市场营销计划的实施非常重要,它直接决定了茶叶企业制定的战略与战术成功与否。

3.3.2 茶叶市场营销计划实施的过程

茶叶市场营销计划批准后,必须马上传达给执行有关人员,提出执行计划的具体行动方案,并付诸实施。这个过程包括以下内容:

1. 达到目标的行动计划的步骤。
2. 落实每一步骤负责人。
3. 确定每一步骤所需的资源。

4.确定每一步骤需要的时间。
5.规定每一步骤的完成期限。

3.3.3 影响茶叶市场营销计划实施的因素

1.脱离实际的计划

茶叶企业的营销战略和营销计划通常是由上层的专业计划人员制订的,而实施则要依靠营销管理人员,由于这两类人员之间往往缺少必要的沟通和协调,导致了下列问题的出现:

(1)企业的专业人员只考虑总体战略而忽视了实施中的细节,结果使计划过于笼统和流于形式。

(2)专业计划人员往往不了解计划实施过程中的具体问题,所订计划脱离实际。

(3)专业计划人员和营销管理人员之间没有充分的交流与沟通,致使营销管理人员在实施过程中经常遇到困难,因为他们并不完全理解需要他们去实施的战略。

(4)脱离实际的战略导致计划人员和营销管理人员相互对立和不信任。

营销战略通常着眼于企业的长期目标,涉及今后3～5年的经营活动。但具体实施这些战略的营销人员通常是根据他们的短期工作绩效,如销售量、市场占有率或利润率等指标来评估和奖励。因此,营销管理人员会选择短期行为。所以,公司必须采取适当措施,克服这种长期目标和短期目标之间的矛盾,保证两者之间的协调。

3.抗拒变革的力量

企业当前的经营活动往往是为了实现既定的战略目标,新的战略目标如果不符合企业的传统和习惯就会遭到抵制。新旧战略的差异越大,实施新战略可能遇到的阻力也就越大。要想实施与旧战略截然不同的新战略,常常需要打破企业传统的组织机构和供销关系。

4.缺乏具体明确的实施方案

许多企业面临的困境,只是因为缺乏一个能够使企业内部各有关部门协调一致作战的具体实施方案。管理当局应当制订详尽的实施方案,规定和协调各部门的活动,编制详细周密的项目时间表,明确各部门经理应负担的责任。

5.缺乏制度保障

营销计划不仅是一种方法体系,同时也应该是一种制度体系,也就是说计划一旦执行,就必须按照相应的要求来加以保障。现实中很多企业在实施营销计划时,并没有落实到具体的制度上,一方面营销人员找不到开展工作的规范,无法衡量自身业绩的好坏;另一方面部分人员只是满足于现状,不能按要求开展工作。

6.缺乏绩效考核约束

绩效考核是企业的基本管理制度,其他职能性的管理制度都要在此基础上发挥作用。营销计划执行过程是营销管理职能在起作用,而要充分发挥这些职能,就必须将绩效考核制度与营销计划的完成效果结合起来,这样营销人员才可以对自己的绩效进行评估,否则执行将缺乏规范性。但在实际运作中,往往发生绩效考核制度与营销计划目标相左的情况,使计划形同虚设。

7.缺乏过程管理

计划执行时只重视结果而不重视达成结果的过程。计划执行过程中最受关注的往往是一些硬指标,如销售额、铺货率等,但其他一些软指标如市场价格体系、市场秩序、与竞争对手的对比等往往被忽视。缺乏对执行过程系统的管理,就算达到了硬指标,软指标中存在的问题也会对企业造成根本性的伤害。

8.分支机构区域营销计划缺乏系统性

(1)区域营销人员对总部下达的计划不能进一步规划,对整个区域市场缺乏整体性计划,对各个小区域之间也缺乏系统的拓展计划,造成整体营销计划一到下面就开始变形,无法真正落实。

(2)部分企业销售政策导向以销量为核心,因此区域人员采取的措施都是为短期内提高销量的,对能否满足营销计划的战略要求则不予考虑。

3.4 茶叶市场营销控制

茶叶市场营销控制是将预期业绩与实绩比较,并在必要时采取改进措施,以确保实现营销计划的过程。执行计划的过程中,常常发生许多意料之外的事情,因此市场营销部门应经常保持对企业营销活动的控制。控制的目的就是要弄清茶叶企业能否卓有成效地开展业务活动,创造性地贯彻营销计划。

3.4.1 茶叶市场营销控制的程序

营销控制是茶叶市场营销管理的主要职能之一,是营销管理过程中不可缺少的一个环节,它是一个动态的过程,具体地包含以下五个步骤。

1.确定评价范围

茶叶企业通常要评价市场营销业务的各个方面,包括人员、计划、职能等,既可以是单一方面,也可以是营销全过程。在界定的范围内,可以根据具体工作需要有所侧重。

2.确定衡量标准评价

要有一个总的尺度,借以衡量营销目标和计划的实施情况。衡量的标准是企业的主要战略目标,以及为此而规定的战术目标,如利润、销售量、市场占有率、顾客满意度等指标。当然这些指标不是一成不变的,同一企业、不同时期标准可能会不一样,不同的企业有不同的标准。

3.明确控制方法

基本的检查方法是建立并积累与营销活动相关的原始资料,如各种资料报告、报表和原始凭证等,它们能及时、准确、全面、系统地记载并反映企业营销的绩效。另一种方法是直接观察法,具体工作中选择哪一种方法,需要根据实际情况而定。

4.按标准检查工作进度

对工作完成好的部门要给以总结,在以后的工作中推广;任务完成较差的要及时找出问题,下一步再针对问题提出解决方案。

5.及时纠正偏差并提出改进建议

对工作绩效进行差异分析、对比分析,针对问题提出解决方案,及时纠正任务执行中的偏差。将茶叶市场营销控制过程总结如下,如图3-7。

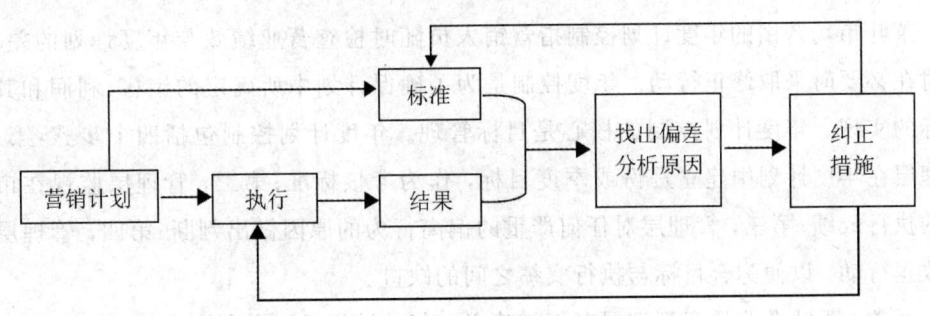

图3-7 茶叶市场营销控制过程

3.4.2 茶叶市场营销控制的基本类型

茶叶市场营销控制的基本类型,按照对象可以分为年度计划控制、赢利能力控制、效率控制和营销审计控制等类型,如表3-1所示。

表 3-1 茶叶营销控制类型

控制类型	主要负责人	控制目的	方法
年度计划控制	高层管理人员 中层管理人员	检查营销计划目标是否实现	销售分析、市场份额分析、市场营销费用率和销售比例分析、财务分析、顾客满意度追踪分析
赢利能力控制	营销主管人员	检查公司盈亏情况	赢利情况:产品、地区、顾客群、细分市场、销售渠道、订单大小
效率控制	部门经理 营销主管人员	评价和提高经费开支效率及营销开支效果	效率:销售人员、广告、促销促进、分销
营销审计控制	高层管理人员 营销审计人员	检查公司是否正在市场、产品和渠道等方面寻找最佳机会	营销效率等级评价、营销审计、营销杰出表现、公司道德与社会责任评价

3.4.3 茶叶市场营销控制的具体内容与方法

1.年度计划控制

茶叶市场营销的年度计划控制指营销人员随时检查营业绩效与年度计划的差异,同时在必要时采取修正行动。年度控制是为了确保计划中所确定的销售、利润和其他目标的实现。年度计划控制的核心是目标管理。年度计划控制包括四个步骤:第一,管理层在年度计划中建立月份或季度目标,作为考核标准;第二,管理层监视在市场上的执行成绩;第三,管理层对任何严重的偏离行为的原因做出判断;第四,管理层采取改正行动,以便弥合目标与执行实绩之间的缺口。

通常,茶叶企业最高管理层在年初建立一年的销售目标和利润目标。这些目标被分解成为每个较低层次的管理层的具体目标。年度计划控制主要采用五种工具:销售分析、市场份额分析、市场营销费用率和销售比例分析、财务分析和顾客满意度追踪分析。

(1)销售分析。销售分析主要用于衡量和评估所制订的计划销售目标与实际销售之间的关系。这种关系的衡量和评估有两种主要方法。首先,销售差异分析。销售差异分析用于衡量各个不同的因素对销售效率的相应作用。其次,地区销售分析。地区销售分析是从产品、销售地区等方面考察与预期销售额之间差异的原因。

（2）市场份额分析。茶叶企业的销售绩效在一定程度上可以反映出相对于其竞争者的经营状况，以及企业所处的整个经济环境的发展变化。一般来说，有四种度量方法：①绝对市场份额，它以企业的销售额占全行业销售额的百分比来表示；②服务市场份额，它以其销售额占企业所服务市场的百分比来表示；③相对市场份额（相对于三个最大竞争者），以企业销售额对最大的三个竞争者的销售额总和的百分比来表示；④相对市场份额（相对于最大竞争者），是把企业的销售额与市场最大竞争者的销售额相比。

（3）市场营销费用率和销售比例分析。年度计划控制要求茶叶企业检查与销售有关的市场营销费用，以确定企业在达到销售目标时的费用支出。市场营销费用对销售额之比是一个主要的检查比率，其中包括五项费用率分析：销售队伍对销售额之比、广告对销售额之比、促销销售额之比、营销调研销售额之比、销售管理销售额之比。营销管理人员要密切注意这些比率，以发现是否有任何比率异常变化。若出现异常变化时，应认真查找产生变化的原因。

（4）财务分析。茶叶市场营销者利用财务分析来寻找提高利润的战略，而不仅仅限于扩大销售的战略。管理层利用财务分析来判别影响茶叶企业净资产报酬率的各种因素。

（5）顾客满意度追踪分析。茶叶企业需要建立一套系统来追踪其顾客、经销商等当事人态度，以对市场营销的发展变化进行定性分析，主要在于下列方面：

①抱怨和建议：茶叶企业应鼓励顾客不满意时向本企业投诉，并对顾客书面的或口头的抱怨进行记录、分析，同时做出适当的反应，以提高顾客的满意度，建立良好的口碑传播。同时，顾客对产品的投诉，也为企业改进和开发新的茶叶产品与服务提供了必要的信息。

②固定顾客样本：有些企业建立了由具有代表性的顾客组成的固定顾客样本，定期地由企业通过电话访问或邮寄问卷了解其态度。这种做法有时比抱怨和建议系统更能代表顾客态度的变化及其分布范围。

③顾客调查：通常情况下顾客并不会主动向公司投诉或提出建议。因此，公司应进行顾客调查，了解顾客对公司及竞争产品的态度。

2.赢利能力控制

企业需要运用赢利能力控制来测定不同产品、不同销售区域、不同顾客群体、不同渠道以及不同订货规模的能力。赢利能力控制所获取的信息，有助于管理人员决定各种产品或市场营销活动是扩展、减少还是取消。

(1)赢利水平。赢利水平分析是指通过对财务报表和数据的一系列处理,把所获利润分摊到诸如不同产品、不同地区、不同渠道或不同市场上,从而衡量每一种产品、地区、渠道或市场的盈亏情况。其目的是找出影响获利的原因,以便采取相应措施,排除或削弱不利因素。分析步骤:首先,将各项费用归纳或分摊到各项营销职能,如推销、广告、包装、送货等方面;其次,依据一定的标准将营销职能性费用按不同产品、不同地区、不同渠道或不同市场进行分配;最后,编制出产品损益表、地区损益表、渠道损益表、市场损益表等。

(2)确定改进措施。茶叶企业在做出改进决策之前,应全面考虑,以做出最佳选择。通过赢利能力控制所获取的信息,有助于管理人员决定各种产品或市场营销活动是扩展、减少还是取消。改进措施如下:

①损益表中的有关营销费用转化为各营销职能费用,如广告、市场调研、包装、运输、仓储等。

②将已划分的各营销职能费用按分析目标,如产品、地区、客户、销售人员等分别计算。

③拟定各分析目标的损益表。

3.效率控制

效率控制的目的在于提高销售人员、广告、促销和分销等市场营销活动的效率,茶叶市场营销经理必须关注若干关键比率,这些比率表明市场营销职能执行的有效性,显示出应该如何采取措施改进执行情况。当发现公司在某些市场、产品、地区等方面赢利不佳,那么公司就要采取更有效的方法来管理这些营销实体的推销人员、广告、销售促进和分销的活动。

(1)销售人员效率控制。茶叶企业的各地区的销售经理要记录本地区内销售人员效率的几项主要指标,这些指标包括:①每个销售人员每天平均的销售访问次数;②每次销售人员访问平均所需的时间;③每次销售人员访问的平均收益;④每次销售人员访问的平均成本;⑤每次销售人员访问的招待成本;⑥每百次销售人员访问的订购单的百分比;⑦每一期的新顾客数目;⑧每一期丧失的顾客数目;⑨销售人员成本对总销售额的百分比。

(2)广告效率控制。茶叶企业应该做好如下统计:①每一媒体类型、每一媒体工具接触每千名购买者所花费的广告成本;②顾客对每一媒体工具注意、联想和阅读的百分比;③顾客对广告内容和效果的意见;④广告前后对产品态度的衡量;⑤受广告刺激而引起的询问次数。企业高层管理者可以采取若干步骤来改进广告效率，包括进行更加有效的产品定位、确定广告目标、寻找较佳的媒体、进行广告后效果测定等。

(3)促销效率控制。为了改善销售促进的效率，茶叶企业还需进行促销效率控制。为此，管理层应该对每项促销的成本和销售的影响做记录，注意做好如下统计：①由于优惠而销售的百分比；②每一销售额的陈列成本；③因示范而引起询问的次数。同时，企业应观察不同促销时段的效果，并使用最有效果的促销手段。

(4)分销效率控制。分销效率主要是对茶叶存货水平、仓库位置及运输方式进行分析和改进，以降低送货成本，节约分销费用，达到最佳配置，并寻找最佳运输方式和途径。如果赢利能力显示出茶业某一产品或地区所得的利润很差，那么企业就应该考虑该产品或地区在销售人员、广告、促销、分销等环节的效率问题。

4.营销审计控制

茶叶企业所处的市场营销环境复杂多变，其战略和计划可能与环境不相适应。这就要求企业必须对整体营销效果进行全面审查，以确保目标、政策、战略和计划与市场营销环境相匹配。茶叶营销审计通常由茶叶企业高级职员和专门的营销审计机构共同进行。在审计过程中不能单方面依赖公司主管人员提供的资料和意见，还必须对顾客、经销商及其他有关外部专业人员进行访问。

(1)市场营销审计的程序

①决定由谁来审计：茶叶市场营销审计可以由专业人员、部门经理、外部专业人员来执行。

②决定什么时间和多长时间进行审计：市场营销审计可以在日历年年末、公司报告年度末或实物盘存时进行。市场营销审计应至少每年进行一次。

③决定审计的领域：主要包括横向审计和纵向审计两大领域，横向审计是研究公司的全面营销业绩，纵向审计是公司营销策略某一方面如产品计划等的深入分析。这两种审计应相互联系起来运用。

④拟定审计的表格：市场营销审计表格应列出需要考核的领域和评价每一活动领域所需的精确信息。这种表格通常提出相应的问题，并且由审计人员来回答。

⑤进行审计：这一阶段所需要做出的决策包括审计的时间多长、员工是否应了解这一审计、当机构开业或歇业时是否要进行审计、如何得出最后的报告。

⑥提出审计结果：市场营销审计的最后一个步骤是向管理当局提出结论和建议。

(2)茶叶营销审计的内容

①茶叶营销环境审计：主要分析宏观环境因素和微观环境因素中的关键部分，如

市场、顾客、竞争对手、分销商、供应商、流通渠道、相关企业、社会公众、社会经济环境、文化环境等。

②茶叶营销战略审计:主要评价企业营销目标、营销战略与现行的、预期的营销环境相适合的程度。

③茶叶营销组织审计:审查营销领导机构、职能部门、相关部门在营销环境中实施营销战略所具备的配合能力。

④茶叶营销系统审计:检查企业市场营销信息系统、计划系统、控制系统、新产品开发系统的运行质量,形成正常运行的保证措施。

⑤茶叶营销效益审计:分析不同营销单位的利润、成本效益及差异原因。

⑥茶叶营销职能审计:评估营销组合的因素,如产品、价格、分配、促进销售、销售力等。

以上便是市场营销审计的主要问题范围。根据这些审计内容提供的信息,审计人员将得出一些研究结果和提出某些建议,以作为管理部门全面控制企业市场营销活动的根据。这些研究结果对管理部门来说,也有可能出乎意料,有时甚至会使管理部门感到震惊,管理部门将进一步判断那些建议是否合理,并决定如何和在何时加以贯彻执行。

总之,市场营销审计这种策略控制工具,只是对茶叶企业的营销环境、目标、策略和活动的全面、系统、独立和定期的检查,对企业确定营销问题之所在、提出短期与长期校正行动计划、提高茶叶企业的总体营销效益将有很大帮助,已受到国内外企业的普遍欢迎,已有越来越多的企业采用了这种营销控制工具。

小　结

茶叶市场营销管理包括计划、执行与控制三个环节。计划是茶叶企业整体战略规划在营销领域的具体职能体现。营销计划的制订是营销管理的开始,更重要的在于营销的执行与控制。计划、执行与控制,都离不开有效的茶叶市场营销组织。

茶叶市场营销组织即营销部门是执行营销计划、服务市场购买者的职能部门。市场营销部门的组织形式,主要受宏观环境、茶叶企业所处的发展阶段、经营范围、业务特点等因素的影响。市场营销部门的演变过程可以分为四个阶段:简单销售部门、兼有营销职能的销售部门、独立的市场营销部门、现代市场营销部门。营销部门职能有市场调研职能、产品计划职能、销售促进职能、顾客服务职能、行政管理职能、人事管理职能。

建立茶叶营销组织还有以下几个方面的目的：确定专业分工、协调人员与任务、明确职权与责任、保证战略的统一布置。

茶叶企业市场营销管理最首要的任务是制订营销计划。茶叶市场营销计划就是对茶叶市场营销主要活动方案所做得详细、系统的谋划。它包括五个方面的计划：总体计划、局部计划、产品计划、品牌计划、市场开发计划。茶叶市场营销计划的内容包括：计划概要、市场现状、机会与风险、营销目标、市场营销策略、行动方案、预算及控制等内容。

茶叶市场营销计划实施，是指将茶叶企业的营销策略和计划落实、分解为具体的营销行动，实现营销计划的既定目标的过程。它解决的是由谁、在什么地方、在什么时间、如何落实茶叶企业的营销策略和计划的问题。茶叶市场营销计划的实施非常重要，它直接决定了茶叶企业制定的战略与战术成功与否。影响茶叶市场营销计划实施的因素：脱离实际的计划，长期目标和短期目标的取舍不当，抗拒变革的力量缺乏具体明确的实施方案、缺乏制度保障、缺乏绩效考核约束、缺乏过程管理、分支机构区域营销计划缺乏系统性，等等。

茶叶市场营销控制是将预期业绩与实绩比较，并在必要时采取改进措施，以确保实现营销计划的过程。茶叶市场营销控制的程序，包含五个步骤：确定评价范围，确定衡量标准评价，明确控制方法，按标准检查工作进度，及时纠正偏差并提出改进建议。茶叶市场营销控制基本类型，按照对象可以分为年度计划控制、赢利能力控制、效率控制和营销审计控制等类型。茶叶市场营销控制具体内容包括：年度计划控制、赢利能力控制、效率控制、营销审计控制等。

【案例 一】
王老吉"凉茶"的飞跃

王老吉凉茶铺在 20 世纪 50 年代初由于种种原因，分为两支：一支完成公有化改造，发展到今天的王老吉药业股份有限公司，生产王老吉凉茶颗粒（国药准字）；另一支由王氏家族的后人带到中国香港。加多宝集团是一家以我国香港为基地的大型专业饮料生产以及销售企业，经王老吉药业特许，由中国香港王氏后人提供配方，加多宝在中国内地独家生产、经营王老吉牌灌装凉茶（食字号）。

自第一罐王老吉诞生的 1995 年到 2002 年，王老吉凉茶是一个很不错的产品，在广东、浙南地区销售稳定，赢利状况良好，有比较固定的消费群，王老吉饮料的销售业绩连续几年维持在1亿多元。但是公司发展到这个规模以后，加多宝的管理层发现，要想把企业做大做强，走向全国，变得异常困难。困扰王老吉的几个问题主要是：一、广东、浙南消费者对王老吉的认知出现混乱。一部分消费者将王老吉当成凉茶，属于具有下火功效药的一种，无须也不能经常饮用；另一部分消费者则将王老吉当成饮料来饮用，相当于康师傅茶、旺仔牛奶等饮料。二、王老吉无法走出广东、浙南。在两广、浙江以外，人们并没有喝凉茶的概念，而宣传凉茶的费用显然是惊人的。如果放眼整个饮料行业，在可口可乐、百事可乐、康师傅、统一等众多饮料巨鳄面前，王老吉显然占不到任何便宜。三、推广概念模糊。王老吉最初的广告语是"健康家庭，永远相伴"，从这个广告就可以看出，这个卖点并不能够体现王老吉的独特价值。而最核心的问题就是王老吉到底是当"凉茶"卖，还是当"饮料"卖。

2002年年底，加多宝找到成美营销顾问公司，初衷是想为王老吉拍一条以赞助奥运会为主题的广告片，以期推动销售。成美公司初步研究发现，王老吉的销售问题不是通过简单的拍广告就可以解决的，而是王老吉的品牌定位模糊不清。

王老吉虽然销售了7年，其品牌却从未经过系统、严谨的定位，企业都无法回答王老吉究竟是什么，更不用说消费者了，完全不清楚为什么要买它——王老吉缺乏品牌定位所致。经过一番深入沟通后，加多宝公司最后接受了成美公司的建议，决定委托成美公司对王老吉进行新的营销计划，首要任务就是品牌定位。

于是，成美公司制订了一份新的、充分详细的营销计划。首先进行详细的市场调查，其次找到王老吉正确的市场定位，最后制订独特的产品、品牌定位传播计划：

在研究中发现，广东的消费者饮用王老吉主要是在烧烤、登山等场合。其原因不外乎"吃烧烤容易上火，喝一罐先预防一下""可能会上火，但这时候没有必要吃牛黄解毒片"。消费者的这些认识和购买消费行为均表明，消费者对王老吉并无"治疗"要求，而是作为一个功能性饮料购买。进一步的研究发现，王老吉直接的竞争对手，如菊花茶、清凉茶等由于缺乏品牌推广，仅仅是低价渗透市场，并没有"预防上火的饮料"的定位。而可乐、茶饮料、果汁饮料、水等明显不具备"预防上火"的功能，仅仅是间接的竞争。同时，一个品牌定位的成立，必须是该品牌最有能力占据的。研究人员对企业、产品、消费者进行研究，结果表明，王老吉的"凉茶始祖"身份、神秘中草药配方、175年的历史等，充分显示了有能力占据"预防上火的饮料"这一定位。至此，品牌定位的研究基本完成。一个月后，成美向加多宝提交了品牌定位研究报告，首先明确王老吉是在"饮料"行业中竞争，竞争对手是其他饮料；其品牌定位——"预防上火的饮料"，独特的价值在于——喝王老吉能预防上火，让消费者无忧地尽情享受生活：吃煎炸、香辣、烧烤美食，通宵看球……

紧接着，成美为王老吉制定了"怕上火，喝王老吉"的主题广告，同时选择覆盖全国的电视媒体中央电视台，在 2003 年短短的几个月内，一举投入了 4000 多万元广告费，同年 11 月，企业乘胜追击，再斥巨资购买了中央电视台 2004 年黄金广告时段。这样的宣传给王老吉带来了巨大的经济效益：2003 年王老吉的销售额比上年同期增长了近 4 倍，由 2002 年的 1 亿多元猛增至 6 亿元，并以迅雷不及掩耳之势冲出广东；2004 年，尽管企业不断扩大产能，但仍供不应求，订单如雪片般纷至沓来，全年销量突破 10 亿元，以后几年持续高速增长，2008 年销量突破 100 亿元大关。

王老吉在 2008 年给四川地震灾区捐款 1 亿元，王老吉壮大之后，选择了承担更多的社会责任。我们相信王老吉给我们带来的不仅是"不上火"的惊喜……

〔姜含春、葛伟根据 2009 年第 2 期《现代商业》中何迪编写《王老吉营销战略探研》改编〕

案例分析

1.根据王老吉的营销计划，谈谈你对营销计划的认识。

2.请你从营销的角度，谈谈你对王老吉成功的理解。

【案例 二】
贵州都匀毛尖茶叶的营销模式

作为茶树的原产地之一，贵州高山绿茶、生态绿茶和有机绿茶的重要产地，是中国重要的茶叶生产基地和产茶大省。截至 2015 年年底，贵州茶叶面积在全国茶园面积中已经占到了 16.8%，近 700 万亩，年综合产值 404.9 亿元，贵州茶产业的发展拥有广阔的前景。

一、在茶叶里做"大"文章

贵州近年来大力发展"绿色产业"，以茶园为代表，茶园、山地旅游、农业旅游、生态旅游发展得非常好，尤其是由于贵州的茶园具有地形以及气候的先天优势，因此在"茶园旅游"上，消费者已经认同了这种旅游业态的新亮点，并且通过重点发展茶园经济，将茶园的资源加以充分的开发和利用，形成丰富的茶产地的产业形态。游客们以茶客的身份走进茶园，从茶园中品味贵州茶文化，从而也进一步了解了贵州的风土人情，从营销的角度看，这是一种茶产业与旅游业融合发展的组合营销策略。生态农业、茶园中体现出来的自然景色与产业园区等相互融合的多元化的文化理念,将人文、景点、景色、历史等串联在一起,形成了贵州经济的绿色品牌,让"产业"与"经济"抱团齐飞。以贵州享有"中国西部生态茶叶专业村"美誉的湄潭县核桃坝村为例,该村被列为国家AAA级旅游景区,开发了"茶海生态园"。在其中品茶、赏茶,游客不仅可以了解茶饮食文化,还可以体验茶风情文化,让乡村旅游与茶叶共同激发出营销的闪光点。

二、茶叶营销的发展思路

(一)体验式营销

体验式营销是以商品为要素的营销理论,是以消费者需求为出发点的营销策略,保证公司的服务为营销的核心,创造出带有回忆感受的经济形式。体验式营销,通过消费者的感官需求来确定商品的定义,设计出符合消费者需求的营销思考方式,打破了传统理性消费的假设,将消费者的理性和感性结合起来,审视客户的角度,对客户给予情景模式的模拟,让茶叶的营销战略不再是针对一个产品进行思考,而是可以采用多种渠道和方法,进行营销场地和人员的综合考量,为客户提供更加愉悦的消费体验。

(二)网络营销

建立全国性保鲜物流体系的建设速度,对于强化茶叶质量标准化的建设大有好处,强化保鲜物流标准建设,从而加大强化全国性保鲜物流体系的建设;要加大广大茶叶种植山区的基础交通建设力度,加大茶叶保鲜运输设施、低温物流、冷藏流通设备等专业性的物流网络建设,提升整合茶叶相关资源的能力,迅速实现茶叶资源的集中处理,解决国内茶叶供应经营企业地域分散而规模小的问题,通过便捷的物流以最快的速度将茶叶送到消费者手中。

(三)品牌营销

结合当今的消费热点加大宣传力度,促进贵州都匀茶叶品牌建设。如开展茶叶博览会、名优茶交易会、茶文化节等,通过开设各类型的茶叶主题区,对茶叶的宣传发展起到一定作用,能够扩大产品影响力,形成贵州都匀茶叶知名产品的形象。

(四)绿色营销

整合市场和生态营销观念,发展新型的营销理念,根据市场和企业的营销活动,走可持续发展的战略,综合考虑企业自身利益和消费者利益,以消费者的绿色消费需求为中心点,进行营销概念的设定。

(五)拓展茶文化产业园

结合茶文化开发休闲产业,通过将茶叶产业与其他产业相结合,进一步拓展茶叶产业发展,是加快转变其发展方式的有效途径。可从自然与生态、饮食与心态、有机食品与养生出发,把健康理念带给消费者。

〔资料来源:陆郑义.贵州都匀毛尖茶叶的营销分析[J].经济发展研究,2017(6):170.〕

案例分析

1.根据贵州都匀毛尖茶叶的营销计划,谈谈你对营销计划的认识。

2.通过茶叶营销模式 SWOT 分析,贵州都匀毛尖茶叶营销战略如何实施?

思考题

1.茶叶企业市场营销部门内部的组织形式有哪几种?各有什么优缺点?

2.茶叶企业市场营销部门管理职能包括哪些?

3.茶叶市场营销计划由哪几部分组成?

4.茶叶市场营销计划如何有效实施?

5.评估和控制茶叶市场营销业绩常用的方法是什么?

第4章 茶叶市场营销策略

1960年,美国营销学家杰罗姆·麦卡锡提出了著名4Ps组合,即市场营销组合要素分为产品(product)、价格(price)、地点(place)和促销(promotion),再加上策略(strategy)。4Ps组合理论是至今为止影响最大的营销组合方法,后来的营销组合都是在4Ps理论基础上的延伸和拓展。茶叶市场营销策略是茶叶企业根据市场环境准确地选择目标市场,为实现企业目标而制定的战略战术,它包括目标市场战略、产品策略、价格策略、销售渠道策略和促销策略五个方面。市场营销组合是企业综合考虑产品、价格、销售渠道和促销等因素而制订的市场营销方案。

4.1 茶叶企业目标市场战略

满足顾客需求是企业市场营销的关键。企业在难以同时满足所有消费者需求的情况下,必须根据一定标准、按照一定步骤对市场进行细分,并在此基础上对各个细分市场进行深入的调研与评价,从中选出企业能有效满足其消费者需求的细分市场作为目标市场,然后制定具体营销战略。目标市场战略主要包括三个步骤:市场细分(segmentation)、目标市场(targeting)和市场定位(positioning),所以又称为STP战略。

4.1.1 茶叶市场细分

1.茶叶市场细分的作用

茶叶市场细分是在消费者需求分析的基础上,茶叶企业将一个市场按照一定的标准划分为若干个子市场(也称分市场、亚市场)。任何子市场都是一个有相似需求的消费者群,企业可以根据自己的情况,在其中选择一个或若干个作为自己的目标市场。

但并非所有的市场细分都是有效的，有效的市场细分必须具有可衡量性、可盈利性和可进入性条件。

市场细分对茶叶企业营销具有以下作用：有利于茶叶企业确定目标市场并掌握目标市场的特点，集中资源，提高企业的经营效果；有利于茶叶企业分析、发现、挖掘市场机会，选择最有效的目标市场；有利于茶叶企业掌握市场需求的发展变化，及时调整市场营销组合。

2.茶叶市场细分的标准

(1)茶叶消费者市场细分的标准

影响和造成消费者对茶叶产品产生需求差异的因素纷繁复杂，主要有以下几种因素。

①地理因素。地理因素主要包括地区、气候、市区镇规模、人口密度等。由于地理条件不同，消费者对茶叶产品或服务的需求在质和量方面都有很大的差异。例如，经济发达、居住人口较集中的地区，对高档茶叶消费品需求量大。

②人口因素。人口因素主要包括年龄、性别、家庭人口及生命周期、收入、职业、文化程度等。由于消费者年龄、教育程度、收入不同，因此茶叶消费的价值观念、生活情趣、审美观念和消费方式都有很大的差异。例如，老年消费者讲究细品慢饮传统名茶，而青年人则喜欢喝快速即饮式茶饮料。

③心理因素。心理因素主要包括个性、购买动机、价值观念、生活方式等。由于消费者个性等心理因素的差别，他们对同一产品或服务的爱好和态度截然不同。例如，时尚、自然，典雅高贵风格等五花八门的茶叶包装。

④行为因素。购买行为主要包括购买动机、购买状态、使用者状况等。例如，偏好饮用绿茶的消费者，往往在春季或春茶上市之时，将全年喝的茶一次性购买，而有的则在全年的不同时候少量购买。

(2)茶叶产业者市场细分的标准

当购买者是各个不同行业的组织购买者，茶叶企业进行市场细分时，除可按一般的消费者市场细分标准外，还宜采用茶叶产业者市场细分标准。主要有以下几种因素。

①用户行业。用户行业是茶叶企业茶叶产品购买者所属的行业。不同用户行业对茶叶产品的使用往往不尽相同，对茶叶产品的需求也就不同。例如，对于绿茶，茶馆对其色香味形具有较高的要求，而生产茶饮料厂商则对茶叶原料色香味要求适中，对其形要求较低。

②用户规模。可将用户划分为大、中、小型,用户规模不同,对茶叶产品数量和供应方式等的要求则不完全一致。对于大客户,宜采用直接销售的渠道;对于数量众多的小客户,可通过广告、展销等手段推销茶叶产品。

③用户地理位置。由于产业市场的用户地理位置受资源条件、气候、产业布局等因素的影响,不同地理位置的用户对茶叶产品的需求是有差异的。例如,细分市场距离茶叶企业较近,可降低运输费用等。另外,便于深入了解该市场,信息反馈快。

3.茶叶市场细分的原则

选择不同的因素和方法就会产生不同的细分市场,而细分出来的市场是否有效,还必须坚持以下四种原则:

(1)可衡量性原则。可衡量性原则是指细分出来的市场规模和消费者群体的购买力是可以衡量的,这样企业就可以判断自己如何进行资源配置。

(2)可盈利性原则。可盈利性原则是指细分市场的规模及消费者群体的购买力,对企业而言是有利的,值得去开发的。细分市场规模过小,企业利润率较低或没有利润;细分市场规模过大,竞争者多,营销成本过高,可能达不到一定的利润水平。这样的两种市场细分就失去意义。

(3)可进入性原则。可进入性原则是指企业的营销能力和生产能力都能有效进入并占领覆盖的市场。

(4)稳定性原则。稳定性原则是指子市场在一定时期内能够保持相对不变化,才能有利于企业制定较长的市场策略。变化太快的子市场,必然增大了企业的营销成本和经营风险。

4.1.2 茶叶企业目标市场

1.茶叶企业目标市场的概念

目标市场是指在茶叶市场细分的基础上,企业选择一个或若干个子市场为最佳细分市场。即企业所确定的以相应的产品满足其需求、为其服务的那个消费者群,是企业所确定的营销服务对象。茶叶企业在市场细分后,根据自身的资源条件和经营目标,选择其所要进入的特定目标市场并制定相应的策略。

2.茶叶企业目标市场的营销策略

(1)无差异性市场营销策略

无差异性市场营销策略就是面对的茶叶整体市场需求共性大于个性,茶叶企业可以忽略不计消费者需求的差异性,着眼于其同质性,把整体市场看作一个大的目标市场。茶叶企业对作为目标市场的整体市场提供标准化产品，采用大致相同的市场营销组合，见图4—1。

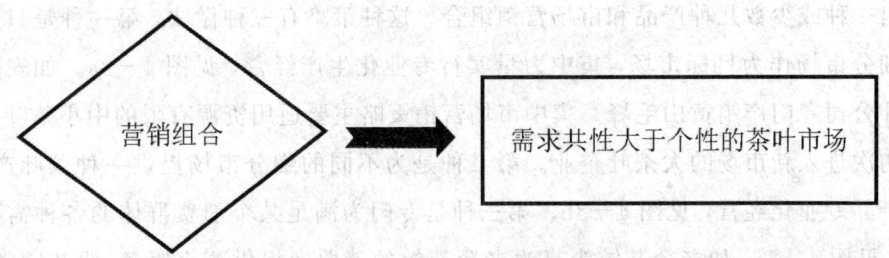

图 4—1 无差异性市场营销策略

这种策略的优点是有利于标准化和大规模产销，有利于降低单位产品的成本费用，获得较好的规模效益。其不足是不能满足不同消费者之间的差异需求与爱好，难以适应市场需要的发展变化，而且极易造成市场竞争激烈和市场饱和。这种目标市场战略适用于同质性茶叶产品及消费者需求广泛、能够大量生产、大量销售的茶叶产品。

(2) 差异性市场营销策略

差异性市场营销策略是茶叶企业以两个以上乃至全部细分市场为目标市场，设计不同产品，采取不同的市场营销组合，满足各个细分市场不同的需求的策略。这种策略有两种做法：一种是覆盖整个茶叶市场的差异性目标市场战略，见图4—2a；另一种是选择两个以上细分市场的差异性目标市场战略，见图4—2b。

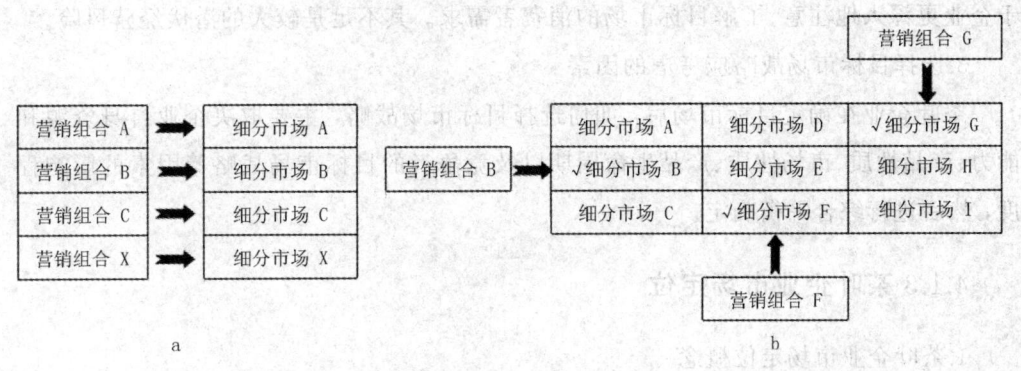

a.整体目标市场　　　　　　　　　　b.部分目标市场

图 4—2 差异性市场营销策略

这种策略的优点是能满足不同消费者群的需求与爱好，易适应市场需求的发展变化，有利于分散经营风险，提高市场占有率。其不足是多品种、少批量生产导致生产成本增加和销售费用增加。

(3)集中性市场营销策略

集中性市场营销策略是茶叶企业以一个或少数几个细分市场为目标市场,集中力量推出一种或少数几种产品和市场营销组合。这种策略有三种做法,第一种是只选择一个细分市场作为目标市场,集中力量实行专业化生产经营,见图4-3a。如安徽曹溪茶叶公司专门产销黄山毛峰。集中市场营销策略主要适用资源有限的中小茶叶企业或是初次进入新市场的大茶叶企业。第二种是为不同的细分市场提供一种茶叶产品,实行产品专业化经营,见图4-3b。第三种是专门为满足某个消费群体的各种需要而服务,见图4-3c,如老舍茶馆为喜欢老舍茶馆的消费者提供茶水服务、曲艺欣赏、茶点餐饮、商务沟通洽谈场所等。

	M1	M2	M3		M1	M2	M3		M1	M2	M3
P1				P1				P1		√	
P2	√			P2	√	√	√	P2		√	
P3				P3				P3		√	
	a				b				c		

a.单一市场集中化　　b.产品专业化　　c.市场专业化

图4-3 集中性目标市场选择

这种策略往往是中小企业采用。集中市场营销策略的优点是目标市场集中,有助于企业更深入地注意、了解目标市场的消费者需求。其不足是较大的潜伏经营风险。

3.选择目标市场战略应考虑的因素

茶叶企业在确定目标市场后,如何选择目标市场战略,主要取决企业自身资源和能力、产品性质、市场性质、产品生命周期以及竞争者的目标市场战略等因素的影响程度,然后进行综合平衡确定。

4.1.3 茶叶企业市场定位

1.茶叶企业市场定位概念

市场定位是茶叶企业针对消费者对企业、品牌、产品属性的重视程度,确定茶叶企业竞争对手在消费者心目中的位置,并通过一定的信息传播途径,在消费者心目中塑造出与众不同、给人印象鲜明的形象的过程。市场定位并不是可以随心所欲地确定,一般来说,市场定位必须遵循以下三个原则:一是市场定位必须与目标顾客购买产品的着眼点相吻合;二是市场定位必须充分考虑竞争者的产品特色和个性;三是市场定位要突出企业产品的相对竞争优势。通过市场定位可以避免茶叶企业之间恶性竞争,有利于促进茶叶企业良性发展。

2.茶叶企业市场定位策略

(1)市场领先策略。市场领先策略是指茶叶企业将某个茶叶产品首次导入市场或拥有市场占有率最高的策略。采用这种策略的茶叶企业必须善于扩大市场需求总量,保卫自己的市场阵地,防御挑战者的进攻。

(2)市场挑战策略。市场挑战策略是指茶叶企业根据自己的实力和环境提供的机会,在充分考虑到风险与可能的情况下,向最大的或有关的竞争者发起挑战,以便争取市场领先地位或改善目前处境的策略。

(3)市场跟随策略。市场跟随策略是指茶叶企业跟随目标市场上现有的竞争者,在和平共处的状态下,追求尽可能多收益的策略。

(4)市场补缺策略。市场补缺策略是指茶叶企业回避与目标市场上现有的竞争者直接对抗,将其位置定在市场"空白点"的策略。选择这种策略,茶叶企业必须明确所需的产品在技术上、经济上十分可行,以及有足够的顾客偏好这种产品。

4.2 茶叶产品策略

茶叶企业在制定市场营销策略时,首先要决定茶叶企业发展什么产品来满足消费者的需要。产品是市场营销组合中的首要因素,产品决策直接影响和决定着价格、渠道、促销的决策。因此,茶叶产品策略是整个市场营销组合的基石,对茶叶企业市场营销的成败关系重大。

4.2.1 茶叶产品整体概念

1.茶叶产品整体概念

茶叶产品整体概念是指茶叶企业能够提供给市场,用于满足消费者某种需求和欲望的任何东西,包括有形产品和无形产品。通常所说的茶叶产品是指有形的产品,而服务就是无形产品。例如,茶树生态观光园休闲旅游,有形产品制茶机的送货上门、安装、维修,茶馆的网上预定、账单打印或邮寄等。

2.茶叶产品整体的五层次

茶叶产品整体包括核心产品、形式产品、期望产品、附加产品、潜在产品五个层次,见图4—4。

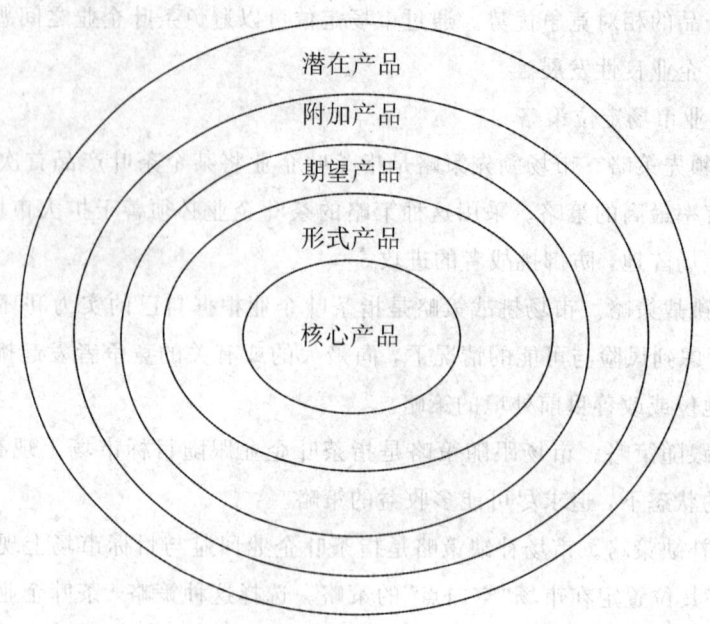

图 4-4 茶叶产品整体概念的层次

(1)核心产品。是指消费者购买某种茶叶产品时所追求的基本效用和利益,是消费者真正要买的东西,因而在产品整体概念中也是最基本、最主要的部分。包括茶叶的饮用价值、营养价值与药效价值,茶叶产品所能提供的社会交往、社会象征价值、精神愉悦等功能。

(2)形式产品。是指茶叶核心产品——茶叶的饮用价值、营养价值与药效价值等借以实现的形式,即产品的外在形态。通常包括茶叶产品名称、质量、色香味形、品牌、包装、设计等。

(3)期望产品。是指消费者购买形式产品所期望得到的一系列属性与条件。如果产品连顾客期望的基本属性都不具备,就缺乏上市的基本条件。

(4)附加产品。是指消费者购买有形产品时所获得的全部附加服务和利益的总和,包括咨询服务、质量保证、提供信贷、免费送货,如果是茶机,还包括安装、维修、技术培训等。

(5)潜在产品。是指该茶叶产品最终可能会实现的全部附加部分和所转换部分,即指可能的额外利益。潜在产品是通过额外的优惠和好处,使顾客产生一种出乎意料的惊喜。在市场竞争日益激烈的今天,潜在产品已逐渐为营销者所重视。潜在产品是一种服务创新。

4.2.2 茶叶产品生命周期策略

1. 茶叶产品生命周期的概念

茶叶产品生命周期(PLC)是指茶叶产品的市场寿命,即茶叶产品在研制开发成功之后,从进入市场到退出市场所经历的时间,是由茶叶产品销售额和获利能力决定的。

一个典型的茶叶产品生命周期可以划分为四个不同阶段:投入期、成长期、成熟期及衰退期,见图4-5。

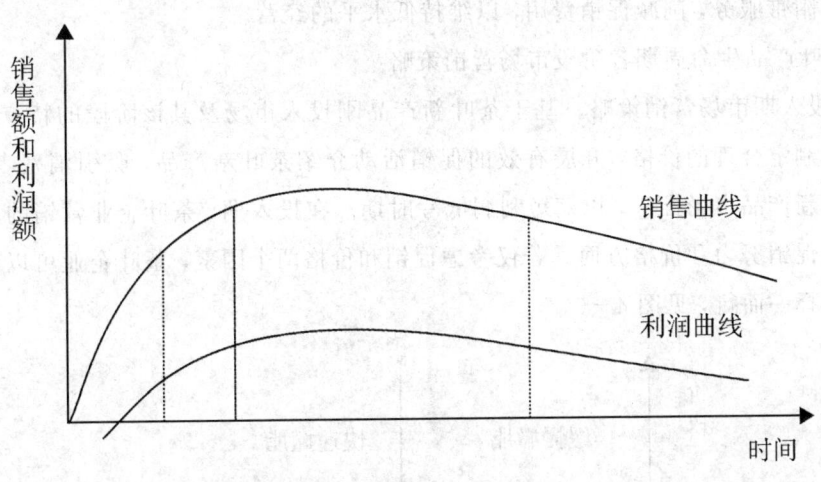

图4-5 茶叶产品生命周期

2. 茶叶产品生命周期各阶段的特点

(1)投入期特点。投入期又称为导入期、介绍期。茶叶新产品一旦投入市场便进入投入期,处于向市场推广介绍的阶段。例如,20世纪90年代的即饮式茶饮料。一方面,因为消费者对即饮式茶饮料不了解,销量少,单位成本高;另一方面,因尚未建立理想的营销渠道,企业需支付巨额费用建立营销渠道和市场推广,几乎没有利润,甚至有较大的亏损,但因竞争者一般不在此时加入竞争,同行竞争少,垄断市场的可能性较大。

(2)成长期特点。成长期的标志是销售量迅速增长。例如,进入21世纪之后的即饮式茶饮料。一方面,由于消费者对即饮式茶饮料已经比较熟悉,消费的欲望逐渐增加,销售量快速上升;另一方面,企业建立了比较理想的营销渠道,生产规模逐渐扩大,单位产品成本下降,利润大幅度增长,但因大规模的生产和丰厚的利润,吸引了大批竞争者纷纷介入,竞争比较激烈。

(3)成熟期特点。在成熟期,由于茶叶产品已被大多数的潜在购买者所接受,销售量虽然有所增长,但增长率常呈递减趋势,由于生产成本、促销费用下降,在这个时期企业仍可以获得稳定的利润。

(4)衰退期特点。随着科学技术的进步,茶叶新产品或更好的替代品的出现,加之消费者需求的转变,使顾客退出原产品的购买与消费,转向茶叶新产品或更好的新产品,而使原茶叶产品销售量下降的趋势增强,并且利润不断下降;同时,多数该茶叶产品企业因无利可图也将逐渐退出该市场的竞争;留在市场上的茶叶企业会逐渐减少茶叶产品附带服务,削减促销费用,以维持低水平的经营。

3.茶叶产品生命周期各阶段市场营销策略

(1)投入期市场营销策略。基于茶叶新产品刚投入市场及其该阶段的特点,茶叶企业需要制定合理的价格,开展有效的促销活动介绍茶叶新产品,吸引消费者试用,加速茶叶新产品市场推广,以缩短利润低亏时期。在投入期,茶叶企业营销的重点主要集中在促销努力和价格方面。若仅考虑促销和价格两个因素,茶叶企业可以四种营销策略中择一而行,见图4-6。

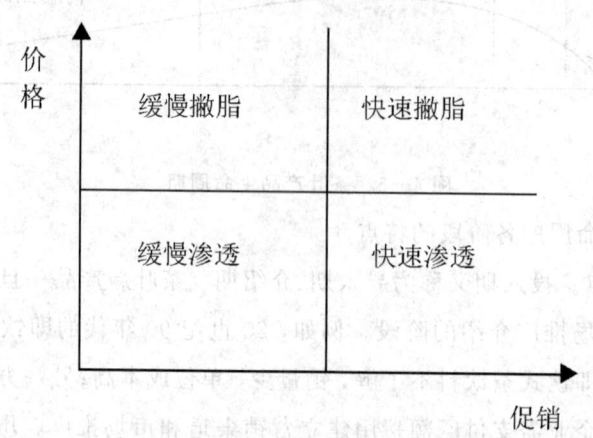

图4-6 投入期市场营销策略

①快速撇脂策略。这种策略采用高价格和高促销费用的措施推出茶叶新产品,以求抢先占领市场,获得较高利润。采用这种策略的市场条件:该茶叶产品质量优异;目标顾客具有求新心理,急于求购,并且愿意按价购买;茶叶企业面临潜在竞争者的威胁,需要及早树立名牌。

②缓慢撇脂策略。这种策略采用以高价格和低促销费用的措施推出茶叶新产品,

以求得更多的利润。这种策略可以在茶叶产品质量优异、不易仿制或具有专利权,市场面比较小,购买者愿意出高价格,潜在竞争威胁不大的市场环境下使用。

③快速渗透策略。这种策略实行低价格和高促销费用的措施推出茶叶新产品。目的在于迅速进入市场,有效地限制竞争者的出现,取得尽可能高的市场占有率。在市场容量很大、消费者对价格非常敏感、潜在竞争激烈、茶叶企业随着生产规模的扩大可以降低单位生产成本的情况下适合采用这种策略。

④缓慢渗透策略。这种策略是以低价格配合低促销费用来推出茶叶新产品。目的在于以低价促使消费者接受茶叶新产品,阻止竞争者对市场渗透。这种策略适用于市场容量很大、消费者对价格很敏感并且潜在的竞争压力较大的市场环境。

(2)成长期市场营销策略。进入成长期后,茶叶企业的销售额直线上升,利润增加。新的竞争者会投入竞争,随着竞争的加剧,茶叶产品新的特性开始出现,市场开始细分。在成长期,茶叶企业的重点应放在保持并扩大自己的市场份额、加速销售额的上升方面。企业可采取改进产品特点、寻找新的市场、拓展原有的分销渠道、改变企业的促销重点和充分利用价格手段五种营销策略。

①改进产品特点。改进产品的质量,增加产品的新特色,在商标、包装、规格等方面做出改进。

②寻找新的市场。由于市场容量较大,企业可开辟的市场新领域很多,仔细寻找产品尚未到达的市场领域,针对这一目标市场做重点推广。

③拓展原有的分销渠道。努力疏通并增加新的销售渠道,扩大产品的销售面。进一步扩大现有的销售网点方便消费者的购买也是提高销售增长率的方法之一。

④改变企业的促销重点。把促销的重点从介绍茶叶产品转到宣传产品的特色,提高产品的知名度。

⑤充分利用价格手段。在成长期,虽然市场需求量较大,但在适当时期也可以降低价格,以加强竞争能力,这样既可以吸引更多的购买者,又可以阻止竞争者的进入。当然降低可能暂时减少企业的利润,但如果能扩大市场份额,长期利润还是有可能增加的。

(3)成熟期市场营销策略。在茶叶产品成熟期,市场容量基本饱和,销售增长率较低,可能会出现停滞或负值。此时,茶叶企业的重点应放在保持自己产品的市场份额,并努力延长产品生产周期,力图把产品推向新的销售高潮。为此,茶叶企业可以采取努力开发新市场、产品改良、改变市场营销组合三种营销策略。

①努力开发新市场。这种策略是通过开拓新的茶叶细分市场,把茶叶产品引入尚

未使用过这种产品的地域或新的消费群体,使本茶叶产品拥有新的购买者;或者是发现该茶叶产品的新用途,并应用于其他的领域,培育新的消费群体,以使产品的成熟期延长,或使产品生命周期出现再次循环。

②产品改良。这种策略是通过改良产品品质、增加产品性能、改革产品外形,如提高茶叶的耐泡性、改进茶叶的色香味形、改变茶叶产品的外观和包装等,提高企业茶叶产品的竞争力、扩大产品销售。

③改变市场营销组合。这种策略是根据茶叶产品在成熟期的特点来重新调整定价、分销渠道及促销的组合方式,以延长该茶叶产品市场成熟期。一般是通过改变一个因素或几个因素的组合方式来刺激或扩大消费者的购买,刺激销售量的回升。例如,茶叶产品品质不变,但降低价格、扩大销售渠道,便可以从竞争者那里吸引一部分购买者。

(4)衰退期市场营销策略。这一时期,虽然市场需求大幅度减少,但由于大部分竞争对手都退出了市场,继续留在市场的茶叶企业反而能保持一定规模的销售量,甚至略有增加。针对这些特点,茶叶企业在准备研发新产品的同时,对将要衰退的茶叶产品可以采取的营销策略包括:维持策略、榨取策略、收缩策略和放弃策略。

①维持策略。按照原来的营销计划继续生产销售该茶叶产品,以继续为仍愿意消费该茶叶产品的顾客服务,直至这种产品完全退出市场为止。

②榨取策略。茶叶企业继续生产销售该茶叶产品,但极力减低推销费用,减少推销人员,最大限度地利用该茶叶产品,增加眼前利润。

③收缩策略。企业把资源集中到该茶叶产品最有利的细分市场部分,缩小经营范围,从小范围的经营中获利。

④放弃策略。对于衰落比较迅速的茶叶产品,或维持衰退的该茶叶产品代价太大,影响企业的声誉,损害企业的形象,削弱企业未来的竞争力,就应当机立断,弃旧图新,及时实现产品的更新换代。

4.2.3 茶叶产品组合策略

1. 茶叶产品组合及其相关概念

(1)茶叶产品组合(product mix)也称产品搭配。是指一个茶叶企业所生产经营的全部产品的有机组合方式。它通常由几种产品线所组成。

(2)产品线(product line)。是由一组密切相关的、能满足同类需求的产品项目构成,又称产品系列或产品类别。比如茶叶公司产品是由多条产品线组成,这些产品线包括绿茶系列、红茶系列、即饮式茶饮料系列、茶叶食品系列。

(3) 产品项目(product item)。是指某一品牌或产品大类内由不同等级、不同规格、不同重量包装及其他属性来区别的具体产品。比如绿茶系列中又包含龙井、黄山毛峰等产品项目。

(4) 产品组合宽度(product mix width)。是指一个茶叶企业生产经营的产品大类有多少，也就是产品组合拥有的产品线数目。

(5) 产品组合长度(product mix length)。是指一个茶叶企业的产品组合中所包含的产品项目的总数。用这个总数除以产品线的数目，就得到产品组合的平均长度。产品组合长度反应产品线的丰满程度及满足消费者多样性需求的程度。

(6) 产品组合深度(product mix depth)。是指一个茶叶企业所经营的每一产品线中每种产品有多少花色、品种、规格。例如绿茶系列中黄山毛峰有 6 个等级、5 种包装，则深度就是 $6 \times 5 = 30$。产品组合深度决定了满足不同消费者需求的能力。

(7) 产品组合关联度(product mix consistency)。是指一个茶叶企业的各个产品线在最终使用、生产条件、分销渠道等方面的密切相关程度。

较高的产品的关联性能带来企业的规模效益和企业的范围效益，提高企业在某一地区、行业的声誉。

例如，天福茶叶集团茶叶连锁店的产品组合表(这是该企业部分产品组合图)，见表 4—1。

表 4—1　天福茶叶集团茶叶连锁店的产品组合表

	产品组合宽度						
	乌龙茶	绿茶	普洱茶	花茶	茶食品	卡瓦拉果膏/糖浆	茶具
产品组合深度/长度	铁观音	碧螺春	普洱礼盒	玫瑰花茶	茶糕点	果膏	电茶壶
	台茶	龙井	普洱茶饼	茉莉花茶	茶酥点	糖浆	单壶
	大红袍	其他绿茶	沱茶散茶	其他花茶	茶蜜饯	糖酱	壶组
	其他乌龙茶		普洱茶砖		茶干果	果露	其他茶具

2. 茶叶产品组合策略

(1)扩大产品组合

扩大产品组合,包括拓展产品组合的宽度和增强产品组合的深度。拓展产品组合的宽度是在原产品组合中增加一条或几条产品线。当茶叶企业欲充分发挥各项资源的潜力,扩大经营范围,可考虑在现行产品组合中增加新的产品线,如某绿茶厂欲充分利用本企业的绿茶基地及茶叶加工设备等资源,可考虑增加花茶生产线。增强产品组合的深度是在原有的产品线内增加新的产品项目。当茶叶企业欲在某个行业占据主导地位,成为产品线更加完整的公司,以满足顾客的需要,则可选择在原有产品大类内增加新的产品项目。

(2)缩减产品组合

缩减产品组合,是指缩小产品组合的宽度和减弱产品组合的深度,实现生产经营专业化。当市场不景气或原料、能源供应紧张,特别是产品项目处于产品生命周期的衰退期时,企业往往会趋向于缩减那些获利很小甚至不获利的产品线或产品组合项目,集中资源经营那些获利的产品线和产品项目。

(3)产品线延伸

产品线延伸,是指茶叶企业为了适应市场变化,全部或部分地改变企业原有产品市场定位的策略。具体做法有向下延伸、向上延伸和双向延伸三种。

4.2.4 茶叶新产品开发策略

1. 新产品的概念和特点

(1)新产品的概念

什么是新产品?概括地说,只要产品整体概念中的任何一部分的创新、改革或改进等,并且给消费者带来新利益、新满足都可被认为是一种新的产品之列。按照这一原则,新产品大致有以下几类:

①全新型产品。是指应用新原理、新技术、新材料,具有新结构、新功能的产品。该新产品在全世界首先开发,能开创全新的市场。如速溶茶等。

②改进型新产品。是指对原有产品在结构、功能、品质、花色、款式及包装等方面做出改进,使产品具有新的特点和新的突破。这类新产品与老产品比较接近,故有利于消费者迅速接受,开发也不需要大量的资金,开发的风险相对较小。如目前国内名茶企业纷纷采用真空包装或茶叶专用保鲜剂等保鲜技术,进行能延长保质期的名茶包装方式创新。

③模仿型新产品。是指企业对国内外市场已有的产品进行模仿生产,加上企业自己的品牌后第一次生产的产品。如四川、湖北、安徽各地仿制福建武夷岩茶制法试制成功的青茶。

④市场再定位型新产品。是指以新的市场或细分市场为目标市场的现有产品。例如,浙江省2004年评选出的十大名茶中,有些在产地属于传统产品,而到了从未涉足过的北方市场就成了新产品。

⑤换代型新产品。是指在原有产品的基础上,部分采用新结构、新原料、新技术制造而成,且产品性能有很大提高的产品。例如,茶饮料生产企业采用不同的茶叶原料,用相同或相似的饮料加工工艺,开发绿茶饮料、乌龙茶饮料和茉莉花茶饮料等系列产品。袋泡茶产品中杜仲茶、胶股蓝茶等保健茶也属此列。企业利用新科技,改进生产工艺或提高生产效率,削减原产品的成本,但保持原有功能不变的新产品。如有些名茶采用机制代替手工炒制,可以提高工效,节省成本,形成产品的价格优势,等等。

(2)新产品应具备的特点

①优越性。同老产品相比,新产品一定要为消费者带来新的利益,这种利益越多,产品就越容易被消费者接受。

②适应性。新产品如果同消费者的习惯以及人们的价值观念比较接近,就容易被接受;反之,新产品如果与消费者的习惯和价值观念相抵触,就难以在市场上取得成功。

③易用性。新产品的使用方法要求简便易学,如果与同类老产品相比,新产品的使用过于复杂,产生诸多的不便,就很难被消费者接受。

④获利性。当企业在研究创新产品时,必须注意其成本和价格既能被接受,又能使企业获利。当然,在开发初期,是很少盈利甚至亏损的,但在一段时间之后,这种局面就必须改变,如果长期亏损,说明这是一种失败的产品,是无法在市场推广的。

2.开发新产品的意义

开发茶叶新产品对茶叶行业、茶叶企业以及消费者都有着举足轻重的影响。

(1)开发新产品,有利于茶叶行业竞争力的提升。新产品往往需借助于新工艺和设备,或是形成全新的产品形态,或是提高了原有产品的质量、性能,或是降低了生产成本,总之,其生产过程大多有新的技术因素介入。茶叶新产品的开发越多,茶叶行业的技术含量就越高,茶叶行业的竞争力也就越强。例如,从20世纪90年代初起步,经过10多年的发展,以茶饮料为代表的我国茶叶深加工产业已达到年产值100亿元左右，相当于所有传统茶叶产品的产值总和。

(2)开发新产品，有利于减少企业的风险，稳定企业的利润。开发新产品，既是茶叶企业富有活力和竞争力的表现，同时，也往往给企业带来巨大的发展契机。茶叶企业以创新为契机，进行产品的改进和创新，增强自身的实力，提高企业的竞争优势和竞争地位。

(3)开发新产品，有利于及时地适应和满足消费需求的新变化。首先，新产品开发通过增加茶叶商品的花色品种，从多方面、多层次满足消费者的多样化和个性化需求，增强消费者对茶类产品的认知度。其次，新产品开发，有助于提升消费者的需求档次，改善茶叶消费结构。例如，茶饮料、茶叶食品等茶制品的上市，有助于培养青年人的饮茶习惯，从而促进茶叶消费群体的不断扩大。

除了产生经济效益之外，茶叶新产品的开发还具有广泛的社会效益。比如，开发新产品可以促进人们的智力开发，有助于培养茶叶创新人才；此外，新产品开发过程中，企业往往需要外部技术力量的支持，通过与科研单位、大专院校的协作，促进了产、学、研的紧密结合，提高了科技成果的转化率。

3.茶叶新产品开发的方式

采用什么样的方式开发新产品，也是茶叶企业进行新产品开发时需要解决的重要问题，一般有四种方式可供企业选择：

(1)独立研制。就是企业依靠自己的科研、技术力量研究开发新产品的方式。这种方式可以密切结合企业特点，使企业在某一方面具有领先地位。由于我国茶叶企业大多规模小、实力有限，而独立研制需要较多的研制费用，因此，一般新产品开发仅出于产品系列化，且新产品与现有产品在设计原理、使用设备、工艺、材料方面密切相关时，才适宜采用这种方式。例如，四川省自贡市佛山茶厂在当地有关部门的支持下，先后自主研制开发了"龙都香茗系列花茶"和"颗颗香花茶"等茶叶系列产品。

(2)技术引进。就是从国外引进先进技术来开发新产品，此种方式通常被认为是省钱、省力、经济、高效的产品开发方式。例如，20世纪80年代后期，浙江三明公司通过补偿贸易方式从日本引进蒸青茶生产流水线，此举开我国用现代化设备生产蒸青茶之先河，不仅使三明公司的生产和经营迅速上了规模，而且以其示范效应，带动我国蒸青茶生产规模的不断扩大，促进了出口绿茶产品结构的升级，成效十分显著。

(3)独立研制与技术引进相结合。就是在开发新产品的方式上采取"两条腿走路"的方针，既重视独立研制，又重视技术引进，将两者结合，既有利于节约资金，又有利于引进技术的消化、吸收与创新。例如，我国20世纪80年代引进袋泡茶生产技术，先通过样品仿制,实现袋泡茶滤纸材料的国产化;再通过消化吸收,进一步实现袋泡茶生产机械的国产化。这就大大提高了国内袋泡茶的生产开发能力,并减少对进口的依赖,节省生产成本。

(4)协作研制。协作研制是企业与企业、企业与科研单位、企业与教学部门等之间的协作。这种开发方式,有利于充分利用社会的科研力量,弥补企业力量的不足;有利于把科技成果迅速转化为生产力,并使其商品化,加速新产品的开发进程。例如,作为我国台湾最大的茶叶生产商天仁茗茶,非常注重产品性能的改进与创新,除了天仁茶叶非同凡响的品质,包装技术也是该公司取胜的关键因素之一。2003年4月,国外市场上开始流行采用可重复封口的带衬料的软包装袋,由于这种包装我国台湾从未有过,天仁公司决定与他们信赖的 Thomson Printing & Packing 公司联手开发。Thomson 很快找到了 Nishibe 的设备,可以生产带衬料的 ZIP—PAK 拉链袋。这种新包装不仅会带给消费者全新的视觉感受,还可保护茶叶免受潮湿环境的影响,消费者还可以在茶叶全部泡完后将这种可重复封口袋派作他用,非常实用。茶包装上的创新优势使天仁茶叶赢得了更多消费者的青睐。

企业选择上述开发方式时,除考虑自身具备的条件外,尚需结合新产品的开发目标和开发战略。例如,当企业以"领先竞争对手"为目标,采取"追求产品创新性"的冒险型战略时,宜选择自主开发、协作开发或技术引进的方式;当企业以"抢占市场占有率"为目标,采取"产品改进型创新为主"的进取战略时,宜选择自主开发方式;当企业以"维持或提高市场占有率"为目标,采取"在市场较成熟前提下,开发模仿型新产品"的紧跟战略时,宜选择自主开发或协作开发方式。

4.2.5 茶叶品牌策略

1. 品牌的概念

所谓品牌俗称牌子,是用以识别一个或一群企业的产品,并使之与竞争者的产品区别开来的一种名称、术语、符号、图案、设计或其组合。它应该包括:品牌名称、品牌标志和商标。品牌名称是指品牌中可以用语言称呼的部分,如天福集团的"天福茗茶",它主要产生听觉效果。品牌标志是指品牌中不能用语言直接称呼,但可以被识别的那一部分,包括专门设计的符号、颜色、图案等。如天福茗茶其黑色字体之间红色菱形中一把福字茶壶组成的图案,品牌标志让人一眼就能认出,主要产生视觉效果,见图4-7。商标是一个法律概念,产品文字名称、图案记号或两者相结合的一种设计,向有关部门注册登记后,经批准享有其专用权。

图4-7 天福茗茶商标/品牌

2. 茶叶品牌的作用

(1)有利于买者识别并选购茶叶产品。

(2)有利于监督质量,促使茶叶企业保证和提高茶叶产品质量,保护购买者的利益。这是品牌的延伸功能。

(3)有利于广告宣传,促进茶叶产品销售。

(4)有利于维护茶叶企业的正当权益。

(5)有利于市场细分,培养顾客偏好与顾客忠诚,培养稳定的顾客群。

(6)有利于树立茶叶企业形象,提高茶叶企业、茶叶产品知名度与美誉度。

(7)有利于提高茶叶产品附加价值,增加利润。

3. 茶叶品牌策略

(1)用否策略

用否策略,即茶叶企业决定是否使用品牌。使用品牌可以为企业带来很多利益:第一,使产品容易辨认;第二,经注册的商标可以防止别人仿制,受法律保护;第三,可以暗示产品质量的优良,使顾客经常重复购买。

(2)归属策略

归属策略,即茶叶企业可以使用制造商的品牌、销售商的品牌或两者混合的品牌。如印度安布吉亚的茶叶公司利用英国的哈罗德百货公司和印度安布吉亚的茶叶公司的商标销售大吉岭茶,通过借助哈罗德的效应扩大了大吉岭茶的销售范围,并增加了销量。

(3)统分策略

①同一品牌策略。同一品牌策略又称为统一品牌商标策略,即企业所有产品都统一使用同一品牌。例如,天福集团的产品都使用"天福茗茶"这个品牌。

②个别品牌策略。个别品牌策略又称为不同品牌商标策略,指茶叶企业为不同的

产品分别使用不同的品牌商标。

③分类品牌策略。分类品牌策略即茶叶企业对其不同类产品分别使用不同的品牌。

④多品牌策略。多品牌策略是指茶叶企业对同一产品使用两个或两个以上的品牌商标。

⑤家族品牌策略。家族品牌策略即茶叶企业商号名称加个别品牌策略，又可称作父子品牌。即企业在个别品牌或分类品牌之前分别冠以企业商号名称，故又称双重品牌策略。例如，黄山毛峰产区内各个茶叶企业如同一个大家族，都"姓"黄山毛峰（主品牌），旗下有漕溪牌、汪满田牌、汪芳生牌等（皆为副品牌）。

(4) 品牌延伸策略

品牌延伸策略又可称为品牌扩展策略。品牌延伸是指茶叶企业利用其成功品牌的声誉来推出改进产品或新产品。

总之，无论采取何种策略，应衡量商标的声誉、费用开支、企业的未来发展等因素，以便根据具体情况采用不同的商标策略。

4.2.6 茶叶包装策略

产品包装有两方面含义：一方面是指为了在流通过程中保护产品、方便储运、促进销售，按一定技术方法而采用的容器、材料及辅助物等的总体名称；另一方面是指为了达到上述目的而采用容器、材料和辅助物的过程中施加一定技术方法等的操作活动。产品包装一般分为运输包装和销售包装两大类。运输包装主要是为了便利运输、储存和装卸；销售包装主要是为了便利产品的陈列、销售和消费。

1.茶叶包装的作用

包装是产品整体概念的重要组成部分。就茶叶而言，由于产品的特殊性，如普遍讲究文化品位，而且大多品质不稳定、易劣变等，因此，包装的意义就非同一般，具体体现在以下几个方面。

(1) 保护茶叶，便于运输和储存。虽然各种包装材料性能不一，但大都具有一定的隔绝空气、防潮湿、避高温、防异味、防阳光直射的作用，这有利于保持茶叶产品的品质。另外，胶合箱、原木板箱等大包装，除了保护作用，还有利于茶叶的运输和装卸作业。

(2) 便于携带。为消费者提供方便，也是包装的功能之一。例如，目前我国名茶产品普遍采用的礼盒外套礼品袋的包装，不仅美观大方，而且便于消费者随身携带。

(3) 商品展示功能。茶叶销售包装上，品名、等级、数量、生产厂家和保质期等文字信息，不仅能给顾客提供选购向导，而且有助于其了解产品特色，具有商品展示效果。

（4）促进销售。一个精美别致的茶包装，不仅能给人以美的享受，而且能直接刺激消费者的购买欲望，从而达到促进销售的目的，起到无声售货员的作用。

（5）增加企业的盈利。包装材料本身包含着一部分利润，为企业增加收入。

2.茶叶包装策略

（1）类似包装策略。茶叶企业对其生产的各种产品采用相同的图案、近似的色彩、相同的包装材料和相同的造型进行包装，便于消费者识别出是来自同一企业的产品。采用这一策略的主要目的是节省包装的设计费用，强化企业形象又易于推出新产品。但类似包装策略只适用于相同或相近质量水平的不同产品，一旦质量水平相差悬殊，优质产品将会蒙受不利影响。如龙井茶与龙井茶末，也不宜采用类似包装。

（2）组合包装策略。企业根据消费者的购买和消费习惯，将数种有关联的产品纳入同一包装容器内。这种包装不仅方便于消费者购买、使用和携带，同时有利于带动多种产品销售。例如，为了促进速溶茶的推广，市场上曾出现速溶茶和矿泉水的组合包装方式。

（3）再使用包装策略。再使用包装也称双重用途包装，是指包装内的产品消费完毕之后，包装物还能改作其他用途。例如，用于名茶包装的精美礼品盒，往往可作为工艺品用于家居摆设。这种包装策略不仅可刺激消费者的购买欲望，而且空包装物还能履行广告宣传作用。

（4）附赠品包装策略。附赠品包装是指商品包装物中附赠奖券或实物，或包装本身可以换取礼品。例如，不少名茶产品的包装礼盒内有紫砂壶、玻璃茶杯等附赠品。这种策略对于引起顾客兴趣、扩大销售有一定作用。

（5）更新包装策略。更新包装是企业采用新的包装技术、包装材料、包装设计等，对原有产品包装加以改进。例如，最初的瓶贴大多位置在瓶体上半部，为了争取最大化的广告陈列面积，麒麟公司的闻茶、生茶的瓶贴已几乎包围整个瓶体。这种策略对提高产品形象、扩大销售、提高经济效益有一定的促进作用。

（6）分类包装策略。分类包装是对同一种产品，可以根据顾客的不同需要，采用不同级别的包装。例如，作为礼品，则可以精致地包装；如自己使用，则只需简单包装。高档产品，包装精致些，表示产品的身份；中、低档产品，包装简略些，以减少产品成本。

4.3 茶叶价格策略

价格是商品价值的货币表现。茶叶产品价格是影响茶叶市场供求变化的主要因素，与市场营销组合中的其他因素更好地结合，可以为企业促进和扩大销售，从而提高企业的整体效益。因此，茶叶价格策略是一种十分重要的营销手段。

4.3.1 影响价格因素

企业定价既受价值规律、供求规律的制约，也受成本、货币、国家政策、社会心理等诸多因素的影响。目前在定价过程主要考虑以下六个因素。

1. 定价目标

定价目标，是指企业凭借价格所产生的效用及所达到的预期目标。定价目标必须服从企业营销总目标，也要与其他营销目标相协调。定价目标有生存目标、利润最大化目标、投资报酬率目标、市场占有率目标、质量目标、声誉目标、竞争目标等目标。

2. 产品成本

产品成本可以分为生产成本和流通成本，是制定价格的最低经济界限，也是影响定价的关键因素。一般来说，产品价格都高于产品成本。只有在非常特殊的情况下，才允许把价格定得低于成本。例如，当产品进入衰退期时，以清理库存，减少亏损；当新产品刚刚推出市场，为了迅速扩大市场份额，有时也可把价格定得低于成本。

3. 产品供求状况

在产品供不应求时，产品价格必然呈上升的趋势；当产品供大于求时，价格又会呈现下降的趋势。市场供求状况有时甚至成为左右市场价格的一种外在的强制力量，企业在定价时必须考虑这个因素。

4. 供求弹性

不同商品具有不同的供求弹性，企业应从其弹性的强弱角度决定企业的价格策略。以需求价格弹性为例，当企业某种商品的 $E_d > 1$ 时，定价时应通过降低价格、薄利多销来达到增加赢利的目的，因需求量对价格波动反应比较灵敏。当 $E_d < 1$ 时，定价时应采取高价策略，因为降低价格对需求量刺激不大。当 $E_d = 1$ 时，因为价格与需求量形成等比例变化的关系，定价时可选择以实现预期赢利率作为定价标准或选择通行的市场价格。

5.政策和法律

国家通过制定一系列的法律、政策控制和调节市场物价,避免由于市场物价波动过多给社会带来的破坏,保护大多数人的经济利益不受损害。因此,茶叶企业制定和调整茶叶价格要熟悉国家的有关政策和法规,并以此作为价格决策的准绳。征收茶叶税是国家宏观调控行业发展的主要手段,也是国家财政收入的一个重要来源。国家通过法令形式强制规定茶叶的税率并进行征收。税收是企业员工为社会创造财富的一种表现形式,应该计入茶叶的价格中以弥补企业所负担的税收。

6.市场竞争结构

由于竞争对企业定价自由造成了限制,企业只好根据竞争者提供的同种茶叶的价格水平来制定适应市场的价格。除非企业的茶叶产品独特并且受专利保护,否则没有可能实行高价策略。一般来说,在同类产品充斥市场或仿制品、代用品大量进入市场时,价格会因竞争激烈而下跌;反之,商品紧俏,市场被垄断时,价格会上涨。根据茶叶行业内企业数目、企业规模以及茶叶是否同质三个条件,茶叶市场竞争结构可以划分为完全竞争、不完全竞争和寡头竞争三种情况。

4.3.2 茶叶定价方法

经济学研究价格是在理想市场状态的市场环境下,以价值为基础,着重研究茶叶商品的理论价格,管理学研究价格则是在茶叶商品理论价格的基础上,结合茶叶市场不断变化的情况,着重研究在茶叶市场营销活动中茶叶商品的应变价格。在实际定价活动中,企业采用管理学的定价方法。

1.成本导向定价法

成本导向定价法是以茶叶成本为主要依据,综合考虑其他因素来制定价格的方法。这种定价法有很多具体形式,这里介绍两种常用的方法。

(1)成本加成定价法

成本加成定价法是一种简便易行的定价方法,即在单位产品成本的基础上加一定比例的利润作为产品的销售价格。计算公式:

$$\text{单位产品价格} = \text{单位产品总成本} \times (1+\text{成本加成率})$$
$$= \text{单位产品总成本} + \text{单位产品预期利润}$$

在这种定价方法中,成本加成率的确定是定价的关键。一般来说,成本加成率依据不同茶叶产品的性质、营销费用、竞争程度和市场需求等情况进行制定。此法的优点:计算简单,在正常情况下可获得预期的一般利润。其缺点:只考虑茶叶生产企业的个别成本与茶叶产品的个别价值,忽视茶叶商品的社会价值与茶叶市场供求状况,缺乏灵活性,难以适应茶叶市场竞争形势。因此,加成定价法主要用于市场供求状态稳定的茶叶产品。

与成本加成定价法类似的,还有一种售价加成定价法,即茶叶零售商业以售价为基础,按加成百分率计算售价。计算公式:

$$售价加成率=(售价-进价)/售价$$

(2)盈亏平衡定价法

盈亏平衡定价法亦称收支平衡定价法,即根据盈亏分界点来确定产品的最低价格。盈亏平衡定价法的原理:企业在一定销售量的条件下,当价格增加到某一水平时,茶叶商品的总成本恰好为销售收入所补偿,利润为零;如果价格低于这个水平就发生亏损;只有高于该价格水平才能盈利。最低价格就是企业盈利为零时的价格水平,即保本价格。计算公式:

$$销售收入=销售价格×销售量$$
$$总成本=固定成本+单位变动成本×销售量$$

这种方法侧重于对成本费用的补偿,这一点对那些茶类组合深度和广度较大的企业尤为重要。因为在生产经营多种茶类的情况下,一些产品盈利伴随另一些产品微利甚至亏损的现象时有发生,企业的着眼点在于利润总水平的提高。因此,盈亏平衡定价法主要用于茶叶企业在某种茶叶销售遇到较大困难或者市场竞争过于激烈的情况下,以保本经营作为定价目标时的茶叶产品。

2.需求导向定价法

需求导向定价法是依据消费者对产品价值的感受和需求强度来定价,而不是依据生产者和经销商的成本定价。这种定价法主要是感受所认同的价值,而不是产品的实际价值。这里介绍三种常用的方法。

(1)倒推定价法

倒推定价法是根据消费者可以接受的价格或参考目标市场上同类产品的价格,减去中间环节的中间商利润、运费等费用项目,倒推出产品的出厂价格。倒推定价法主要是为了兼顾企业应获得的收益以及产品在市场上的竞争力。按照这种定价法,即使产品成本一样,只要需求强度不同,就可能制定不同的价格。

例如,消费者特级龙井茶可接受价格为1000元/kg,龙井茶零售商的经营毛利为20%,龙井茶批发商的批发毛利为5%,则龙井茶的出厂价格计算方法:

$$零售商可接受价格=消费者可接受价格×(1-20\%)$$

$$= 1000 \times (1 - 20\%)$$
$$= 800 \, 元/kg$$

批发商可接受价格 $= 零售商可接受价格 \times (1-5\%)$
$$= 800 \times (1-5\%)$$
$$= 760 \, 元/kg$$

由计算得出,特级龙井茶的出厂价格定为 760 元/kg。

(2)理解价值定价法

理解价值定价法是茶叶企业根据消费者对茶叶价值而不是按卖方成本来确定价格的一种定价方法。

消费者对茶叶价值的感受和理解,是他们根据自己对各种茶叶的功效、品质、档次等各方面印象,对价格做出的评判,即人们买东西时常说的"值"或"不值"。消费者对价值的理解,说到底是茶叶品质价格比的问题。消费者的购买行为,只有在他的期望值得到满足的程度高于或等于其愿意支付货币的标准时才会发生。因此,消费者对价值的理解,是在对茶叶的价格、品质及其他方面相比较的基础上形成的。

为加深消费者对茶叶价值的理解程度,从而提高其对价格的心理承受能力,企业定价前要先搞好产品的市场定位,以各种茶类的特色或优势来影响消费者,使他们感觉到买这种茶叶不会亏,以此来制定价格,增加企业的利润。

(3)需求差异定价法

需求差异定价法以销售时间、销售地点、销售顾客等条件变化所产生的需求差异来作为定价的基本依据。一般有以下几种形式:

①因销售时间而异。例如,因为茶叶可作为礼品,节日前的价格明显高于节日后的。这种定价方法有利于均衡需求的时间,避免需求有时过于集中,有时又过于松散的现象。

②因销售地点而异。例如,由于空间不同,人们对茶叶的接受能力不同,茶艺馆里的价格明显高于餐厅、酒楼的价格。

③因销售顾客而异。企业定价时如果考虑顾客年龄、职业、阶层等差异,针对某一部分顾客的特殊性给予价格优惠,可收到明显的促销效果。例如,在"茶文化节""茶展销会"上对某些顾客给予优惠可以扩大销量。当然,这种办法实行起来必须十分谨慎,如果顾客之间没有什么明显的差异,价格的差异就会受到抵制。

企业可以根据各种差异来确定在基础价格上加价还是减价。但需要提起注意的是,价格差异应适度,以免引起消费者的反感;高价市场应独立,不宜进入低价竞争行列。

3.竞争导向定价法

竞争导向定价法是以市场上同类竞争产品价格为依据,并根据竞争变化来调整价格的定价方法。这种定价法主要有以下三种。

(1)随行就市定价法

随行就市定价法是指企业依据行业其他企业的价格水平或行业领导者的价格水平制定本企业产品价格的定价方法。采取该定价方法的优点:减少企业之间价格竞争的风险,有利于稳定市场长期经营;能获得平均利润;易于被消费者接受,保证产品销路的稳定。这种方法一般要求同行内部不责骂,企业在定价时要相互协调,这在供过于求时尤为突出。

(2)竞争价格定价法

与随行就市定价法相反,竞争价格定价法是企业与生产销售同类产品以主动出击为特征的定价方法。实力强、信誉好、品牌知名度高的企业通常采用这种方法参与市场竞争,利用价格优势击垮竞争对手,达到扩大产品市场占有率的目的。

具体的价格制定过程:首先,将测算出的本企业产品价格与市场上的同类竞争产品价格相比较,取得价格差异结果;其次,将本企业产品的产量、成本、性能、品质等方面情况与竞争品对比,分析价格差异的原凶;再次,根据以上对比分析,为本企业产品做市场定位,明确该产品的优势或特色;最后,根据定价目标确定产品价格,并随时视竞争状况变化进行价格调整。

(3)密封投标定价法

密封投标定价法是企业自己不预先制定价格,而是引导顾客竞争,从中选其有利价格成交的方法。这种定价方法主要用于投标交易方式。企业参加竞标是希望中标,因此,报价时既要考虑实现企业的目标利润,也要结合竞争状况预计中标概率。中标概率的测算取决于企业对竞争对手的了解程度以及对本企业能力的掌握程度。

4.3.3 茶叶定价策略

1.新产品定价策略

新产品的价格影响产品投入市场的效果。制定新产品定价策略的原则是:能高则高,该低则低。考虑的因素是鼓励消费者采用新产品,提高企业开发新产品的积极性,鼓励推广使用新技术、新工艺;增强企业产品的竞争能力,提高经济效益。新产品定价策略是产品投入初时确定的价格策略。

(1)撇脂定价。这些策略指为在短期内攫取最大利润,把价格定得远远高于成本,以攫取最大利润,如从鲜奶中撇取奶油。采用撇脂定价主要适用于产品高度特殊性、与同类产品比较具有明显优势,且需求弹性较小的产品。

(2)渗透定价。这些策略指为实现扩大产品销路,提高市场占有率的目标,把价格定得略高于成本的定价策略。采用渗透策略必须具有一个需求弹性较大的市场和生产规模较大的企业。但它不利于企业迅速回收成本,有时,也会给人以品质不佳的印象。

(3)满意定价。这种策略采取两种价格之间的适中水平来定价。价格水平适中,兼顾了企业、中间商及消费者的利益,使各方面顺利接受。但它容易使茶叶新产品失去高市场份额或高额利润的机会。

2.折扣定价策略

茶叶企业为了扩大销售,提高市场占有率,在进行茶叶产品交易的过程中,给予购买者一定程度的价格让利的一种价格策略。

(1)现金折扣。对按合同期限付款或提前支付的顾客给予一定价格折扣。其目的是及时收回资金,加速资金周转,减少企业的利率风险。这种折扣方式一般根据折扣期限、折扣率和付款时间等所确定。

(2)数量折扣。根据顾客在一定时间内累计购买数量或金额总数而给予一定价格折扣。其目的是刺激顾客增大每份订单的购买量或保持和顾客长期稳定的业务关系。

(3)功能折扣。也称为贸易折扣,是鼓励中间商扩大茶叶产品销售,而给予一定价格折扣。例如,给予茶叶批发商的折扣一般高于给予茶叶零售商的折扣,这样做便于吸引批发商大量进货,并有可能发展下一级的批发商。这种折扣方式有利于茶叶企业扩大销路,提高销量。

(4)季节折扣。根据按销售时间上的差别来制定不同价格的策略。采用季节折扣,茶叶企业可以采用供应旺季降价、淡季提价。这种折扣方式有利于调节茶叶产品的供求矛盾,维持市场的供求平衡。

3.心理定价策略

心理定价策略是利用消费者对价格的感受,根据其心理需要来确定价格的策略。

(1)尾数定价策略。即采用带尾数的价格策略。尾数定价策略既给消费者以便宜的感觉,又以标价精确给消费者以信赖感。例如,铁观音的价格定在 99.6 元/500g。这种策略易于吸引顾客,促进销售。

(2)整数定价策略。即不带尾数的价格策略。整数定价策略便于消费者分清档次,做出购买决定。例如,西湖龙井、黄山毛峰等名茶定价在几百元整。这种策略满足消费者的自尊心理，同时方便结算。

(3)声望定价策略。即利用消费者对名茶的仰慕心理来制定产品价格。因为消费者崇尚名茶的心理，往往以价格判断质量，认为高价代表高质量。这种策略有利于提升名茶的市场地位。

(4)招徕定价策略。即利用消费者"求廉"的消费心理，将几种茶叶产品的价格降低，甚至低于通行价格，来吸引消费者的光顾，借机带动其他茶叶产品的销售。这种策略进行茶叶产品促销更为有效，同时有利于宣传该茶叶企业的品牌。

(5)习惯定价策略。即利用消费者心目中的习惯性价格来制定产品价格。作为日常消费品的茶叶，在消费者心中易于形成自己的一套习惯性价格标准。因此，企业应该尽量稳定价格。另外，根据对价格数字有不同偏好的消费者，定价时尽量采用消费者喜爱的数字来制定价格。

(6)分级定价策略。即企业把同一产品分成不同等级，并相应制定不同的价格，以满足不同层次消费者的需求。但企业要注意所确定的档次，不宜过多，而且档次之间的价差不宜过大。

4.产品组合定价策略

产品组合定价策略是企业将产品依据特定标准细分后，分别就每个组成部分定价，从而形成组合价格。

(1)产品线定价。是指针对整个产品线制定价格。茶叶企业首先将茶叶产品分成不同类别、不同档次、不同等级、不同品质规格，然后根据茶叶产品之间的成本差异、质量差异、顾客评价和竞争者茶叶产品价格将产品线系列产品价格定为一个"阶梯"形状。

(2)捆绑定价。是指一种茶叶产品与其他茶叶产品组合在一起以一个价格出售。例如绿茶、红茶和乌龙茶组合在一起销售。但是这种定价策略限制消费者的选择自由。

4.4 茶叶销售渠道策略

企业要将茶叶产品出售给最终消费者，必须经过一定的销售渠道才能送到目标市场，完成产品的销售过程。因此，如何合理地选择商品的销售渠道是营销组合策略中一个十分重要的问题。

4.4.1 茶叶销售渠道概述

1. 茶叶销售渠道的概念及特点

销售渠道，也称营销渠道、分销渠道。美国市场营销协会将分销渠道定义为："公司内部单位以及外部代理商和经销商的组织机构，通过这些组织机构，产品得以上市营销。"著名市场营销学家菲利普·科特勒认为："分销渠道是使产品或服务能被使用或消费而配合起来的一系列独立组织的集合。"茶叶销售渠道是指茶叶产品从生产者手中转移至消费者所经过的各中间商连接起来形成的通道，以及此通道中所设置的相应的销售机构和流通环节。

茶叶销售渠道的特点：一是销售渠道是由参与商品流通过程中各种类型的中介机构组成的，如批发商、零售商、代理商和辅助商（如银行）等；二是销售渠道反映茶叶产品价值实现的通道；三是在商品从生产者流向最后消费者的流通过程中，至少要转移一次商品所有权。

2. 茶叶销售渠道的类型

(1) 按有无中间商分类

①直接销售渠道，是指茶叶产品从生产者直接流向最终消费者的过程。即生产者自己承担生产和流通的职能，见图4-8a。一般来说，这种策略适合于产品数量不大、市场相对比较集中的企业。

②间接销售渠道，是指在茶叶产品从生产者流向最终消费者的过程中，需要经过中间商，见图4-8b、4-8c、4-8d。

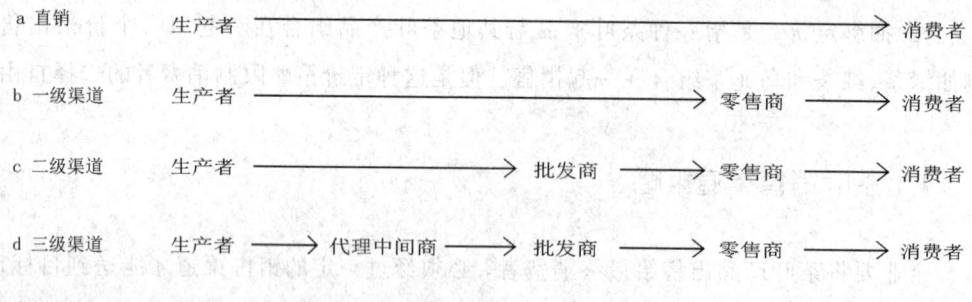

图4-8 茶叶销售渠道的基本类型

(2) 按中间环节多少分类

①长渠道。代理中间商环节数在两个或两个以上的销售渠道，称为长渠道，见图4-8c、4-8d。

②短渠道。代理中间商环节数只有一个的销售渠道，称为短渠道，见图4-8b。

(3)按同类型中间商多少分类

①宽渠道。茶叶生产者在某一类型中间商中同时选择两个或两个以上的中间商经销其产品的方式，称为宽销售渠道。

②窄渠道。茶叶生产者只选用某一类型中间商中的一个中间商经销其产品的方式，称为窄销售渠道。

3.各类中间商的特点和作用

茶叶中间商是指介于茶叶生产者和消费者之间，参与茶叶商品流通业务的经济组织，包括零售商、批发商和代理中间商。它们都是构成商品分销渠道的基础。选择分销渠道，实施渠道方案，首先必须了解这些经济组织的特点和作用。

(1)批发商

批发包括将茶叶商品或服务售于那些为了转售或生产加工而购买的组织或个人时所发生的一切活动。按经营商品的范围划分，茶叶批发商可以分为两种类型。

①专业批发商。即专门经营茶叶产品及其相关的附属产品的批发商业机构。专业批发商经营的商品品种规格很多、品牌齐全，品种间的消费替代性和连带性较强。专业批发商的专业化程度很高，不仅能精通产品的专业知识，还能在产品范围内为顾客提供精深的专业技术咨询和服务。

②综合批发商。即企业以经营茶叶产品为主，还兼营其他产品。综合批发商与多个生产行业有联系，经销对象主要是综合零售商和小商小贩。综合批发商经营商品范围广，品种规格也较多，但不及专业批发商有深度。

(2)零售商

零售商是指批量购进商品，然后经过组配和服务，把商品销售给最终消费者的商业组织。零销商是产品销售渠道的终端服务者。茶叶零售商数量庞大，分布广泛，形式多样。按经营产品性质和范围，大致可以分为茶叶专卖店、名茶总汇、茶叶大市场、茶叶连锁店和无门市销售等类型。

①茶叶专卖店。茶叶专卖店是专营某一厂商或某一品牌或少数几个品牌的茶叶产品的商店。茶叶专卖店一般提供专门的服务，商品组合的深度大、广度小；专业化性强，能为顾客提供完善的服务，满足不同顾客的需求。一般设在城市商业聚集中心，如超市、超级商店、百货商店内的茶叶专卖柜台。

②名茶总汇。名茶总汇是专营各种名贵茶叶产品的商店。店内装修考究、古朴，产品种类齐全，品质风味独特，能为顾客提供完善的服务，满足顾客在同一地点选购

多种茶叶产品的需要。

③茶叶大市场。茶叶大市场是由一些茶叶零售商店组成的综合体，它是茶叶的集散地。专营茶叶、茶具、茶花、代用茶和草药茶等商品。其经营方式包括批发和零售。这类茶叶市场在全国各地有各种不同的名称，如茶城、茶都、茶叶世界等。

④茶叶连锁店。茶叶连锁店有直接连锁、自愿连锁和零售商合作社等形式。直接连锁店是同一所有者、统一店名、统一管理；自愿连锁店则是独立茶叶商店通过契约形成的连锁关系，通常由一家批发商牵头，统一采购和管理；零售商合作社是由一群独立的零售商组成一个集中的采购组织。显然，后两种连锁店的企业成员，它们的所有权是独立的。

⑤无门市销售。无门市销售采取自动售货机、邮购商店、网上商店等零售业态，满足不同类型的消费需求。随着零售产业的不断发展，各类新型的零售业态不断出现。

(3) 代理商与经纪行

代理商与经纪行是专门为委托人服务的机构，都不从事产品的实际买卖，不拥有产品所有权，主要功能在于促进买卖，从而可获得销售价的某一比率作为佣金。许多生产厂家利用代理商精通行情，熟悉专业知识，业务能力强，而且收费相对较低的特点，将产品顺利地推销，特别是打入新市场。国内外茶叶代理商主要有厂商代理商、销售代理商、佣金商、进出口代理商、拍卖代理商和经纪人等。

①厂商代理商。受茶叶生产厂家委托，在一定区域范围内出售茶叶生产厂家产品的代理商。同一茶叶生产厂家可以同时利用几个代理商销售产品，同一代理商也可以同时代销几个不同茶叶厂家的产品，但经销的产品可以是同类型的，而不能是相互竞争很激烈的产品。厂商代理商对茶叶生产者产品销售只起补充作用。

②销售代理商。销售代理商具有厂商全部产品的权利，是厂商的独家全权销售代理，对价格、条件、广告、产品包装、设计等有决定性的发言权，而且不受地区限制。销售代理商一般可以接受两个以上生产厂家的委托，但一个生产厂家只能委托一个代理商。实际上这种代理商履行了生产者的全部销售职能。

③佣金商。佣金商是一种临时为委托方销售商品，根据委托条件推销商品并收取佣金的代理机构。接受厂商委托，代办茶叶出口业务，从中收取佣金者，称为出口佣金商。代办茶叶进口业务或代理国外出口商销售茶叶产品者（性质类似于国外出口代理商），称为进口佣金商。

④进出口代理商。专门替委托人从国外或国内寻找茶叶产品供应来源，并向国内外推销其产品的代理商。一般在主要口岸设立办事机构。

⑤拍卖代理商。受卖主的委托，在拍卖市场按特定的章程和规则，将茶叶卖给出价最高的买主者，称为拍卖代理商。茶叶产品成交之后，拍卖市场向卖主收取一定的佣金。例如，位于世界茶叶消费大国的英国的伦敦茶叶拍卖市场，在20世纪50年代以前，茶叶成交量占全球交易总量的2/3。但由于世界茶叶贸易格局的变化，这家经营了160多年的老字号——伦敦茶叶拍卖市场于1998年6月宣布关闭。从此，世界茶叶拍卖中心转移到了世界主要产茶大国，如斯里兰卡就拥有世界上最大的科伦坡茶叶拍卖市场。中国目前还很少采用这种交易方式。据悉，斯里兰卡将提供他们所取得的经验和相关的技术支持，协助中国建立茶叶拍卖市场。

⑥经纪人。经纪人主要的作用是为茶叶买卖双方牵线搭桥，协助谈判，促成买卖，俗称捐客。他们没有产品所有权，也不能控制实物价格和销售条件等，只是在产品成交后，由委托人付给佣金。在我国，经纪行尚处萌芽阶段，随着经济的发展，经纪行也必将成为我国企业营销活动的一条有效的渠道。

4.4.2 选择茶叶销售渠道的影响因素

选择销售渠道是茶叶企业销售工作中最重要的决策之一。销售渠道的选择是否合理，中间环节的多少是否恰当，也直接影响到商品的销售成本，从而影响到商品的价格、竞争力。

1. 茶叶产品因素

茶叶产品必须保证产品的新鲜度和品质要求，由于茶及茶的提取物具有容易吸湿、吸潮和易氧化的特点，除了需要采用特殊的包装之外，应尽量缩短分销渠道。

2. 市场因素

(1)消费者的数量和分布状况。我国茶叶国内外市场，消费者的数量多而分散，宜选用宽而长的销售渠道。

(2)购买数量。一次购买产品的数量，常称为"批量"。若购买茶叶产品批量小，可以采用间接销售渠道；若购买批量大，可以采用直接销售渠道。

(3)消费者的购买习惯。由于茶叶产品是人们的日常饮料，消费者希望随时就地购买，为此，宜采用用宽而长的销售渠道。

3. 生产企业自身因素

茶叶生产企业自身财力雄厚，信誉良好，具有经营管理的能力和销售业务的经验，对选择中间商就有很大的主动权，可以采用短渠道；如果企业自身的销售能力弱，那只能依靠中间商的力量推销其产品，宜采用长渠道。

4.社会环境

国家对茶叶产品的购销政策、税收政策、进出口政策以及国际市场各种惯例及相关规定等，均成为茶叶企业选择销售渠道的重要影响因素。

4.4.3 销售渠道选择原则

一个可供选择的销售渠道方案是由中间商的类型、中间商的数目以及渠道成员的权利和义务组成。销售渠道管理人员在选择具体的分销渠道方案时，一般要遵循以下三个原则。

1.经济性原则

经济性原则是最重要的，因为企业的目的是在追求利润或达到预定的销售目标时尽可能降低销售费用。因此，选择销售渠道必须首先从经济性出发，比较每一个方案可能达到目的销售量及其费用水平。一般情况下，使用销售代理商的固定费用低于设立销售机构，但随着销售量的增加，其费用上升也较快。

2.可控性原则

按可控性标准来衡量，选择渠道还必须考虑渠道的控制问题。使用销售代理商，会产生较多的控制方面的问题，因为销售代理商是一个独立的公司，关心的是它们本公司的利润最优化，主要推销精力可能集中在从它们经营的商品品种组合角度考虑的最主要的顾客身上，而不是在某个特定生产者的产品上。此外，代理商的推销员也往往不愿多研究某公司的产品技术，不愿掌握有关公司产品技术的细节，也不愿有效地利用公司提供的宣传促销材料。公司自用推销员在此方面就较容易控制。另外，不同的代理商，可控制的程度一般也不同，这就有待于进一步抉择。

3.适应性原则

按适应性标准来衡量，采用中间商推销的渠道，都将承担一定时期的义务。从经济性和可控性考虑，较长期的渠道关系显得更为优越。精明的公司会努力与它们的经销商结成长期合作关系。但含长期义务的渠道，适用性一般都较差，不够灵活。

4.4.4 茶叶销售渠道的管理

1.选择茶叶销售渠道成员

根据已确定的中间商类型和数量来选择中间商，确定他们作为销售渠道成员，主要依据和标准。

（1）具有市场代表性。选择适合的茶叶中间商，应考察中间商在企业产品目标顾客中的信誉度,与企业合作的忠诚度,与相差企业的合作关系以及资信程度等,选择适合于某区域市场发展的优秀中间商。

(2)经营绩效。选择适合的茶叶中间商,应考察过去经营茶叶企业产品的业绩,包括市场销量、产品市场占有率、成本、利润、仓储、运输能力、销售队伍专业素质和市场保护措施等。

(3)竞争情况。选择适合的茶叶中间商,还应考察中间商经销同类产品的情况。如中间商已经销对手的茶叶产品,若本企业茶叶产品竞争力量弱,则要避开强者的锋芒而不予考虑。

2. 激励茶叶销售渠道成员

生产企业为了保持产品销售渠道的高效运行,应采取有效措施来激励茶叶销售渠道成员,可以从以下几方面着手。

(1)协助技术力量培训。茶叶生产企业可以协助中间商进行人员培训,使渠道成员了解不同茶类产品的加工方法、储藏保鲜技术、茶叶品评和茶艺表演等专业知识与技能。

(2)提供适销对路的产品。茶叶生产企业为中间商提供了适销对路的茶叶商品,不仅能使中间商获得很好的经济效益和商业信誉,而且还能使生产企业的产品销路更畅,销量更多。

(3)给予优惠政策。为了充分调动中间商的积极性,对中间商采取适当的让利,如提高销售利润分配比例。

(4)共同促销。当茶叶新产品进入老市场或开发新市场时,生产企业主动承担风险,为中间商提供强有力的宣传广告和其他促销支持,共同促销。

3. 评价茶叶销售渠道成员

茶叶生产企业应定期对渠道成员的销售指标、供货状况、库存数量、供销活动、服务水平,以及与本企业和渠道成员之间的合作关系或满意程度等进行考评,以确定是继续保留还是取消中间商的成员资格,还是加紧改进。

4. 调整销售渠道

由于消费者需求及市场营销环境发生变化,都要求企业对原有的渠道作相应的调整。主要有三种方法。

(1)增减销售渠道。由于消费者需求发生较大的变化,如某一种茶叶产品数量猛增,明显感到分销渠道不足时,就应该增加分销渠道;反之,精简渠道。

(2)增减销售渠道成员。如某一中间商因经营管理不善,严重影响了产品销量和市场占有率时,可以考虑撤换中间商;如因竞争对手的同类产品销售渠道扩大,致使本企业产品销量明显减少时,就应及时增加中间商数量。

(3)修正销售渠道。由于整体战略和策略的调整而引起的销售渠道结构不适应或原有的销售渠道发生重大问题时,企业进行修正销售渠道。如直接式销售渠道结构改为间接式销售渠道结构。

4.4.5 茶叶商品的实体分销

1.茶叶商品的实体分销概述

茶叶商品的实体分销,也称茶叶物流,是茶叶从供应地向接收地的实体流动过程。根据实际需要,将运输、储存、装卸、搬运、包装、流通加工、配送、信息处理等基本功能实施有机结合。也就是说,通过有效地安排茶叶产品的运输、储存、存货控制、包装和订单处理等工作,使其在需要的时间内到达需要的地点,实现茶叶产品从生产者手中顺利地到达消费者手中的时间和空间转移。从广义来说,茶叶物流是把从原料的产地选择到最终消费者市场的需求都包括在内的。从狭义来说,茶叶物流指完工商品从生产企业运送到购买者所在地的过程。

假定企业已存在于销售市场,其目的主要是把手中的商品如何用经济合理的方式传送出去。从狭义的含义来看,茶叶物流涉及商品移动的整个活动过程,包括运输、仓储、搬运或装卸、存货控制、订单处理和保护性包装六个职能环节。

(1)运输。运输生产企业用专用运输设备将茶叶商品从一地点向另一地点运送。其中包括集货、分配、搬运、中转、装入、卸下、分散等一系列操作。通常包括两个决策:第一,选择何种运输方式;第二,决定发运的批量、时间及最佳运输路线。

(2)仓储。仓储是利用仓库及相关设施设备进行茶叶商品的入库、存储、出库的活动。对于仓储问题,同样也要进行一系列决策。例如,是自建仓库还是租赁仓库?是单层仓库还是多层仓库?同时还要选择适当的仓库地址。

(3)搬运或装卸。搬运是在同一场所内,对茶叶商品进行水平移动为主的作业。装卸是茶叶商品在指定地点以人力或机械实施垂直位移的作业。企业生产的茶叶产品要经过搬运入库、整理、备货待运、发运出库、拼装整车等一系列搬运过程。在这过程中,要仔细考虑如何合理使用机械设备与人力配套,以提高工作效率。

(4)存货控制。存货控制是在保障供应的前提下,使库存物品的数量合理所进行的有效管理的技术经济措施。包括决定和记录商品的存放地点、产品结构、合理存量、顾客需要的发货日期和发货批量等。茶叶商品储存要发生各种费用,如搬运费、存货管理费、保险等。企业既要尽量节约开支,又要保持足够的库存水平,以便及时满足对顾客供货。

（5）订单处理。包括对顾客订单的接收、核查、传递等工作。一般企业都要求把已到达交货期的订单直接送至仓库，仓库收单后进行检查，看是否正确，同时按订单所要求的茶叶商品准确地把商品发运给顾客。

（6）保护性包装。此处的包装是指为了达到保护产品、方便储运而采用容器、材料和辅助物的过程中施加一定技术方法等的操作活动，属于运输包装。

2.茶叶商品实体分销决策的主要内容

茶叶物流管理主要包括产品的运输、仓储、搬运或装卸、存货控制、订单处理和保护性包装六个方面的工作，把它们联系在一起，就形成"物流决策组合"。但是，在茶叶物流管理系统中决策的重点应是茶叶产品的运输、仓储和存货控制三个方面。

（1）运输决策

茶叶产品需要通过运输才能到达顾客手中，实现其使用价值，而运输又是物流中最具有节约潜力的领域。茶叶产品的运输可分为洲际或国内区域间长距离、大量转移的运输，以及区域内短距离、小批量的配送。但不论何种类型，其运输决策都必须根据这两种不同类型的要求，选择运输方式和路线。

①选择运输方式。根据茶叶商品的特性，可供企业选择的运输方式主要有四种：铁路运输、水路运输、公路运输和航空运输。如我国远洋绿茶出口采用海运；较远的内陆地区或大批量的货物出厂则采用铁路运输；近距离配送适于公路运输；因航空运输具有速度快、成本高，运输量小的特点，只适宜于特定条件下运输急需的、批量很小的或难以保质的特殊茶产品。

②选择运输路线。茶叶产品是一种面向国内外广大市场销售的商品，茶叶生产企业的产品销往的市场广阔，并且受顾客分散、区域内短途和多顾客的频繁配送等因素的影响，选择合理的运输路线是一项重要决策。选择运输路线一般有三条原则：一是要考虑将货物运抵顾客处所需时间最短；二是尽可能减少运输成本；三是保证顾客得到最好的服务。

（2）仓储决策

由于茶叶产品从生产到消费存在时间差异，又加上茶叶产品本身特性要求，在待售期间，必须妥善储存保管，才能保质，保鲜。因此，仓储决策非常重要。仓储决策包括选择仓库地址和仓库类型。

①仓库地址的选择

由于客户所在位置、不同客户订单的大小、供货的频率和交通便利与否等因素，选择仓库地址的标准包括：其一，是否有利于增加企业的利润；其二，向顾客发货的运输费用的大小；其三，为顾客所提供的服务水平的高低。至于仓储地点设多少，则需考虑能否满足客户的供货需求、仓储费用、运输费用、企业为顾客所提供的服务水平等因素。

②仓库类型的选择

确定仓储的类型，可以从三个方面进行选择：其一，仓库功能。此处仓库功能有两种含义，一是仓库本身的功能，即对茶叶产品的保存能否避光、防潮、防异。如果是名贵茶叶产品，还要求低温储藏。二是所选择的仓库类型是用于储存还是用作配送商品，储藏仓库可为中长期储存，配送仓库只能短期储存。其二，仓库所有权。自建仓库更适合企业自身的业务特点及发展；而租赁仓库可以节省投资、管理以及其他费用。其三，仓库性能。即仓库的构件和设施。如老式的平房仓库，不论是自建还是租赁，所需费用低。假如选择多层仓库或是现代的自动化仓库，成本虽然很高，但效率也很高，相对来说可能节约成本。

(3) 存货控制决策

控制存货水平就是在既能保证物资的供应，又能最大限度地减少存货的持有成本，使各种存货成本和存货效益之间达到最佳组合的前提下，寻求最合理的存货规模。若存货水平高，就能充分满足顾客的订单要求，及时发运茶叶产品，给企业树立良好的形象，提高对顾客的吸引力，扩大市场销量。但库存量过大，商品的占用资金、库存费、陈化率等也会随之增加，反而影响市场的占有率，这些都有可能带来市场风险；反之，库存量过小，虽然能降低各种费用，但也同时降低了为顾客提供购货服务的水平。所以，库存量必须根据供货需求量、销售额、利润水平、目标服务率等因素进行决策，做到存货适量。

顾客订货的时间和数量是确定存货控制的关键。从理论上分析推断，一般有定期订货、定量订货和经济订货批量三种方法可供选用。但在具体应用时，还需要结合实际经验，综合分析判断，才能做出行之有效的管理决策。

①定期订货法。即规定订货前后两次订货的时间间隔，而订货量可以酌情调整。计算公式：

$$订货数量(L) = T \times (D_1 + D_2) + Q - S$$

式中 T：每日平均需要量；

D_1：订货天数；

D_2：间隔天数；

Q：安全储存量；

S：订货日实际库存。

订货天数的计算是从提出订货日期到实际发货所需时间。

② 定量订货法。订货点是指在订购下一批存货时，本批存货必须保持的存货量，即要确定购入的存货应保持多少数量时，才订购下一批存货。定量订货是事先确定一个订货点，而订货时间不固定。当库存量下降至订货点时，立即组织订货。计算公式：

$$订货点 = D \times T + K$$

式中 D：每日平均需要量；

T：订货天数；

K：最低存货量。

最低存货量（K）。是指为防止交货误期等突然因素所造成的存货不足的保险储备量。

③ 经济订货批量法（EOQ）。经济订货批量是指在一定时期中，企业存货的储存成本和订货成本达到最低水平时的采购批量。储存成本包括利息、损耗、保管费和保险费等；订货成本包括订货手续费和运输费等。储存成本和订货成本是互为消长的，相互起落。如果企业订购茶叶产品批量大，储存数量就增加，其储存成本就高，但订货次数相应减少，订货成本就下降；如果订货批量减少，则订货成本上升，储存成本减少。经济订货批量就是这两种成本合计数最低时的订货数量。此时假定：需求量已知；每次订货量相同；不考虑商业折扣、不允许缺货；存储费用与库存量是线性函数，仓库库存随时间变化而均匀下降；订货提前期已知。

计算公式：$EOQ = \sqrt{\dfrac{2RC}{PI}}$

式中 R：年需要量；

C：每次订货成本；

P：单位成本；

I：储存费用率。

这种方法是比较普遍采用的一种库存控制方法。

4.5 茶叶促销策略

茶叶企业为了取得营销活动的成功,不仅要制定适当的价格,通过适当的销售渠道向市场提供适当的茶叶产品,而且还要采取适当的方式与茶叶消费者实现有效沟通。因此,企业须通过促销活动,使潜在需求变为现实需求。

4.5.1 茶叶促销概述

1. 茶叶促销的实质

茶叶促销是茶叶企业通过人员或非人员的方法,将产品的信息传递给广大的消费者,促进消费者购买行为的发生和消费方式的变化,达到加速和扩大茶叶销售的目的。促销方式主要有人员推销、广告、公共关系和营业推广等多种形式。

促销策略组合是根据促销的需要,对人员推销、广告、公共关系和营业推广四种基本促销方式配合起来,综合运用,形成一个整体促销策略。促销策略组合又可分为人员推销和非人员推销两大类。在非人员推销中,有广告、公众关系和营业推广三种方式。

人员推销和非人员推销的方式和作用是不同的。人员推销是采取直接、主动的方式同茶叶消费者、茶叶消费单位或经营单位接触进行推销活动。非人员促销是采取间接、积极的方式,以沟通信息为主,向促销对象介绍茶叶有关信息,帮助促销对象认识茶叶,使其产生购买茶叶欲望和行为。不同的促销方式有其不同的优缺点,见表4-2。

表4-2 不同促销方式的优缺点

促销方式	优点	缺点
人员推销	推销方法灵活,利用深谈,容易激发兴趣,促成及时成交	费用较大,人才难觅
广告	触及面广,易引起注意,多次运用可将信息艺术化,加深印象	说服力较小,难以促成即时购买行为
公共关系	影响范围广泛,容易取得消费者信任	见效不如其他形式快
营业推广	吸引力较大,能改变顾客的购买习惯	可能引起顾客的顾虑和不信任

2.茶叶促销策略组合的影响因素

由于不同的促销方式有其不同的优缺点,茶叶企业要从企业的市场营销总体战略出发,有目的、有计划地制定促销策略组合和促销策略。为了制定一个恰当的促销策略组合和促销策略,现将有关影响促销策略组合和促销策略的因素加以分析说明。

(1)产品性质。产品性质不同,消费者的购买要求也不同,因此采取不同的促销组合策略。例如,直接饮用消费的茶叶,由于购买者分散、广泛,消费和购买具有季节性,对茶叶知识了解不够,因此,宜采用广告宣传和营业推广为主,经常向消费者介绍茶叶信息并提醒消费者在何时、何处购买何种茶叶。

(2)目标市场。根据目标市场的范围大小、市场类型和顾客情况不同,可采取不同的促销策略。例如,对小规模市场、茶叶批发市场、某几个地区、某茶叶消费单位,应以人员推销为主;对在广泛市场,如在全国茶叶市场甚至国际茶叶市场进行促销、分散的消费者市场,则以广告宣传、营业推广的方式为主,促销效果更好。

(3)茶叶企业规模。茶叶企业如生产或经营规模小,茶叶产量低,又难以支付广告费用,应采用以人员推销及营业推广。

(4)茶叶的生命周期。茶叶产品处于生命周期的不同阶段,促销侧重的目标不同,应选择不同的促销策略组合。概括情况见表4-3。

表4-3 茶叶产品不同生命周期阶段的促销策略

阶段	促销主要目标	主要促销方式
投入期	帮助顾客认识了解	各种广告
成长期	增强顾客兴趣	改变广告形式、配合人员推销
成熟期	形成偏好、稳定顾客	营业推广、广告宣传
衰退期	加强顾客信任、促进顾客购买	营业推广为主、减价
全周期内	建立信任感,消除不满意感	改变广告内容,利用公共关系

由表4-3可知,在组合促销方式时,除应考虑茶叶产品生命周期的不同阶段,还需针对不同的促销目标,配制设计相应的促销组合。

(5)促销费用。最佳促销组合并不一定费用最高,企业应全面衡量、综合比较,使促销费用发挥出最大效用。预算促销费用应综合考虑茶叶产品处于生命周期的哪个阶段、顾客对于茶叶的需求程度、企业对费用的负担程度、竞争者的促销策略等因素。

4.5.2 茶叶促销策略

茶叶企业促销策略,就是为了达到促销目标的要求,而对广告、人员推销、公共关系和营业推广等促销方式的选择、组合和应用。

1.茶叶广告策略

(1)茶叶广告的作用。广告是以促进销售为目的,茶叶企业以支付费用的方式,通过特定的媒体向消费者传播茶叶产品相关信息的促销手段。广告具有传播信息、引导消费与创造市场、激发购买欲望、提高企业市场竞争力、树立企业形象的作用。

(2)茶叶广告的目标。茶叶企业使用广告的最终目标是扩大茶叶销售量,为企业实现更多的利润。其直接目标则是增进潜在消费者对本企业及茶叶产品的了解,从而诱导和激发消费者对茶叶的关注和兴趣。然而,茶叶广告的目标是根据企业的销售因素组合来确定。广告的具体目标大致上有以下几种。

① 显现企业的商品。这种属于开拓性广告,其目的是扩大茶叶的知名度,促发市场对本企业茶叶产生初步需求。包括向市场介绍一种新茶叶,说明茶叶的新用途、新功能,介绍茶叶的饮用方法、品质、价格等。

② 转变消费者的态度。通过注重宣传本茶叶企业及其茶叶独特的功能,说明特色,突出其优异于别的茶叶之处,诱导和加强顾客对本企业茶叶的注意,说服顾客购买。这类广告属于竞争性广告,目的在于建立对本企业茶叶的需求。

③ 提醒消费者注意。提醒消费者可能在最近的将来(如春季买绿茶、夏季买白茶等)需要某种茶叶,提醒他们何处能买到,在购买淡季提醒消费者不要忘记本企业茶叶。

④ 树立企业形象。通过着重介绍企业管理水平、生产能力、销售市场、历史及茶叶优良鉴定等,提高茶叶企业市场形象和信誉。

(3)选择茶叶广告媒体应考虑的因素。广告媒体选择总的要求是,根据企业或商品的特点和促销目标,以最少的费用,获得最佳的促销效益。随着科学技术的发展,可供茶叶广告选择的媒体很多,如新闻媒体(报纸、期刊、广播等)、户外媒体、店销媒体、交通媒体、包装媒体,运用时要考虑以下四个因素。

① 广告媒体的目标。选择何种广告媒体首先要考虑广告媒体目标,是以介绍为目标,还是以提醒为目标。如果是以介绍为目标可采用新闻媒体,如果是以提醒为目标则可采用户外媒体、交通媒体。

② 消费者的媒体。习惯不同的媒体最终可影响的广告的接受者不同,凡能准确

地传达到广告目标的媒体,是最有效的媒体。例如针对中青年顾客,书刊杂志效果好些,对于少儿,宜用广告电视直观地宣传茶叶相关知识。

③ 广告媒体的特点。每种广告媒体在传播覆盖面、传递时效、宣传感染力、传递频率和效果、显露次数等方面均不同。销售全国的茶叶,宜在全国性的报刊、电台、电视台做广告。

④ 广告媒体的收费标准。一般茶叶企业都力求花钱少、广告效果好,这就要求预算广告媒体成本。电视广告费用最高,报纸广告费用最低。考虑成本的原则:根据显露次数和效果,估计选择哪种媒体,而不是只看总支出的多少,采用多个广告媒体的少次重复传递同一信息,而不是选用一个广告媒体多次重复传递同一信息。

2.茶叶人员推销策略

(1)茶叶人员推销的特点

人员推销,指茶叶企业派出推销人员、销售服务人员或售货员向顾客面对面介绍、宣传、推介茶叶产品,以期促进茶叶产品销售的一种促销方式。在这个过程中,推销人员、推销客体、推销对象是三个基本要素。其中,前两者是推销活动的主体,后者是推销活动的客体。与其他促销方式相比较,人员推销的特点主要体现在以下几个方面。

① 信息传递双向性。人员推销是与顾客进行双向沟通。一方面,推销人员可当场对茶叶产品进行介绍和咨询;另一方面,由于推销人员亲临市场,了解顾客的反应和竞争者的情况,可以通过迅速的信息反馈,提出有价值的意见,为企业研究市场、开发新产品创造良好的条件。

② 推销过程灵活性。由于推销人员直接与顾客联系,当面洽谈,可以通过交谈观察、了解顾客,进而根据不同顾客的特点和反应,有针对性地调整自己的工作方法,以适应各种顾客,诱导顾客购买。同时,推销人员还可以及时发现、答复和解决顾客提出的问题,消除顾客的疑虑与不满。

③ 客户关系的长期性。推销人员通过与顾客的直接接触,有利于促进买卖双方的良好关系,易于引导顾客对企业和茶叶产品产生偏爱和信任。有助于双方从纯粹的买卖关系发展到建立良好的友谊。

当然,人员推销也存在一些缺陷和不足。首先,人员推销的成本相对较高,会导致茶叶产品价格上升,削弱企业的市场竞争力,影响企业扩大市场占有率。其次,茶叶产品性能和种类日趋复杂,客观上对推销人员的内在素质要求更高,而高素质的推销人员很难得到,不易培养,即使能够得到价格也会很高。最后,推销人员直接面向顾客,推销范围有限。

(2)人员推销的任务

作为一名推销人员要求对于每一次推销活动的任务明确,既要重视满足顾客要求,也要关心企业利润,要精于分析营业数字,衡量市场潜力,收集市场情报,发展销售策略。具体来说,人员推销的任务包括以下几方面。

①开拓市场。一个成功的推销人员应具有善于开拓市场的能力,即发现市场机会、寻找潜在顾客和培养新客户的能力。

②沟通信息。推销人员要善于把有关茶叶企业的产品和服务的信息传递给潜在顾客,精于推销技巧,其中包括接近顾客、推荐茶叶、答复反对意见、洽谈交易等技巧,树立企业、产品形象,提高信誉。

③提供服务。推销人员要乐于向顾客提供他们认为有意义的服务,使其获得完整意义的产品,提高产品的竞争力。主要包括向顾客提供茶叶知识咨询,给予茶叶生产、加工、保管技术协助,帮助解决财务问题,并迅速办理交货等。

④搜集情报。推销人员还肩负着为企业收集有关茶叶市场消费者需求、竞争者茶叶产销研究和情报等信息工作,使企业随时了解市场动身,更有效地参与竞争以及满足消费者的需要。

(3)茶叶推销人员的组织结构

人员推销组织结构是否合理,直接决定人员推销效率的高低。设计人员推销的组织结构是推销人员管理的第一步,根据茶叶企业经营范围以及推销工作量等综合考虑。可供茶叶企业选择的人员推销结构主要有以下四种。

①地区结构型。按地区配置推销人员的组织结构形式,即每一个推销人员负责一定区域内本企业各种茶叶产品的推销工作。首先,这种结构有利于明确推销人员的责任,调动其工作潜力;其次,有助于他们与当地各部门建立密切稳固的联系,有利于提高推销效率;最后,可以减少旅费开支。

②茶类结构型。按茶叶类别配置推销人员的组织结构形式,即每一个推销人员负责某一茶类的推销工作。这种结构的好处是可使推销人员按茶类熟悉钻研商品知识,有利于加强推销时的辅助服务。但是,当一个顾客或单位如果同时需要购买多种茶类,容易出现重复推销的现象。

③顾客结构型。按顾客类型配置推销人员的组织结构形式,即把企业的顾客划分若干类,如可分成主要客户和一般客户、现有客户和潜在客户、批发客户和零售客户、经营单位和劳保用茶厂家等,一个推销人员负责某几家或某一类客户。这种结构的最大好处是推销人员与顾客十分熟悉,便于建立与顾客的友谊,得到顾客的信任。但这

一形式可能会因为负责区域的重叠而增加推销成本。

④复式推销结构型。即综合地采取上述三种组织结构来对推销人员进行合理配置的组织结构形式。当一个茶叶企业在较广泛地区向很多不同类型顾客出售多种茶类,就需要采用复式推销结构。例如,可以先按地区进行分工,然后在每个地区中再按茶类进行分工。

人员推销既是一门科学,又是一门艺术,它已成为现代茶叶企业日常经营中不可或缺的一部分。人员推销是一种双向沟通与交流,要求推销人员把握潜在顾客的类型,并对潜在顾客的需求和问题预先有一个基本了解,才能在接触顾客时与顾客沟通并确定、解决其需求和问题。

3.茶叶公共关系策略

(1)茶叶企业公共关系的职能

公共关系是指企业通过一定的方式使自己与公众之间形成双向交流,使双方达到相互了解和相互适应的管理活动。公共关系的对象是公众,是指与企业有利益关系的群体或其他。由于公众并非只是茶叶现实、潜在的顾客,还包括员工及家属、投资人、供应商、中间商、竞争者、金融界、保险公司、政府部门、新闻界、科研单位、高等院校等。因此,茶叶企业建立良好的公共关系,有利于收集企业内外信息,有利于协调各方关系,谋求各方面的合作与支持,有利于传播推广,树立茶叶企业的良好形象和声誉。

(2)茶叶企业公共关系活动的方式

茶叶企业公共关系活动的方式同企业的规模、茶叶市场性质等有密切联系。

①新闻发布会。新闻发布会是企业把有关新闻单位的记者邀请到一起,宣布有关消息或情况,让记者就此提问,由专人回答问题的一种营销专题活动。它是企业传播各类信息、吸引新闻界客观报道、处理好媒介关系的重要手段。

②展览会。展览会是企业通过实物、文字、图表等示范表演来展示企业的成果、风貌、特征的专题活动。有利于企业员工和外部公众进行信息交流和协调。

③庆典活动。庆典活动是企业围绕重要节日或自身重大事件举行庆祝活动的一种营销公共关系专题活动。如茶博会的开、闭幕庆典。企业借助这些活动对内营造和谐气氛,增强员工凝聚力;对外协调关系,扩大企业知名度,创造企业美誉度,塑造企业良好的形象。

④赞助活动。赞助活动是企业通过资助一定的实物或承担全部或部分费用,以获得一定形象传播效益,提高企业知名度的营销公共关系活动形式。赞助对象往往是体育和文化事业、社会福利事业和市政建设等。

⑤开放参观活动。开放参观活动是企业为了让公众更好地了解自己,面向社会各界开放,及时组织和安排广大公众到企业内部来参观、考察,以提高组织的透明度、争取公众了解和支持的一个重要手段。

⑥危机公共关系活动。当企业由于突发事件或重大事故的出现,导致其面临强大的公众舆论压力和危机四伏的社会关系环境,使企业形象严重受损,企业的营销公共关系便处于危机状态。

4.茶叶营业推广策略

(1)茶叶营业推广的特点

营业推广又称销售促进,即除广告、人员推销和公共关系以外,在一个比较大的市场中,为了刺激早期需求而采取的能够迅速地产生现实的鼓励购买作用的活动。营业推广很少单独使用,常常是作为广告、人员推销的一种辅助手段。营业推广具有刺激需求效果明显、针对性强、短期性的特点。在推出新的品牌或新的商品以及当需要强化广告宣传的效果时,为争取中间商合作,鼓励它们大量订货时销售促进的效果较为显著。

营业推广也有一定局限性。比如,当它单独使用时,常常会有害于企业的形象和降低商品档次。因为人们可能会认为这是在推销过剩物资或滞销商品。营业推广也不宜持续太长的时间,否则也会使人产生误解,怀疑企业的意图。

(2)茶叶营业推广的方式

茶叶营业推广方式要根据茶叶市场类型、销售目标、销售对象、竞争环境以及具体的营业推广费用和效率综合考虑来选择。针对不同的对象,主要有以下几种方式。

①针对茶叶消费者的营业推广方式。通过对消费者的强烈刺激,促使他们采取购买行为。例如,茶叶展销、免费品尝、赠送购茶优惠券、设计廉价包装、有奖销售、减价出售茶叶新产品或试销品、赊销、分期付款、现场茶艺表演。

②针对茶叶中间商的营业推广方式。鼓励茶叶中间商的经营积极性,迅速采取购买行动,提高产品的市场占有率。例如,举行展览会、展销会,开办联营商店或专柜,销售竞赛,购货折扣、广告折扣、陈列津贴。

③针对推销人员的营业推广方式。鼓励茶叶推销人员大力推销产品,开拓市场,发掘潜在顾客。例如,销售竞赛、销售提成、培训业务技术人员。

(3)茶叶营业推广方案的制订

在具体使用营业推广时,需要作出多项问题的考虑与决定,如选择一个或几个营业推广方式、哪种营业推广方式、参加人的条件、推广期限以及推广的总预算等,一定要运用得当,不可求售过急,以免使消费者怀疑茶叶的品质,或有损茶叶或茶叶企业的形象。因此,一个完整的营业推广方案,除了需要切合实际的目标和易于实施的手段,还应考虑以下因素。

①茶叶营业推广目标。茶叶营业推广的目标主要是指企业开展营业推广所要达到的目的和期望,其目标必须依据企业的市场营销战略和促销策略制定。营业推广的目标不同,推广方式、推广期限等都会有所不同。

②茶叶营业推广规模。保持适当的规模是茶叶企业营业推广成功的前提条件之一。最优的营业推广规模可以通过研究企业愿意承担的推广费用和希望取得的销售额,并根据两者之间的关系进行确定。通常情况下,选择单位推广费用效率最高时的规模,低于这个规模,营业推广不能充分发挥作用;高于这个规模,或许会促使营业额上升,但其效率会递减。

③茶叶营业推广对象。首先,茶叶营业推广的对象是企业潜在的顾客,同时又是与企业的利益无关系人员。其次,有时企业还应严格限制本企业的职工或其家属成为推广的对象。比如,有奖茶叶销售时,本企业职工亲属参加就可能失去公正性,给人一种弄虚作假、营私舞弊的感觉,反而起不到推广的作用。这要根据茶叶营业推广的目的和有效性来考虑,并有意识地限制那些不可能成为长期顾客的人参加。如优惠券发放给哪些顾客?发放多少?等等。

④茶叶营业推广途径。茶叶企业必须研究通过什么途径实施促销方案并向目标顾客推广。适合茶叶企业促销的营业推广形式很多,每种形式的费用和效果各不相同,适用范围也各有差异。因此,在制订茶叶营业推广方案时,要根据本企业的情况、茶叶市场环境和竞争特点来权衡采取什么途径实施促销方案。

⑤茶叶营业推广时机和期限。一方面,茶叶是季节性产品,消费和购买在一年中呈现一定的规律;另一方面,如果推广时间过短,其推广的影响力可能还不足以涉及大多数可能的潜在购买者,不能得益;而推广时间过长,会失去吸引力,甚至会对茶叶品质产生疑问。因此,要慎重考虑好茶叶营业推广时机与期限问题。

⑥茶叶营业推广费用预算。茶叶企业制定营业推广费用预算主要有两种方法:一是根据制订的促销方案估算确定预算开发;另一种是从总的促销费用中按一定比例提取一部分用于营业推广。企业在完成营业推广方案的制订工作之后,如果条件允许,在小范围市场内进行测试,测试成功之后方可全面实施。在测试阶段,企业应全面收集反馈信息,以便及时了解和掌握方案贯彻实施过程中产品销售情况、竞争对手和消费者的反应以及产生的各种问题等,从而及时控制方案的实施和作出必要的调整。

小 结

　　茶叶市场营销策略就是茶叶企业根据市场环境准确地选择目标市场,为实现企业目标而制定的战略战术,它包括目标市场战略、产品策略、价格策略、销售渠道策略和促销策略五个方面。

　　茶叶企业目标市场战略是指为提高茶叶企业的市场竞争力,茶叶企业针对企业特定的市场营销环境和企业自身资源选择特定群体为目标市场,然后针对这一目标市场对产品进行定位的战术。茶叶企业要实施目标市场战略,首先,对茶叶市场进行市场细分;其次,根据市场环境和企业自身情况选择企业目标市场;最后,确定企业在市场上的位置。

　　茶叶产品策略是市场营销组合的基石,对茶叶企业市场营销的成败关系重大。在现代市场经济条件下,茶叶企业都应致力于茶叶产品品质的提高、品牌的创建、组合结构的优化,随着茶叶产品生命周期的发展变化,灵活调整市场营销方案,以更好地满足茶叶市场需要,取得更好的经济效益。

　　茶叶产品价格以其灵敏的优势对市场供求变化做出反应,是保证茶叶企业收益和发展的重要因素。茶业企业在制定或调整价格以前,首先掌握影响定价的因素;其次确定企业的定价目标;最后根据定价目标,选择相应的定价方法和定价策略。

　　如何选择最佳的茶叶销售渠道,对茶叶产品到达目标市场和取得最佳社会经济效益至关重要。由于茶叶销售渠道内成员的复杂性、组织领导的松散性以及成员间的合作与竞争性等特点,茶叶企业要注意加强对销售渠道的维护管理,以谋求企业与中间商之间的相互支持和友好合作,共同发展。

　　茶叶促销策略是市场营销组合的重要组成部分。为有效传递茶叶企业和茶叶产品的有关信息,增进顾客及其他公众的了解和信赖,实现茶叶企业的营销目标,茶叶企业需要根据企业内外的具体情况,结合茶叶产品性质、目标市场特点、产品生命周期、茶叶企业规模、促销费用预算等因素,灵活选择、组合和运用广告、营业推广、人员推销和公众关系多种促销方式。

【案例一】

"雾里青茶价,您来定"

安徽天方茶业（集团）有限公司是安徽省农业产业化重点龙头企业、池州市高新技术企业，成立于1997年，2000年7月组建成集科、工、贸、农于一体并拥有进出口自主经营权的安徽天方集团。到目前为止，公司在基层乡镇建立了7个原料加工场，基地已发展到2000余公顷，其中有300多公顷通过了国家环保总局有机食品发展中心的有机食品认证。新建茶树新品种开发和茶叶良种良法示范基地60多公顷。天方集团先后与中国科技大学、安徽农业大学、南京野生植物综合利用研究院等开展合作，开发出富硒有机茶、银杏茶、绞股蓝茶、系列茶食品等精深加工产品，其中有3项通过（FI）有机认证，有2项被卫生部批准为保健食品。天方集团按国际标准建立全面质量保证体系，通过了ISO9001—2000国际标准质量管理体系认证、保健食品良好生产规范认证、食品质量安全市场准入认证，坚决贯彻执行国家食品质量安全标准。天方商标被认定为"中国驰名商标"，天方雾里青高级绿茶被评为"安徽名牌产品"。

雾里青以2800元/500g的价位在市场销售多年仍供不应求，安徽天方集团拟对雾里青茶上调价格。为此，安徽天方茶叶集团公司于2008年2月14日至4月5日，在《安徽日报》《南京晨报》《新安晚报》《安徽市场报》《江淮晨报》《池州日报》《中国茶叶》《茶世界》《茶叶世界》《茶叶通报》等报刊推出了"雾里青茶价，您来定"的市场调查研究活动，让消费者参与雾里青定价的讨论。这项市场营销策划的创意，富有新思维，又有理性和智慧。

名茶价格应该如何定？如何调整？专家认为名茶价格应该是在诸如西湖龙井、信阳毛尖等名茶实际成交价（历史背景）和名茶价格形成机制（理论背景）下，厂商和消费者"博弈"的结果。是两个交易主体"自由选择"和"理性智慧"的"双赢游戏"。"雾里青茶价，您来定"的市场调查结果是："反对提价的十大理由"，六成没有给出具体定价；"赞成提价的十大理由"，七成没有给出具体定价。只表示了"反对"或"赞成"的意向。看来定价方略，是一只"烫手的红薯"，一把"锋利的双刃剑"，多数人不轻易作定量的表态。这也从一个侧面说明了人们市场观念的成熟和心态的平和。至于有正方和反方，有不同的声调，更是一种"和而不同"的常态。因为年龄、职业、可支配收入、观念、偏好等不同。

企业的定价目标往往是利润最大化，但不是价格最高化。价格最高化不一定能给企业带来利润最大化（当然价格最低化也不一定是良策）。定价方略是经济科学，也是经济活动的艺术。有智慧才华的企业家，是把科学和艺术结合起来的决策高手。有的专家认为，雾里青在2800元/500g的价位，仍供不应求，提价已成为定式，提10%、20%，甚至30%都不算离谱。因为，当今市面上能见到的、有一定肥壮度的、香味好的、安全卫生状况好的"芽芯茶"已不多了。

〔姜含春、葛伟根据2008年第4期《茶叶通报》中詹罗九编写《名茶的性价比与定价方略——兼论雾里青茶定价问题》改编〕

案例分析

1. 你对安徽天方茶业(集团)有限公司推出的"雾里青茶价,您来定"的市场调查研究活动有什么想法?

2. 雾里青茶该提价吗?如是,提价10%、20%、30%都不算离谱,你是否赞同?为什么?

【案例 二】

海天"冰茶"战略调整

人们记忆中的海天"冰茶"是1993年以一个供销社为基础发展起来的饮料巨头,初期发展迅猛。1995年,海天"冰茶"销量达到5000万元。1996年,这个数字骤然升至5亿元,翻了10倍。在市场销售最高峰的1998年,海天的销售额达到了30亿元。短短几年间,海天集团一跃成为中国茶饮料市场的龙头老大。

海天的成功引来了众多跟风者的竞争。康师傅、统一、可口可乐、娃哈哈等一群"冰红茶""冰绿茶"相继出现在消费者面前。海天"冰茶"的独家生意很快就被分食、弱化了。

2001年,海天的市场份额从最初的70%跌至30%,销售额也随之大幅下降。

伴随着产品先行者的优势被削弱,管理上的问题也越来越多地暴露出来。据介绍,在渠道建设方面,不论进入哪一个城市,不论什么职位,海天集团都从本地派遣人马。但是,管理这些网点的制度规范却很滞后,总部与网点之间更多的是激励机制,少有约束机制。

海天集团实行按照回款多少来考核工作业绩的制度。有报道说,有些从集团派出的业务人员为了达到考核要求,私自和经销商商定:只要你答应我的回款要求,我就答应你的返利条件;可以从集团给你要政策,甚至允许你卖过期产品。更有些业务人员,主要精力除了用于催款和许诺,就是和经销商一起坑骗企业。

面对如此严峻的形势,海天集团开始了变革。变革的力度可以用"大破大立"来形容:

第一步是企业高层大换血。目标是将原来粗放、经验主义的管理转为量化、标准化管理。集团引进了30多位博士、博士后和高级工程师,开始接手战略管理、市场管理、品牌策划和产品研发方面的工作。

第二步是把1000多名一线的销售人员重新安排到生产部门,试图从平面管理向垂直管理转变。集团总部建立了物流、财务、技术三个垂直管理系统,直接对大区公司进行调控,各大区公司再对所属省级公司进行垂直管理。这样的人员调动是集团成立8年来最大的一次。

第三步是把集团的组织结构重新划分为五大事业部,包括饮料事业部、冰茶红酒事业部、茶叶事业部、资本经营事业部和纺织及其他事业部,实现多元化经营。

令人意想不到的是,大刀阔斧的变革并没有让产品的市场表现有所好转,相反,组织内部却先乱了起来。

在"空降兵"进入集团并担任要职后,新老团队之间的隔阂日益加深。由于公司最初没有明确的股权认证,大家都不愿意自己的那一份被低估,元老们心里想的是"当初我的贡献比你多",而新人则认为"今天我的作用比你大"。同时,1000多名一线业务人员被调回生产部门,不仅关系到个人利益的重新分配,而且关系销售渠道的稳定性和持续性。于是,矛盾不可避免地尖锐起来,企业出现了混乱。自2001年,如日中天的海天开始明显地滑落,2002年下半年,海天停止销货。一度风光无限的"海天"渐渐成为人们脑海中的一个回忆。

案例分析

1. 结合案例材料,分析海天集团进行战略调整的动因。
2. 你认为海天集团战略调整失败的原因有哪些?
3. 如你是当初海天集团的决策人,你会如何进行战略调整?

1. 市场细分化的依据是什么?
2. 茶叶企业怎样选择自己的目标市场和目标市场策略?
3. 处于不同竞争地位的茶叶企业应怎样选择自己的竞争策略?
4. 产品为什么会出现生命周期?在产品生命周期中的不同阶段,茶叶企业应采取怎样的与之相适应的营销策略?

  5.怎样调整产品组合,使之保持最佳状态?

  6.为什么说产品包装是一种重要的营销手段?茶叶企业应怎样利用这个手段?

  7.茶叶企业在定价时须考虑哪些定价因素?

  8.简述渠道的级数和基本模式。

  9.在销售促进活动中,针对消费者、中间商的策略有哪些?如何控制好销售促进活动?

  10.茶叶企业制定营业推广策略应注意哪些问题?

第 5 章 茶叶推销

茶叶推销是茶叶企业的销售人员直接与潜在顾客接触、洽谈,以达到销售茶叶产品目的,并实现茶叶企业市场营销目标的一种直接销售方法。在推销过程中,推销人员、推销客体、推销对象是三个基本要素,也是推销活动得以实现的必要因素。作为推销人员应掌握有关企业和竞争对手方面的知识,这些知识包括企业的规模大小、赊销规定、价格政策、企业的服务措施以及竞争企业的市场策略、目标市场、生产规模等。推销客体主要指推销人员负责推销的茶叶产品,推销人员应该非常熟悉茶叶产品,因为缺乏对茶叶产品知识的推销人员是很难说服顾客购买其产品。推销对象是人员推销活动中接受推销的主体,是推销人员说服的对象,即顾客。因此,本章主要从推销人员的角度介绍一个完整的推销过程,即从寻找与识别顾客、约见与接近顾客、推销洽谈、处理顾客异议到推销成交的各个环节。

5.1 寻找与识别顾客

寻找并识别顾客是一项最具挑战性、开拓性和艰巨性的工作,是推销人员推销活动的开始。科学、有效地寻找和识别顾客是成功推销的前提,关系着推销工作的成败。如果无法寻找并识别顾客,茶叶产品再好,推销人员素质再高也可能一无所获。

5.1.1 顾客的寻找

1.准顾客的含义与类型

寻找顾客,即推销人员寻找目标顾客的活动。所谓目标顾客,也叫准顾客,是指那些既能从推销的茶叶产品中受益,同时又有能力和购买决策权来购买该推销品,并且对茶叶产品有兴趣可能成为企业顾客的组织或个人。寻找准顾客是推销过程中的首要环节，是制订推销计划和确定有关推销策略的前提条件，是提高推销成功率的保证。

在推销活动中，一般可将准顾客分为新开发的顾客、竞争者的顾客和中止交易的顾客三种类型。新开发的顾客是有购买意向和购买力，但是还未实施购买行为的顾客。这类顾客的数量非常多，但因顾客隐蔽、戒备心理较强等因素，对于推销人员具有一定难度。竞争者的顾客是指已经购买或决定购买本企业竞争对手的茶叶产品的组织和个人。这类顾客需求明确，有购买和使用茶叶产品的经验，容易被推销人员发现，并快速建立对话，但对推销人员的介绍会表现出精明的一面，在洽谈中推销人员容易处于被动地位。中止交易的顾客是指曾经与企业有交易历史，但是由于种种原因后来没有继续购买本企业茶叶产品的顾客。推销人员应该加以重视这部分顾客，积极主动促使他们重新成为本企业的现实顾客。

准顾客是相对现实顾客而言的，消费需求的复杂多变和企业资源的有限性决定了任何一个茶叶企业都不能满足所有顾客的所有需求。也就是说，任何一家茶叶企业都不可能拥有市场上的所有顾客。准顾客与现实顾客之间互为前提、相互影响、相互制约、互相渗透，一旦时机成熟是可以相互转换的。茶叶企业想要谋求长远发展，就要在巩固现实顾客的基础上，不断地挖掘准顾客资源，实现准顾客向现实顾客的正转换。

2. 寻找准顾客的原则

现实顾客来源于准顾客，准确地识别准顾客可以帮助推销人员采取有针性的拜访和商务沟通，节约时间和金钱，提高效率。在寻找准顾客的过程中，需要遵循以下几个原则。

(1) 以满足顾客需求为依据

顾客需求，是指消费者对某种愿望的渴求及对茶叶产品的某种缺乏。它具有三个鲜明特性：首先，它不仅仅考虑顾客对茶叶的需求量，更重要的是研究顾客对茶叶质量、价格和服务的综合需求。其次，需求是指茶叶企业经过细分、定位的消费群的需求。最后，顾客所要求的不只是茶叶的实物，往往是寻求某种愿望的满足。

(2) 重视老顾客

顾客的口碑效应在于：一个满意的顾客会带来八笔潜在的交易（其中至少一笔会成交），而一个不满意的顾客会影响25个人的购买意向。老顾客的持续购买是茶叶企业发展新顾客的源泉。专业的推销人员善于从一个老顾客引申出一个甚至多个新顾客，而且成功率高，省时、省力、省钱。

（3）完善寻找顾客的方法和技巧

由于推销人员自身的素质、形象、能力不同，面对的顾客性质、爱好、条件不同，接触的时间、地点、环境不同，销售人员不可能采用同一种方式面对所有顾客，而应该在实践中仔细揣摩，结合茶叶产品的特性、顾客的范围、销售的时机综合考虑，学会用不同的方法和技巧寻找不同的顾客。

3.寻找准顾客的方法

寻找顾客是一个困难的过程，需要推销人员具备一定的业务技能和素质，同时还要付出巨大的努力，掌握了正确的方法，可能帮助推销人员提高效率、获取成功。寻找顾客的方法非常多而且具有灵活性和创造性，推销人员需要在不断总结经验的基础上，根据自己面临的具体环境，考虑主客观情况，形成属于自己的一套方法。

(1)连锁介绍法。连锁介绍法，是指推销人员请求现有顾客介绍未来可能的准顾客的方法。即由一个购买茶叶产品的顾客介绍另外一个顾客，由顾客 A 到顾客 B，再到顾客 C 和顾客 D，以建立一种无限扩展的"链条"式的顾客网。此法的使用前提是，由于顾客满意使用而建立了非常高的忠诚度和满意度。连锁介绍法的实质是运用推销人员建立的销售关系网络获取准顾客。

(2)中心开花法。中心开花法，是指推销人员在某一特定范围内发展一些有较大影响力的重要人物，并在这些重要人物的协助下把该范围内的组织和个人变成为顾客，这实际上是连锁介绍法的特殊形式。

(3)会议寻找法。会议寻找法，是指推销人员利用参加各种会议的机会来寻找顾客的方法。例如，推销人员在茶产品博览会、展评会、订货会、供货会、物资交流会、技术交流会等会议上开发新顾客。

(4)个人观察法。个人观察法又叫"现场观察法"，是通过根据推销人员个人的职业素质和能力，通过察言观色，运用逻辑判断和推理来寻找顾客的方法。这是一种古老但是有效的基本方法。

(5)资料查阅法。资料查阅法，是指推销人员通过收集、整理、查阅各种资料来寻找准顾客的方法。包括工商企业名录、统计资料、工商管理公告、协会名册、专业书报、杂志、企业销售记录、财务账目等。推销人员需注意资料的时效性和可信度。

5.1.2 目标顾客的识别

1.目标顾客的识别意义

首先，在推销过程中，推销人员选择讲求信誉、信守合同、有较强经济实力的顾客，不仅是使销售合同能顺利签订的必要条件，而且是销售合同履行的保证，因此，推销人员辨别出茶叶企业的潜在顾客,了解顾客真正要购买什么,对顾客进行需求审查、购买力评价、信用调查,建立顾客管理档案系统等,为推销奠定基础。其次,对潜在顾客进行进一步的研究选择、分析和筛选以后,可以集中精力去说服购买数量多、成交可能性大的目标顾客,减少推销的盲目性,节约时间,降低营销费用,提高推销工作的效率和效益。最后,可以避免自己所签订的经济合同成为一纸空文,避免陷入空费精力和时间的合同纠纷中,避免被诈骗。

2.顾客资格审查的内容

在推销人员寻找到潜在顾客后,还必须对潜在顾客进行资格审查。顾客资格审查一般包括需求审查、支付能力审查和信用审查这三方面内容。

(1)顾客需求审查

顾客需求审查,是指推销人员审查确定顾客是否真正需要其所推销的茶叶产品。推销人员要了解顾客真正的需求是什么,是茶叶产品本身,还是欲望的满足。同时,要审查顾客是否具有潜在需求。对于现实需求,推销人员要说服顾客,使其相信所推销的茶叶产品确实能满足其需要;对潜在需求,推销人员要帮助顾客挖掘出潜在需求、培育需求、创造需求,使顾客相信他确实存在着对推销的茶叶产品的需要。此外,还应审查顾客对茶叶产品的需求量。有需求且有相当需求数量才是合格的推销对象。如果需求数量不大,而且又是一次性的,前去推销得不偿失;如果需求量较大,且又长期需要,则应列为重点的目标顾客;如果介于两者之间,则应综合分析衡量后再做决定。

顾客需求审查要求要运用全面、联系、发展的观点对其进行系统、动态的分析,既要审查顾客的现实需求,又要考虑顾客购买的动态性,只有这样才能对顾客的需求做出一个全面、正确的评价。顾客购买需求鉴定的方法有需求层次分析法、边际效用分析法等方法。

(2)顾客支付能力审查

顾客支付能力,是指顾客能够以货币形式支付货物款项的能力,即顾客具有现实购买力。评价顾客支付能力的目的是选择有推销价值的目标顾客,防止出现被动局面。在推销工作中,推销人员不仅是要把茶叶产品卖出去,更重要的是要把货款收回来。对于个人或家庭购买者,推销人员可以对目标顾客的收入水平、职业稳定性、职业发展前景以及家庭生活状况等方面进行审查。对于组织购买者,推销人员可以从目标企业的整体经营状况、财务状况、目标企业茶叶产品的市场销售状况等不同角度进行审查,包括茶叶企业的财务状况、生产状况、资金状况、公司人员构成、经营能力和销售等。

在我国,推销人员可以通过从政府部门、工商管理部门、税务部门、财务审计部门、银行、企业内部,甚至大众传播媒体所报道、提供的资料等多种方式和途径对顾客的支付能力进行审查。

(3) 顾客信用审查

顾客信用审查,是指推销人员审查顾客有无进行诈骗或违法的劣迹,从业人员是否有不良记录,有无违约、推付或拖欠货款,蓄意刁难货主等不良现象。推销人员可利用金融机构、专业资信调查机构、顾客行业组织进行调查,甚至对顾客企业内部调查。调查完成后,应编写顾客信用调查报告,及时报告给主管领导。推销人员如发现自己所负责的顾客信用状况发生变化,应直接向公司报告,按公司的明确指示进行处理。例如,对于信用状况恶化的顾客,推销人员可以采用减少供货量或实行发货限制、要求顾客提供担保人和连带担保人或增加信用保证金等对策。

5.2 约见与接近顾客

一般来说,推销人员有了顾客名单并对顾客资格进行审查之后,推销人员需要对约见的目标顾客资料进行充分的准备,同时也需要对自己的知识、心态、仪表、日程以及约见策略等进行准备,然后设计接近顾客和面谈计划,谋划如何开展推销洽谈的过程。

5.2.1 约见顾客

1. 顾客约见的含义

顾客约见,也叫商业约会,是指推销人员事先征得顾客同意,对顾客进行推销访问的行为过程。成功地约见顾客可以有利于推销人员自然、顺利地接触顾客,避免突然拜访的盲目性,推销人员还可以根据约见顾客时获得的信息,对顾客各个方面的情况有个初步的认识和判断,从而有助于制订科学合理的推销计划,提高推销工作的效率。

2. 顾客约见的内容

约见的基本内容就是要确定推销访问的对象、事由、时间和地点,也就是要明确"四何",即何人、何事、何时、何地。推销人员约见顾客的具体内容要根据推销人员与推销对象关系的密切程度、面谈需要等具体情况来确定。

(1) 确定约见对象

参与购买决策的所有人员在购买过程中扮演着不同的角色:发起者、影响者、决定者、购买者、使用者。一人可以扮演一个或多个角色,不同的角色发挥着不同的作用。

推销人员经过约见准备后,要约见的是对购买行为具有决策权或对购买活动有重大影响的人。推销人员可以通过察言观色、"一网打尽"所有参与者等方面选定具有购买决策的准顾客。

(2)明确约见目的

任何人都不会接受无理由的约见,所以约见顾客要有充分的理由,使对方感到约见的重要性和必要性。为了使顾客易于接受,推销人员应针对不同的顾客设计每次访问的理由。常见的约见理由有以下几种:推销商品、提供服务、赠送样品、签订合同、收取货款、走访顾客、市场调查等。

(3)约定拜访时间

约见顾客应当与其约定一个面谈的准确时间。访问时间是否适当,直接关系到整个推销工作的成败。确定拜访时间是约见顾客的一个重要内容,时间的选择会对推销的效果产生一定的影响。推销人员在约定拜访时间的时候应考虑顾客的工作节奏与习惯、心理时间规律等因素,选择恰当的时间。在实际的推销工作中,具体的约见时间应该因约见对象、约见事由、约见方式等不同而有所区别。

(4)选择约见地点

由于约见对象、理由不同,约见的地点也应有所不同。不同的约见地点,条件不同、氛围不同,拜访所达到的效果也有所差别。约见地点的基本原则是方便顾客、有利于推销工作。从现代推销实践来看,一般约见地点可以是顾客的办公室、家庭和社交场所等。

3.约见顾客的方式

推销人员要达到约见顾客的目的,不仅要考虑约见的对象、时间和地点,还必须认真地研究约见顾客的方式和技巧。

(1)当面约见法。当面约见法,是指推销人员与顾客面对面约定见面的时间、地点、方式等事宜的方法。这种方式简便易行,通过面对面的交流,可靠度比较高、能够针对一些复杂的问题和细节进行细致解释和解决。推销人员可以及时了解顾客的反应,迅速消除顾客疑虑,增加亲近感,甚至可以建立信任与友谊关系,但容易受地理条件、时机的限制。

(2)电话约见法。电话约见法,是指推销人员通过电话约见顾客的方法。它针对性强、可以在短时间内接触更多的潜在顾客,是一种效率极高的约见方式。电话约见准顾客的首要原则是:打电话的唯一目的是确保预约成功,而不是进行推销,推销是面谈时的任务。推销人员在电话约见时要做到:吐字清晰、用词恰当、声音优美、语气平稳、语言简练、理由充分、重点突出、礼貌待客等。

(3)信函约见法。信函约见法,是指推销人员利用各种信函约见顾客的方法。约见顾客的信函方式主要有个人信件、单位公函、会议通知、明信片、便条等,也可以采用现代邮政方式主要有平信、挂号信、快件、特快专递等。推销人员不仅要重视信函内容的真实性,还应重视信函写作的艺术性,从而使传递的信息准确、真实、可靠,而且易于引起顾客的兴趣与信任。信函约见的优点是正式庄重、费用较低、方式简便,信息一般能准确地传递给目标顾客。信函约见的缺点是花费时间和精力较多,信息反馈率低,也可能无法保证能到达收信人手中。

(4)广告约见法。广告约见法,是指推销人员利用各种广告媒体约见顾客的方式。利用广告进行约见可以把约见的目的、对象、内容、要求、时间、地点等准确地告诉广告受众。广告约见的优点:一是约见对象较多,覆盖面广;二是节省推销时间,提高约见效率;三是能够吸引顾客主动上门约见,可以扩大推销人员的影响,树立企业形象等。其不足:一是针对性较差;二是费用高。广告约见比较适用于约见顾客较多或约见对象不太具体、明确,或者约见对象姓名、地址不详,在短期内无法找到等情况。

(5)委托约见法。委托约见法,是指推销人员通过委托第三者约见顾客的方式,也称托约。所委托的第三者,可以是推销人员的同学、师生、同事、亲朋、同行、邻居等,也可以是各种中介机构。受托人一般应与推销对象有一定的社会联系或社交关系。

(6)网络约见法。网络约见法,是指推销人员利用互联网与顾客在网上进行约见的一种方式。互联网的迅速发展为现代推销提供了快捷的工具,尤其是网上广告、电子信箱的普遍使用,加快了网上约见与洽谈的进程。网上约见快捷、便利、费用低、范围广。

上述约见方式各有利弊,在推销实践中应综合利用,灵活运用,经常体悟,积累经验。

5.2.2 接近顾客

1.接近顾客的准备

接近顾客,就是指推销人员为推销洽谈的顺利开展,而与推销对象正式接触的过程。首先,推销人员应做好前期准备工作。充分的前期准备工作,可以提升推销见面的信心,确保态度从容不迫、言辞举止得当,使推销迅速破题并顺利展开。其次,制订面谈计划。面谈计划的内容要因人而异,要根据推销人员所面临的推销问题的不同而有所变化。例如,走访的具体顾客应从所拟定的潜在顾客名单上挑选一个人或一个顾客群,注意视工作时间与推销难度以及以往的推销经验来确定人数，根据交通和顾客地点来选择几个走访方便的顾客。最后，制定接近目标顾客的策略。推销人员在接近目标顾客前应根据顾客的旅途经历、爱好等准备中性话题，见面后容易引起共鸣，有利于创造和谐气氛。在接近顾客时，要善于创造条件，提供充足的理由促使顾客倾听其建议，让顾客知道能为他解决什么问题，能使他获得哪些利益，引导顾客转入洽谈正题。

2.接近顾客的方法

接近顾客是一项非常灵活而且具有创造性的活动。因此，根据顾客的不同情况，推销人员要采取不同的方法和技巧。

(1)介绍接近法。介绍接近法，是指推销人员通过自我介绍或者他人介绍接近顾客的方法。这是最常见的一种接近顾客的方法，每个推销人员都必须熟练掌握。推销人员应该努力扩大自己的社交圈，争取有关人士的引荐，但要注意尊重介绍人的意愿，不可以强人所难。

(2)产品接近法。产品接近法，是指推销人员直接利用推销的茶叶产品引起顾客的注意和兴趣，从而转入洽谈的接近方法。顾客购买商品时，最为关注的不是推销人员的说服能力，而是茶叶的性能、品质、价格等指标。所以，产品接近法符合顾客认识和购买产品的心理过程。

(3)利益接近法。利益接近法，是指推销人员利用顾客追求利益的心理，向顾客介绍茶叶产品能带来的利益、好处，引起顾客的注意和兴趣，从而转入面谈的接近方法。从现代推销原理来看，利益接近法是一种最有效、最有力的接近顾客的方法，不仅符合顾客求利的心理，而且符合商业交易互利互惠的基本原则。但需要注意对产品利益的陈述要打动顾客的求利心理，但必须实事求是，不可以夸大其辞。

(4)提问接近法。提问接近法，是指推销人员利用提问方式或与顾客讨论问题的方式激发的注意力和兴趣点，进而顺利过渡到正式洽谈的一种方法。推销人员在提问和讨论的过程中，要善于引导顾客去思考和分析，循循善诱地回答问题，从而将顾客的需求和茶叶产品有机联系起来。同时，应注意表述明确、突出重点。

(5)请教接近法。请教接近法，是指推销人员虚心向顾客讨教问题，利用这个机会，以达到接近顾客目的的一种方法。多数顾客都有一些"自以为是"的心态，推销人员若能登门求教，自然会受到欢迎。在具体应用中应该注意：态度诚恳、语言谦逊，赞美在先、求教在后，求教在先、推销在后。

(6)馈赠接近法。馈赠接近法，是指推销人员通过赠送礼品来引起顾客注意和兴趣，以达到迅速接近顾客的方法。馈赠接近法是根据人们互相礼仪、谦让的心理来增加好感的方法演变而来的。

(7)赞美接近法。赞美接近法,是指推销人员利用顾客的虚荣心来引起顾客的注意和兴趣,进而转入正式洽谈的接近方法。赞美接近法的实质是推销人员利用人们希望被赞美的心理来达到接近顾客的目的。使用赞美接近法应注意:赞美要分对象、分场合,要有依据,要发自内心的赞美。

5.3 推销洽谈

所谓推销洽谈,是指推销人员要运用各种方式、方法和手段,向顾客传递推销信息,并设法说服顾客购买茶叶产品的过程,是买卖双方为达成交易,以便维护各自的利益,满足各自的需要,就共同关注的问题进行沟通与磋商的活动过程,也称交易谈判。推销洽谈是整个推销过程进入实质性阶段的标志,也是关系到整个推销成效、推销成败的关键环节。

5.3.1 推销洽谈概述

1.推销洽谈的目标。洽谈的目标不仅取决于顾客购买活动的一般心理过程,而且取决于推销活动的发展过程。通常情况下,推销人员通过推销洽谈要完成以下四个方面的目标。

(1)传递商品信息。在洽谈之初,推销人员要将自己掌握的有关信息迅速传递给顾客,以帮助顾客尽快认识和了解茶叶产品以及茶叶企业的情况,增强顾客对茶叶产品以及茶叶企业的好感,诱发顾客的购买兴趣,为顾客进行购买决策提供信息依据。

(2)激发购买动机。购买行为是受购买动机支配的,而动机又源于人的基本需要。因此,推销人员要善于让顾客发表见解,尽量从他们的话语中了解、找到其真实需求,并投其所好地开展推销洽谈。同时,在推销洽谈中针对顾客的需求以及茶叶产品的特点展示茶叶产品的功能,满足顾客需求。只有当顾客真正认识到茶叶产品的功能和利益,切实感受其所带来的满足感,才能产生购买动机,最终产生购买行为。

(3)引起购买欲望。推销人员向顾客传递商品信息,展示茶叶产品,并妥善处理顾客异议后,顾客便认可了该产品,承认其确有好处,也正好满足顾客的需求,但还不等于就一定会采取购买行为,顾客只有想买才有可能买。因此,顾客的购买欲望不仅来源于理智,还取决于顾客当时的情感。推销人员除了要向顾客证实他对茶叶产品有某种需要外,还应该提出一些有吸引力的建议,顾客也许会在建议中找到他要购买茶叶产品的理由。

（4）采取购买行为。有时由于顾客选择机会很多，难免会犹豫不决，出现反复行为，推销人员必须准确把握顾客购买决策的心理，利用各种手段去刺激顾客的购买欲望，站在顾客的角度，分析利弊关系，并最终促使其尽快采取购买行为。

2.推销洽谈的原则

推销洽谈的原则是推销人员在推销过程上的行为准则。推销人员要遵循以下原则。

（1）针对性原则。针对性原则，是指推销人员必须服从推销目的，使洽谈具有明确的针对性。根据推销目的的不同，可以针对顾客购买动机、心理特征、需要、敏感程度开展洽谈。推销人员在组织洽谈的过程中，必须根据顾客的特点，设计合理的洽谈方案，增强产品的竞争能力，从而力争取得成功。

（2）诚实性原则。诚实性原则，是指推销人员在推销洽谈过程中切实对顾客负责，真心诚意与顾客进行推销洽谈，做到讲真话、卖真货。

（3）鼓动性原则。鼓动性原则，是指推销人员在推销洽谈中用自己的信心、热心和诚心，以自己丰富的知识有效地感染顾客，说服和鼓动顾客采取购买行动。推销洽谈中，鼓动性会大大提高推销洽谈成功的概率。为此，推销人员应尽量提高推销洽谈的鼓动性效果。

（4）倾听性原则。倾听性原则，是指推销人员在推销洽谈过程中，要注意倾听顾客的意见与要求。推销人员应该辩证地看待顾客的个体差异，辩证地看待茶叶产品，辩证地看待推销过程，客观地评价产品的优点，承认产品的缺点。

（5）参与性原则。参与性原则是指推销人员在推销洽谈过程中，积极地设法引导顾客参与推销洽谈，促进信息双向沟通，增强推销洽谈的说服力。坚持参与性原则要求推销人员尽量与顾客同化，以消除其心理防线。推销人员要与顾客打成一片，急顾客所急，想顾客所想，表现出与顾客同样的兴趣和爱好、同样的习惯和背景等都是与顾客同化的方法，其作用在于取得顾客的认同感。

3.推销洽谈的程序

推销过程的关键性阶段是推销洽谈，这是一个循序渐进的过程。一般而言，推销洽谈的完整流程可分为准备阶段、摸底阶段、报价阶段、磋商阶段和协议阶段五个不同的阶段。这五个阶段从时间序列上环环相扣。

（1）准备阶段。受诸多可控因素与不可控因素的影响，推销洽谈是一项较为复杂的推销工作，局面更为复杂。为了达到推销洽谈的预期目的，必须做好充分的准备，包括人员准备、洽谈时间、地点、顾客资料、产品样品、证明资料、洽谈目标、洽谈策略等内容。

(2)摸底阶段。在洽谈的摸底阶段，在轻松、友好、愉快、和谐的气氛中双方分别进行一个开场陈述，初步表明自己的意向和态度。各方要将各自的立场、要求作全面、粗略的叙述，同时要听取对方的陈述。陈述的内容主要有：己方对问题的理解、己方的利益、己方为了合作可以做出哪些让步等。开场陈述要点到为止，要做到简明扼要，使对方能够很快理解，展开沟通与交流。

(3)报价阶段。在洽谈的报价阶段，推销人员在了解了顾客，判明了顾客真正的目标之后，在顾客可以接受的范围内，结合自己的推销目标，正式提出一系列交易条件。一般而言，对方询问价格是报价的最佳时机；报价时出价既要尽可能地高，以最大限度地实现自身的利益，又要具有被对方接受的可能性，且要严肃、认真、果断，并留有余地。

(4)磋商阶段。磋商阶段，是指洽谈双方为了各自的利益、立场，寻求双方利益的共同点，并对各种具体交易条件进行磋商和商讨，以逐步减少彼此分歧的过程。推销人员要极力阐述自己的立场、利益的合理性，施展策略和手段，企图说服对方接受自己的主张或做出一定程度的让步。积极、充分、恰到好处的妥协与让步是解决彼此分歧、达成协议的一种基本策略和手段。在没有真正把握对方意图和想法的时候，不可轻易做出妥协、让步。让步应坚持以下原则：不做无利益的让步；不做同等幅度的让步；不要过早的让步；每次让步幅度不宜太大。

(5)协议阶段。当洽谈双方进行实质性的磋商后，经过彼此的妥协、让步，双方的重大分歧消除，意见逐步统一，趋势逐渐明朗时，推销人员应主动把握好时机，用言语或行为向对方发出成交的信号。当买方明确表示愿意成交时，推销方应对最后成交的有关问题进行归纳和总结，双方要根据已经讨论的各项内容起草一个协议。在协议拟好之后，双方应就协议的每一个细节进行审核，以免由于一时的疏忽，对日后协议的实际履行造成影响。当协议经过审核无误后，洽谈双方开始履行正式的签约手续。

5.3.2 推销洽谈的策略与技巧

1.推销洽谈的策略

推销洽谈的策略，是指为了达到特定的推销目标而预先制定的计谋和方略。通常情况下，应针对特定的推销任务事先制定相应的推销策略。在洽谈过程中，采用合适的洽谈策略，可以起到事半功倍的作用，创造和保证良好的洽谈氛围。常见的推销策略有以下几种。

(1)揣摩顾客心理策略。在与顾客进行洽谈之前,掌握顾客的基本情况,如需求、工作,就会知道顾客的购买心理,就能做到心中有数,可以有准备地与顾客进行推销洽谈。

(2)为顾客着想策略。推销人员如果能知道顾客在想什么,想顾客所想,推销洽谈将更富有成效。

(3)寻找共同点策略。人们都喜欢听到赞美的或与自己意见相同的话语,对于不同的意见,刚开始总是难以接受。从共同点开始,推销洽谈将变得容易进行下去。

(4)察言观色策略。推销人员要密切观察顾客的言谈举止、态度和意见,根据顾客的反应来调整自己的推销方案,小心谨慎地进行洽谈。

(5)运用事实策略。推销人员用事实支持自己的观点是取得顾客信任、说服顾客的便捷之道。运用事实时,推销人员少说空话、套话,尽可能具体地展示事实、运用事实。

(6)参与说服策略。在推销洽谈中,如果推销人员把一个意见说成是自己的,容易找来顾客的攻击,因为攻击显示了顾客存在的价值。但是,推销人员如果把自己的意见"装扮"成顾客的意见,在提出自己的意见之前,先问顾客如何解决问题,并表达出对顾客意见的赞同,承认顾客意见具有新意。然后,将自己的意见嫁接上去,就不会招致顾客的反对。

(7)先发制人策略。在推销洽谈中,事先估计顾客有可能提出的有关问题,推销人员抢先摆出来,并根据顾客的实际情况将问题解决,排除成交的潜在障碍。这种策略的好处在于:把握洽谈的主动权、调节洽谈气氛。但在运用此策略时要注意以下三个方面的问题:首先,一定要充分正确地分析和判断对方可能提出的问题;其次,自己的解决方案一定要有说服力;最后,一定要善于寻找发动攻击、提出问题的最佳时机。

(8)曲线求利策略。在推销洽谈中,当双方互不相让,陷入僵局时,为争取主动,推销人员可以选择对方不易察觉的突破口,避开正面阻挡进攻的障碍,让对方在交谈中、不知不觉中承认自己观点的策略。

(9)扬长避短策略。在推销洽谈中,为吸引顾客注意、促成交易,适时采用扬长避短策略是必要的。特别是对某些过分挑剔并借此压价的顾客。

(10)调和折中策略。在推销洽谈处于僵持局面时,由一方提出折中调和方案,即双方都做出一些让步以达成协议的策略。

2.推销洽谈的技巧

推销洽谈是一项技巧性和艺术性都很强的工作,随着茶叶产品、推销对象、推销环境的不断变化，每一次推销洽谈都会有不同的特点和要求，对推销人员来说都是一个极大的挑战，推销人员要根据具体情况具体分析，灵活机动地进行推销谈判。

(1)倾听技巧

在推销洽谈中，倾听能够赢得顾客的好感、减少或避免失误，有利于判断顾客的主要意图。要想获得良好的倾听效果，推销人员应该专心致志、有鉴别地、积极地倾听，不能因反驳而结束倾听。

(2)语言技巧

洽谈语言应委婉、含蓄、幽默，措辞得当。推销人员要善于运用提问的技巧，及早触及与推销有关的问题及揭示顾客真正动机；要掌握回答的技巧，把顾客的提问尽可能讲清楚，使顾客得到答复；还要有叙述的技巧，不仅准确表达自己的观点与见解，而且表达得有条有理、恰到好处。在语言应用时推销人员一定要自信，不卑不亢，适当恭维，用对方听得懂的语言来进行交流，避免引起不必要的异议。

(3)说服技巧

洽谈中能否说服顾客接受自己的观点，是推销能否成功的一个关键因素。由于顾客的学识、修养、个性、习惯、兴趣等的不同，自然对于各种人、事、物的反应及感受也会有相当大的差异，因此必须区别对待不同类型的顾客，才能事半功倍。例如，对于优柔寡断型的顾客，推销人员应以忠实的态度，主动、热情、耐心地做介绍并解答提出的问题，要让他觉得你是可信赖的人，然后帮助他做出决策。说服技巧包括把握时机、耐心细致、寻找共同点、消除顾客的疑虑、循序渐进等方面。

5.4 处理顾客异议

从寻找与识别顾客、约见与接近顾客、推销洽谈，甚至于与顾客成交签约的每一个步骤中，顾客都有可能提出异议。特别是在推销洽谈阶段，正确处理顾客的异议非常的关键。只有懂得顾客异议的产生原因和处理技巧，才能冷静地化解顾客的异议。

5.4.1 正确认识顾客异议

1. 顾客异议的定义

顾客异议，是指顾客对推销人员或其推销的茶叶产品、推销活动所做出的一种形式上表现为怀疑、否定或反面意见的反应。顾客在购买活动中有异议是绝对的，没有异议是相对的。

顾客异议是对销售行为的必然反应，具有双面性：一方面，顾客异议向推销人员表现出疑虑，是成交的障碍；另一方面，顾客异议向推销人员提供了有价值的信息，是成交信号。因此，我们应该用辩证的方法从正反两个方面看待顾客异议。

2. 顾客异议的类型

虽然顾客异议的表现形式很多，但仍可归纳为以下几种类型。

(1)需求异议。需求异议，是指顾客以自己没有这种茶叶产品需求提出异议。这方面的原因有两个：第一，真的不需要，可能他已经有了；第二，顾客需要，只是没有决定购买。如果推销人员确认顾客没有对茶叶产品的需求，应立即停止具体的产品推销活动，转而只推销自己；如顾客确实存在着对推销产品的需求，但提出异议时，应针对具体情况给予处理。例如，进行解释、说明和诱导等。

(2)产品异议。产品异议，是指顾客对茶叶产品的质量、式样、设计、规格、服务等方面提出质疑。这表明顾客对这种产品不够了解，虽具有比较充分的购买条件，却存在自身的购买习惯或偏见，而不能形成购买。

(3)价格异议。价格异议，是指顾客认为茶叶产品价格过高或过低而提出的异议。这是顾客最容易提出来的问题，也是最常见的一种异议。在大多数情况下，价格异议来自外部环境因素、顾客的消费习惯及购买经验、广告宣传、社会公众的舆论倾向、顾客的自身素质和认识水平等方面。讨价还价是购买习惯，可以用茶叶质量、款式等打消这种价格异议。

(4)货源异议。货源异议，是指顾客对推销茶叶产品的来源提出异议。当顾客提出货源异议时，表明顾客愿意按照推销人员的报价购买这种产品，只是不愿意向这位推销人员及所代表的公司购买。在企业信誉不佳、同行竞争激烈等情况下，顾客可能产生货源异议。

(5)推销人员异议。推销人员异议，是指顾客针对个别推销人员而提出的异议。顾客提出这一异议，表明顾客愿意购买这种茶叶产品，只是不信任、不喜欢或不愿向特定推销人员购买。无论哪种原因引起的推销人员异议，推销人员都应该很好地反省自己，从自身方面进行努力，消除顾客异议；企业应该全面提高推销人员的素质，避免类似的异议产生，迫不得已的情况下，可以调换推销人员。

(6)购买时间异议。购买时间异议，是指顾客通过有意拖延购买时间来拒绝推销或达到其他目的的一种购买异议。时间异议很可能是一个有效异议，处理得好，可以很快地促成交易。这一点推销人员可以从推销阶段进行了解，也可以从顾客的特征等方面进行分析判断。例如，在推销活动刚开始时出现的时间异议，应该按照"推销接近顾客"的各种技巧进行处理。

(7)权力异议。权力异议,是指顾客以缺乏购买决策权为理由提出的一种反对意见。权力异议有真实和虚假之分。真实的权力异议是推销活动的直接障碍,推销人员应对顾客的购买权力进行认真分析,找准目标顾客。虚假的权力异议,应看作顾客拒绝推销人员的一种借口,要采取适当的转化技巧进行化解。

5.4.2 顾客异议的产生原因

只有了解顾客异议的产生原因,并针对原因采取有的放矢的对策,才能真正有效地化解顾客异议。引起顾客异议的各种原因之间互相联系、互相影响,有时也可以相互转化。这里将形成顾客异议的原因分为以下几种类型。

(1)来自顾客方面的原因

顾客是推销的对象。购买商品的是顾客,提出异议的也是顾客。因此,顾客异议首先表现在顾客方面。来源于顾客方面的障碍主要表现如下。

①顾客需求原因。顾客需求的多样性、层次性、伸缩性,必然导致其购买行为的多样性和变化性,这主要表现为推销过程中顾客必然会以各种不责骂的反对意见来"约束"其购买行为的顺利实现。

②顾客认知原因。顾客认知可能带有更多的主观性,这通常受其知识结构、信息等因素影响。顾客就自己的认知而提出异议,表明顾客对茶叶产品产生了真正的兴趣,那么推销人员要耐心地向顾客解释并谦虚地处理异议。

③顾客支付能力原因。支付能力是实现顾客购买需求的重要物质基础。如果顾客缺乏支付能力,就会拒绝购买或可能希望以延期付款、分期付款或者赊销等付款方式购买茶叶产品。

④顾客购买经验原因。当推销人员的推销与顾客的购买经验、购买习惯不符时,顾客就会提出购买异议。此时,推销人员应从认知的角度进行科学的分析,做好耐心的解释与转化工作,以达到有效处理顾客异议的目的。

⑤顾客偶然因素原因。如果推销人员在说服顾客购买时,没有考虑到顾客由于家庭失和等因素造成心情不好,就很容易造成购买异议。对此,推销人员应细心观察、及时判断,以免阻碍推销工作的顺利开展。

(2)来自茶叶产品方面的原因

茶叶产品是推销的客体,是一个质量、价格、服务等因素的集合体。因此,来自茶叶产品方面的异议也是多方面的。

①茶叶产品的质量。茶叶产品的质量包括茶叶产品的性能、规格、包装等。如果顾客对推销的茶叶产品的某一方面存在疑虑、不满,如购买某种茶叶产品的效用,便会产生异议。推销人员要耐心听取顾客的异议,去伪存真,发掘最真实的原因,对症下药,设法消除异议。

②茶叶产品的价格。如果顾客认为茶叶产品的价格太高,不是物有所值,总是希望通过讨价还价,争取到能够接受的价格后才进行交易。对此,推销人员必须加强学习,掌握丰富的茶叶产品知识、市场知识和一定的推销技巧,提高自身的业务素质。

③茶叶产品的销售服务。在日益激烈的市场竞争中,顾客对销售服务的要求越来越高,销售服务的好坏直接影响到顾客的购买行为。对企业来讲,销售服务是市场竞争中最有效的手段,推销人员为减少顾客的异议,应尽其所能,为顾客提供一流的、全方位的服务,以赢得顾客,扩大销售。

(3)来自推销人员的原因

推销人员是企业形象的代表,推销人员的行为在一定程度上代表企业行为。推销成功与否和推销人员的因素有很重要的关系。推销人员必要掌握大量政治、经济、文化、科技、自然及各种产品知识与信息,并且加强与顾客的交流和沟通。在推销过程中,推销人员不仅应以诚挚的态度赢得顾客的好感、信任,而且以顾客可以理解与接受的方式向顾客提供相关信息、证据,为顾客当好购买决策的参谋,就能顺利完成推销工作。

5.4.3 处理顾客异议的原则与方法

1. 处理顾客异议的原则

(1)事前做好准备

"不打无准备之仗",是指推销人员战胜顾客异议应遵循的一个基本原则。推销人员在走出公司大门之前,就要将顾客可能会提出的各种异议罗列出来,然后考虑一个完善的答复。面对顾客的异议,做一些事前准备可以做到心中有数、从容应对,反之,则可能惊慌失措、不知所措,或不能给顾客一个圆满的答复以说服顾客。国外的许多企业经常组织一些专家来收集顾客的异议,制定标准应答用语,并要求推销人员牢记、运用。

(2)选择适当时机

对于顾客提出的异议,在什么时候给予答复或解释,是推销人员对时机的处理问题,一般需要根据顾客的个性特点、异议的性质、答复的可信度以及双方洽谈的状况来决定。

①提前析异。推销人员从顾客的表情、动作及谈话的用词和声调觉察到顾客准备提出异议时,主动提出来并给予解释,按自己的措辞婉转地表达顾客异议,从而避免因纠正顾客看法或反驳顾客的意见而引起不快。

②立即回答。当遇到比较明显、易于回答的异议时,应立即答复。这样既可以促使顾客购买,又显示对顾客的尊重。

③延时回答。当遇到含义费解、无关大局或一时难以解释的异议时,应拖延一段时间再答复,以免造成曲解或不能自圆其说。

④不予回答。对于顾客的一些借口、明知故问的发难,或善意的玩笑、戏言等,则可以装作没听见、答非所问等方式处理。

(3)不要与顾客争辩

不管顾客如何批评,推销人员永远不要与顾客争辩,争辩是销售的第一大忌,它不是说服顾客的好方法。与顾客争辩,失败的永远是推销人员。正如一句销售的行话:"占争辩的便宜越多,吃销售的亏越大。"首先,推销人员应时刻牢记提出异议的顾客是合作伙伴,而不是与之抗争的敌人。其次,推销人员应树立"顾客总是有道理"的理念,要明确推销的目的在于达成交易,满足顾客的需要。

(4)尊重顾客的想法

顾客的想法和意见无论对还是错、深刻还是幼稚,推销人员都不能表现出轻视的样子,应双眼正视顾客、面部略带微笑,表现出全神贯注的样子,多问"为什么",引导顾客回答自己的异议。另外,询问应该越开放越好,尽量让顾客说出异议的全部。有一句推销格言:"如果你说出来,他们会怀疑;如果他们说出来,那就是真的。"

2. 处理顾客异议的方法

由于顾客异议的具体类型和产生原因是多种多样的,并且其表现形式以及发生的时间、地点、环境条件也各不相同,因此,处理顾客异议的方法也是各种各样。一般说来,处理顾客的异议有如下六种方法。

(1)忽视法。忽视法就是当顾客提出一些反对意见,这些意见和眼前的交易扯不上直接关系时,推销人员只要面带笑容,表面同意他就行。对于一些"为反对而反对"或"只是想表现自己的看法高人一等"的顾客意见,如果认真地处理,不但费时,而且会引出其他细节问题。因此,推销人员只要让顾客满足了表达的欲望,就可采用忽视法迅速引开话题。例如,微笑点头(表示"同意"或表示"听了你的话")、"您真幽默""嗯!高见!"等。

(2)询问法。询问法,是指推销人员对顾客不明确的、不好理解的异议,向顾客进一步询问,以了解顾客真正需要的异议处理方法。在实际推销过程中,首先,透过询问可以把握住顾客真正的异议点。推销人员要善用"为什么"。当你问为什么的时候,顾客必然会做出以下反应:他必须回答自己提出反对意见的理由,说出自己内心的想法;他必须再次检视他提出的反对意见是否妥当。此时,推销人员能听到顾客真实的反对原因及明确地把握反对的项目,也有较多的时间思考如何处理顾客的反对意见。其次,透过询问,还可以直接化解顾客的反对意见。

(3)但是法。但是法也称为间接处理法,是指推销人员根据有关事实与理由间接否定顾客异议的一种处理方法。这种方法对顾客异议不直接提出反对的意见,在表达不同意见时,先对顾客的异议表示同情、理解,或者仅仅是简单地重复,使顾客心理有暂时的平衡,然后用转折词"但是""如果"把话锋一转,再对顾客异议进行婉转的反驳。人有一个通性,不管有理没理,当自己的意见被别人直接反驳时,内心总会感到不快,尤其是遭到一位素昧平生的推销人员的正面反驳。但是法有利于保持良好的销售气氛,推销人员的意见容易为顾客接受。例如,向顾客推荐鲜香型铁观音,顾客说:"这种茶叶保存的时间不能太久,香味也容易消退。"推销人员说:"您说得完全正确,如果与浓香型铁观音及红茶相比,鲜香型铁观音的确较难保存长久。但我们都对茶叶进行真空小包装,只要您能够放在冰箱中低温冷冻,可保存两年以上不退味。"

(4)太极法。太极法取自太极拳中的"借力使力"。太极法用在销售上的基本做法是:当顾客提出某些不购买的异议时,推销人员立刻回复说:"这正是我认为您要购买的理由!"也就是推销人员能立即将顾客的反对意见,直接转换成为什么他必须购买的理由。太极法能处理的异议多半是顾客通常并不十分坚持的异议,特别是顾客的某些借口,其最大的目的是让推销人员能借助与处理异议,而迅速地陈述它能带给顾客的利益,以引起顾客的注意。

(5)补偿法。补偿法,是指推销人员利用顾客异议以外的茶叶产品的优点来抵消顾客异议的处理方法。如果顾客提出的异议有事实依据时,推销人员应该承认并欣然接受,强力否认事实是不明智的举动,但要设法给顾客一些补偿。例如,顾客说:"你这款茶叶包装设计非常棒,令人耳目一新,可惜啊,品质不是最好的。"推销人员说:"某某先生,您真的很厉害,这款茶的品质属于中端产品,的确不是最好的。若选用高端产品的话,售价可能要比现在这个价格高出好几倍了。"世界上没有一样十全十美的产品,补偿法能有效地弥补产品本身的弱点。但是,运用补偿法时应注意:推销人员事先应收集足够的商品评价资料并随身携带,以便及时提出补偿意见。

(6)直接反驳法。直接反驳法,是指推销人员根据较明显的事实与理由,直接否定顾客异议的一种处理方法。一般来说，不要直接反驳顾客，因为这容易陷于顾客争辩而不自知，往往事后懊悔，并很难再挽回。在实际推销活动中，对于因顾客的无知、误解、成见、信息不足而引起的有明显错误、漏洞、自相矛盾的有效异议，正确、灵活地应用直接反驳法来处理顾客异议，不仅可以加大说服力和反馈速度，还可以给顾客一个简单明了、不容置疑的解答。但是，使用直接反驳法时，在遣词造句方面要特别留意，态度要诚恳，要本着"对事不对人"的原则，切勿伤害顾客，要让顾客感受到你的专业与敬业。

5.5 推销成交

通过成功的洽谈，知道顾客有成交意愿后，推销人员应及时把这种推销活动的成交意愿以正式合同的形式固定下来。因为只有签署了正式的合同，业务关系才算正式建立。成交是推销活动的重要环节之一，是双方推销成功的标志，也是履行合同的开始。

5.5.1 推销成交的信号识别与策略

推销成交是顾客接受推销人员的建议及推销演示，并且立即购买推销茶叶产品的行动过程，是推销洽谈的继续。成交是推销人员的根本目标，是整个推销工作的核心，其他各项工作都要围绕这一核心进行。

1. 推销成交的信号识别

成交信号，是指顾客在语言、表情、行为等方面所泄露出来的打算购买推销茶叶产品的一切暗示或提示。推销人员要善于观察顾客的言行，捕捉各种成交信号，以便及时促成交易。这里的成交信号主要有表情信号、语言信号、行为信号三种。

(1) 表情信号。表情信号就是从顾客的面部表情和体态中所表现出来的一种成交信号。一个人的表情能够反映出这个人的内心世界。当顾客显示出认真的表情，并把销售人员所提出的交易条件与竞争对手的条件相比较时，你就可以提出成交的要求了。通常眼睛注视、嘴角微翘或点头赞许等都是顾客的心理感受，均可以视为成交信号。

(2) 语言信号。语言信号，是指顾客通过询问使用方法、价格、保养方法、注意事项、售后服务、交货期等相关内容之后，所表露出来的赞叹、喜欢、信任、请教、询问等成交信号。例如，提出要求，陈述反面意见；要求对商品进行演示；提出问题，使用讽刺挖苦的语言；赞成你的意见；等等。

(3) 行为信号。行为信号，是指通过观察顾客体态、行为表现来判断和识别顾客成交意向的方法。例如,顾客不由自主地点头称是;身体自然前倾;用手触摸商品;更加靠近销售人员;顾客主动在这种商品的情报和资料;再次查看样品;等等。

2.有效的成交技巧

(1)请求成交法。请求成交法,是指推销人员直截了当地提议顾客购买推销茶叶产品的一种成交方法。这种方法是建立在推销人员坚定的自信心基础上的,是一种最直接、最简单、最基本的成交方法。它适用于老顾客、需提醒考虑购买问题的顾客、已发出购买信号的顾客。

(2)假设成交法。假设成交法,是指推销人员假定顾客已接受推销建议而直接要求顾客购买的推销茶叶产品的成交方法。这种方法是建立在推销人员有顾客将要购买,而且有能力购买的主观假定的基础上。使用假设成交法的关键是努力避免操之过急,一定要在顾客明确的购买信号后,否则可能功败垂成。例如,推销人员陈述:"我明天就给他发货。"

(3)选择成交法。选择成交法,是指推销人员向顾客提供两种或两种以上可供选择的购买方案,来促成交易的成交方法。它是假定成交法的发展,仍然以假定成交法为基础,即推销人员在假定成交的基础上,在顾客可能购买又举棋不定时给顾客的一个提示信息。这种方法可以避免令顾客感到难以下决心是否购买的问题,而使顾客掌握一定的主动权,即选择权,从而比较容易做决定。使用此方法应注意:推销人员避免向顾客提供过多的方案以及提供的选择项应让顾客做出一种肯定的回答。

(4)小点成交法。小点成交法又称为次要问题成交法或避重就轻成交法,是指推销人员通过次要问题的解决,来促成交易的一种成交方法。它是利用了顾客的成交心理活动规律。一般来说,重大的购买决策问题往往产生较大的成交心理压力,而较小的成交问题则产生较小的成交心理压力。这种方法可以创造良好的成交气氛,减轻心理障碍,也为推销人员提供了与顾客周旋的余地。小点成交法适用于各种类型的顾客,但那些坚持要自己做决定,不允许别人施加压力的人例外。

(5)从众成交法。从众成交法,是指推销人员利用顾客的从众心理,促使顾客立刻购买推销品的一种成交方法。它利用了人们的从众社会心理,创造一定从众人争相购买的社会气氛,促成顾客迅速做出购买决策。但对于个性较强、喜欢表现自我的顾客会起到相反的作用。

(6)保证成交法。保证成交法,是指推销人员通过向顾客提供某种保证来促成交易的成交方法。它是推销人员针对顾客的主要购买动机,向顾客提供一定的成交保证,消除顾客的成交心理障碍,降低顾客的购物风险,从而增强顾客的成交信心,促使尽快成交。这种方法是一种大点成交法，直接提供成交保证，直至促成交易。这种保证直击顾客的成交心理障碍，极大地改善成交气氛，有利于促成交易，但一定要做到言而有信。

（7）优惠成交法。优惠成交法，是推销人员通过提供优惠的交易条件来促成交易的方法。它利用顾客的求利心理，促成交易。这种方法有利于创造良好的成交气氛，可以促成大批量交易，提高成交的效率，但销售成本上升，可能会丧失顾客对茶叶产品的信任。该方法尤其适用于销售某些滞销品，减轻库存压力，加快存货周转速度。

（8）最后机会成交法。最后机会成交法，是指推销人员直接向顾客提示最后成交机会，而促使顾客立即购买的一种成交方法。它要求推销人员运用购买机会原理，向顾客提示"机不可失，时不再来"的机会，给顾客施加一定的压力，使顾客感到应该珍惜时机，尽快采取购买行为。这种方法关键在于把握住有利的时机，若使用得当，往往具有很强的说服力，产生立竿见影的效果，并能节省销售时间，提高销售效率。但最后机会成交法最忌讳的是欺骗顾客。

5.5.2 合同的订立与履行

买卖合同确立了买卖双方的权利与义务，规范了买卖这种市场行为，降低了社会交易成本。因此，合格的推销人员必须要学会准确、慎重地签订合同，把买卖关系以合同形式确定下来。这就要求推销人员熟练掌握签订买卖合同的基本认识和规则。

1.买卖合同及其签订

(1)买卖合同的定义

买卖合同是出卖人转移标的物的所有权于买受人，买受人支付价款的合同。在买卖合同中，转让标的物所有权的一方称为出卖人（卖方），受领标的物并支付价款的一方称为买受人（买方）。推销人员与顾客订立买卖合同后，才算真正意义上的成交，具有法律的效力。

(2)买卖合同的特征

①买卖合同是有偿合同。买卖合同是卖方向买方转让标的物的所有权，买方则向卖方给付价款。两项让渡，互为等价，这是买卖合同最基本的特征。

②买卖合同是双务合同。双务合同是指依据合同的规定，双方当事人都享有一定的权利承担一定的义务的合同。买卖合同双方当事人的权利义务是彼此对立的，一方的权利，正是他方的义务，反之亦然。

③买卖合同是诺成合同。诺成合同是相对实践合同而言。诺成合同是指当事人对

合同的标的、数量、质量、履行期限等主要内容协商一致即告成立的合同,又称"不要物合同"。买卖合同是典型的诺成合同。除另有法律规定或双方当事人另有约定以外,买卖合同自双方当事人意思表示一致,即双方达成协议之时起成立,并不以标的物的交付为要件,也不以书面形式为必要条件。

④买卖合同是不要式合同。不要式合同是相对要式合同而言。不要式合同是指当事人订立的合同依法并不需要采取特定的形式,当事人可以采取口头方式,也可以采取书面形式。除法律有特别规定以外,合同均为不要式合同。当事人订立合同,有书面形式、口头形式和其他形式,一般要求推销人员与顾客之间签订书面形式的合同。书面形式,是指合同书、信件和数据电文(包括电报、电传、传真、电子数据交换和电子邮件)等可以有形地表现所载内容的形式。

(3)买卖合同的内容

买卖合同的条款是确定买卖双方权利与义务的法律形式,是买卖合同的主要内容。一份完整的买卖合同一般包括以下条款。

①当事人的名称(或姓名)和住所

签订合同时,自然人要写上其身份证上的用名以及长期生活和活动的主要处所,法人和其他组织要写上经登记主管机关登记的名称以及其主要的办事机构所在地。在法人为合同当事人的状况下,除了列明法人的名称、住所外,还应列明法定代表人的姓名、住所。

②标的

标的,是指买卖当事人权利和义务共同指向的对象。标的条款必须明确写明标的物的名称。在订立买卖合同的时候,当事人应注意对标的的描述要尽量用通用的名称,对容易引起歧义的标的物名称要加以特别的说明。

③数量

数量,是指衡量标的物和确定当事人权利、义务大小的尺度。合同数量要准确、具体,要采用国家规定的计量单位和计量方法。但同时也应允许当事人规定一定限度内的合理误差。

④质量

标的物的质量是其质量标准和规格,也是标的内在素质和外观形态的综合反映,是满足人的需要或生产的属性。标的物的质量条款必须制定得明确和具体。对于标的物的质量,国家规定有技术标准的,双方当事人应在合同中写明标的物的技术标准及标准编号和代号;国家没有规定技术标准的,由双方当事人通过商定,在合同中明确约定。

⑤价款

价款,是指买受人取得标的物所有权所应支付的代价。对于价款支付的金额、币种、方式、支付期限以及各期比例等,都必须在合同中详细说明。价款的确定,要符合国家的价格政策和价格管理法规;价款的支付,除法律另有规定外,必须用人民币支付;价款的结算,除国家规定允许使用现金外,必须通过银行办理转账或票据结算。

⑥履行的期限、地点和方式

履行期限是当事人履行义务的时间界限,主要包括出卖方的交货时间和买受人的付款时间;履行地点是当事人完成所承担义务的具体地方,应根据标的物的法律特征或法律规定和当事人的约定而确定;履行方式是当事人履行合同与接受履行的方式,包括出卖方的交货方式、标的物的验收方式、买受人付款的方式以及结算方式等。

⑦违约责任

违约责任是合同当事人一方或双方出现拒绝履行、不适当履行或者不完全履行等违约行为后,对过错方追究的责任。买卖合同的当事人在订立该条款时应当认真对待,对此应予明确规定。当然,违约责任是法律责任,即使买卖合同中没有违约责任条款,只要未依法免除,违约方就应承担责任。

⑧解决争议的方法

合同法规定,解决合同争议有和解、调解、仲裁和诉讼四种方法,当事人应在合同中约定解决合同争议所采用的方法。要注意的是,当事人如果选择仲裁裁决纠纷,必须在合同中明确约定或事后达成仲裁协议,否则无法将争议提交仲裁。

除此之外,合同中还应包括一些特别的条款,如运输和保险、包装方式、检验、检疫标准和方法等。

(4)买卖合同签订

按照双方协商好的相关条款,起草好买卖合同之后,双方即可在约定的时间签订合同。对一些大宗的商品买卖合同,可能双方还会举行正式的合同签订仪式。

2.买卖合同的履行与变更

(1)买卖合同履行的原则

买卖合同的履行是买卖合同依法成立生效后,双方当事人按照合同规定的各项条款,全面完成各自承担的义务,以实现合同目的的行为。在合同关系中,只有合同的双方当事人都按约定完成自己应尽的全部义务才能算是买卖合同履行完毕。买卖合同的履行原则,是指合同双方当事人在完成合同规定义务的全过程中必须共同遵守的基本规则。这些原则主要有以下两种。

①全面履行原则。全面履行原则也叫正确履行原则,是指买卖双方应按照买卖合同规定的标的及其质量、数量,由适当的主体在适当的履行期限、履行地点,以适当的履行方式,全面履行合同义务。

②诚实信用原则。诚实信用原则,是指买卖双方履行合同时应根据合同的性质、目的和交易习惯认真履行通知、协助、保密等义务,其主要体现为协作履行的原则和经济合理的原则。同时,当事人在履行买卖合同时,应顾及对方的经济利益,以最小的履约成本,取得最佳的合同利益。

(2) 履行合同时双方的义务

买卖合同订立以后,买卖双方当事人应当按约定全面履行各自的义务。买卖双方当事人应当遵循诚实信用的原则,根据合同的性质、目的和交易习惯履行以下基本义务。

①通知

买卖合同当事人任何一方在履行合同过程中,应当及时通知对方履行情况的变化,遵循诚实信用原则,不欺诈、不隐瞒。

②保密

当事人在合同履行过程中,获知对方的商务、技术、经营等秘密信息,应当主动予以保密,不得擅自泄露给第三方,或者自己非法使用。

③协助

买卖合同是双方共同订立的,应当相互协助,具体体现在:当事人除了自己履行合同义务外,还要为对方当事人履行合同创造必要的条件;一方在履行过程中遇到困难时,另一方应在法律规定的范围内给予帮助;当事人一方发现问题时,双方应及时协商解决等。

(3) 买卖合同的变更

合同变更是指合同成立后,在履行前或履行过程中,因所签合同依据的主客观情况发生变化,而由双方当事人依据法律法规和合同规定对原合同内容进行的修改和补充。因而,合同的变更仅仅是指合同内容的变更,不包括合同主体的变更。

合同当事人变更合同,应当与订立合同一样,内容要明确,不能模糊不清。如果当事人对合同变更的内容约定不明确,当事人无法执行,可以重新协商确定,否则法律规定对于内容不明确的合同变更推定为未变更,当事人仍按原合同内容履行。合同变更仍需要到原批准或登记机构输手续,否则变更无效。

小 结

茶叶推销是促销策略之一，是茶叶企业的销售人员直接与潜在顾客接触、洽谈，以达到销售茶叶产品目的，并实现茶叶企业市场营销目标的一种直接销售方法。完整的推销过程包括寻找与识别顾客、约见与接近顾客、推销洽谈、处理顾客异议和推销成交。

寻找并识别顾客是推销人员销售过程的第一步。如果无法寻找并识别顾客，茶叶产品质量优异，推销人员素质高，也将面临推销失败。

顾客约见，也叫商业约会，是指推销人员事先征得顾客同意，对顾客进行推销访问的行为过程。推销人员要对约见的目标顾客资料进行充分的准备，同时也要对自己的知识、心态、仪表、日程以及约见策略等进行准备，然后设计接近顾客和面谈计划，谋划如何开展推销洽谈的过程。

推销洽谈是推销接近的后续阶段，是指买卖双方为达成交易，以便维护各自的利益，满足各自的需要，就共同关注的问题进行沟通与磋商的活动过程，也称交易谈判。在推销洽谈中，推销人员要运用各种方式、方法和手段，向顾客传递推销信息，并设法说服顾客购买商品。

顾客异议存在于寻找与识别顾客、约见与接近顾客、推销洽谈，甚至于与顾客成交签约的每个阶段，能否进入签署正式的合同这一环节关键在于正确处理顾客异议。只有懂得顾客异议的产生原因和处理技巧，才能冷静地化解顾客的异议。

推销成交是推销活动的重要环节之一，是推销成功的标志，也是履行合同的开始。通过成功的洽谈，知道顾客有成交意愿后，推销人员及时把成交意愿以正式合同的形式固定下来。因为只有签署了正式的合同，业务关系才算正式建立。

【案例 一】

"名茶奢体验，买一就送一"

徽府茶行，成立于 2005 年 3 月，是一家现代茶业品牌运营商，由安徽电视台和金鹏国际广告公司共同出资，并联合安徽农业大学茶与食品科技学院及茶叶原产地龙头加工企业组成的现代茶业企业。徽府茶行携手安徽农业大学茶与食品科技学院，创新工艺"大制法"，突破了农产品限制，实现品质稳定统一，供应充足。徽府茶行目前在合肥市高新区拥有近 $5000m^2$ 的独立生产作业场地以及 $1000m^2$ 的独立冷库，设备先进，管理有序，集茶叶干燥、分装、检验、仓储于一体，可满足徽府茶行年销量3000万元以上的生产要求。徽府茶行严把质量关，贯彻ISO9000质量体系，专业人员、专业设备进行过程质量管理，通过质量管理关键点控制，确保品质如一。

徽府茶行利用安徽电视台优势媒体安徽影视频道，经过持续3年的高频次、高密度的品牌传播推广，已成为安徽茶业强势品牌。徽府茶行全面提升茶叶内质，形味兼备，营养丰富均衡，口感鲜爽，香气悠长，使品赏体验更胜一筹。针对许多消费者因平时喜好而只喝某些品类的茶，错过了更多的名优茶所带来的美妙感受，徽府茶行于2009年4月10日至5月31日推出"名茶奢体验，买一就送一"的大型促销活动，精选绿茶、红茶、乌龙茶等上等好茶进行集萃听/盒装以充分满足消费者味蕾对多种名优茶的极致体验。在这次大型促销活动中，只要消费者购买徽府茶行以下产品，就可以获赠相应的名茶集萃听/盒。

购买一级大制毛峰270g礼盒、正品二等大制黄芽270g礼盒、一级六安瓜片270g礼盒，赠送名茶集萃盒装。

购买精品三等大制黄芽270g礼盒、特三六安瓜片270g礼盒、双色黄山毛峰270g礼盒、双色安徽名茶270g礼盒、双色六安名茶270g礼盒、特三大制毛峰270g礼盒，赠送名茶集萃听装。

徽府茶行这种"随货赠品"的促销方式，很早就被一些厂商所使用。然而，徽府茶行这次推出促销方案，却不局限于此种促销手段。"名茶奢体验，买一就送一"这套产品促销的"组合拳"，给产品施加推力，使产品能够更快地进入市场和扩大市场，预期能在市场得到良好反应。我们知道，在市场上并非每一个公司都会做广告，但是每一家公司都无一例外地开展销售促进活动。所以，在我们赢取市场份额时，千万不可忘记使用促销组合这一有力武器。

〔姜含春、何映宇根据徽府茶行官方网站数据资料改编〕

案例分析

1. 徽府茶行的"名茶奢体验，买一就送一"的促销活动针对的目标市场是谁？具体有哪些措施？

2. 你对徽府茶行的"名茶奢体验，买一就送一"的促销活动有什么想法？是否有更好的促销方案？

【案例 二】

"上好茶！天猫春茶节放大招，玩转全民喝茶运动"

春风三月，新芽已经初成，茶香四溢，各地的春茶早已"拨弄"爱茶人士的心弦。3月17日起，2017天猫春茶节正式启动，600多个品牌的名茶尖货一起亮相今年的天猫春茶节，进行新茶首发。

此次天猫春茶节规整行业好茶、新茶，除了让消费者第一时间获得新鲜、有品质、性价比高的好茶，并通过十大名茶推荐、百人说茶直播活动引导大众挑选适合自己的茶品。不仅产地溯源保质保真，同时也免去了找茶的难题；另外，天猫春茶节大力推出"新茶"概念，从春茶上新、产品创新、配方更新等多个维度推荐正宗好茶品，更符合当代年轻群体甄选茶品的需求与喜好。

茶叶在过去将近半个世纪都是线下店铺体验式销售，人们习惯了在线下的茶叶门店里接受导购的推荐、体验后再下单。

近年来，网购成为越来越多年轻人的消费习惯，而茶叶的销售渠道也发生着跨越式的变革，极大地带动了线上茶叶消费和体验的升级。

根据消费群体及需求的不同，今年的天猫春茶节将目光聚焦在新茶预售、年轻女性、茶礼馈赠上，第一时间向大众推出新鲜时令好茶品，适合女性饮用的各类花果茶，以及茶品礼盒的精品馈赠，践行符合用户至上的消费理念。

在春茶节活动期间，推出内容丰富、惊喜连连的促销活动，如百元神券1元秒、第二件半价、茶王1元起拍、聚划算大牌9.9元秒杀、更有0.01元抢拍好茶、体验千元级别好茶等活动，这些活动点燃了消费者的参与热情，提升了春茶节的影响力和关注度。

天猫春茶节活动调整了茶行业的线上产品结构，引导消费者将目光集中在精品茶、特级茶上，让顾客能够充分了解真正的"好茶"，感受到品质纯正的茶香。本次推出的茶品之所以称为好茶，除了具有原地产保护认证的好茶种，更囊括了国内的十大名茶，春茶节精挑细选名茶中的知名品牌，并推动商家更新产品。

茶商玩起热门直播。春茶节期间推出"百人说茶"直播活动，各大知名茶商利用KOL花式直播，脑洞大开，依据各自品牌各设主题和场景，茶仙、道士、武媚娘等角色齐聚一堂，玩转潮流，茶商一秒变"网红"。

茶商转变传统推荐商品的单一模式，通过百人说茶这样的直播活动，赋予品牌更多的潮流元素和想象力，展现趣味化、年轻化、定制化、个性化的品牌内容，激发品牌内在的创新和活力，让更多年轻的消费群体以新颖、直观的方式关注到春茶节这场声势浩大的活动,更通过"内容直播+购买"的模式,加深了消费者对品牌的认知度。

在电商飞速发展的互联网大消费时代,传统茶行业逐渐显现出自身的局限。而电商平台的日渐成熟,加速茶企业转型,茶商在渠道分布上表现出多元化的发展趋势。今年天猫春茶节首度尝试新零售模式,联合25家商家超过100家自营门店参与线下体验—线上下单—线下提货的全链路营销模式,尝试打破以往线下门店单打独斗的情形,及茶叶消费的地域限制。

茶叶销售不仅仅是简单地供应产品,更是产品、服务与品牌文化的系统性输出。消费者升级为会员,零售升级为精选推介与顾问式营销,从而打造建立在大数据营销基础上的生态闭环,开启茶叶的大消费时代。

〔陈静根据中国茶叶网数据资料改编〕

案例分析

1. 天猫春茶节促销活动针对的目标市场是谁?具体有哪些措施?
2. 你对天猫春茶节促销活动成功与否?是否具有借鉴意义?意义何在?

【案例 三】

推销模拟场景设置

场景发生地址:广州白云机场附近某购物广场茶叶实体店

某先生与茶叶推销店员交易场景发生具体过程:

某先生在登机之前进入某购物广场茶叶实体店进行选购茶叶产品。

推销员:"先生您要红茶,还是绿茶?"

某先生:"我自己随便看看。"

推销员:"先生随便看。我看您都在看红茶,您喜欢坦洋红茶、祁门红茶,还是滇红茶?"

某先生:"看看。"(推销员的三个问题回答一个交易便会成交)

推销员:"先生随便看。我看您都在看坦洋红茶,请问一下先生您喜欢特级的还是一级的,我替您去拿来喝一下。"(这个销售人员的观察能力很强)

某先生:"看看。"(对推销员的问题回答特级还是一级,接近成交。)

推销员:"先生您做什么行业的?"

某先生:"我是职业讲师,职业培训师。"

推销员:"先生,难怪您都在看特级的茶叶,特别有眼光。这样先生,我们有一套特别适合您,是精装的,非常适合您的身份,但不知道有没有开封了的。我去找一下。"(销售人员通过赞美性语言引起顾客注意)

某先生:试喝没关系不要紧。(推销员没有咨询我就直接去行动)

推销员:"先生,我忘了问您是几点起飞的航班?"

某先生:"晚上8点。"

推销员:"哦。"

(最后一句某先生回答晚上8点。回答这句话代表什么?)

推销员:"找到了,特级的茶。真幸运,您里面坐,茶艺小姐来了,等一下我们给茶艺小姐去拿包装好的茶给您。"

推销员:"先生,我去拿点茶点。蜜饯,可以吗?"

某先生:"哦!"

推销员:"先生,我们这还有些书籍可以免费阅读,到这边挑选可以吗?"

某先生:"哦!"

············

(双方互动过程中,某先生喝着茶,看着杂志,这时候你要说不买,你觉得容不容易?当然不容易了。)

推销员:"先生,快去那边坐下来吧,茶艺小姐等您了。"

某先生:"多少钱?"

推销员:"4800元。"

某先生:"便宜一点吧。"

推销员:"4800元不能便宜了,除非您有会员卡。"

某先生:"会员卡我没有,可是你让我用用别的会员卡,你帮我借一张行吗?"

推销员:"实在不行。"

某先生:"帮我借一张嘛。"

推销员:"先生,下次来您要帮我再买一些产品。"

某先生:"好。您放心。"

推销员:"好,先生,我帮您打个折,一共3000多元。先生,您要开发票吗?"(价格开单,即将买单。)

(当某先生拿着茶叶准备离开的时候)

推销员:"先生,您要不要再看一级的?"

某先生:"不用了,我走了。"

(某先生奇怪自己原本没想过购买茶叶,竟然花费3000多元购买茶叶。)

任务目标:通过本次任务,训练学生在推销过程中,能够针对不同类型的顾客,熟练掌握推销洽谈的方法,并能灵活、恰当地运用,最终激发顾客的购买欲望。

任务要求:将学生随机分组,每组根据任务背景材料,由组长组织设计推销洽谈方案,并分角色模拟表演洽谈过程。各组间循环评价,最终得出各组平均得分,然后由老师进行点评,使学生充分认识到制定推销洽谈的方法。

思考题

1.约见顾客的内容包括哪些?

2.接近顾客的主要方法有哪些?

3.推销洽谈应遵循哪些原则?

4.常见的顾客异议类型有哪些?请任选两种类型的顾客异议,说明应该如何处理。

5.买卖合同的内容包括哪些?

第6章 茶叶市场营销新趋势

面对知识经济时代及其严峻的挑战,经济全球化、现代科技的飞速发展,特别是信息科技产业的崛起,从根本上改变着人们的生活方式和社会生产方式,带来比以往更为复杂和快速变化的社会经济环境。这预示着市场营销从思想观念、战略到方式都将发生深刻的变化,新的市场营销观念和方法将不断产生以应对市场新挑战。目前,在我国绿色营销、网络营销、关系营销、客户关系管理、连锁经营等方面引起了广泛关注,正在成为企业营销的新趋势。因此,茶叶企业必须做出反应,调整营销模式。本章对上述理论仅作简要介绍。

6.1 绿色营销

自20世纪60年代罗马俱乐部公布《增长的极限》以来,资源、环境等问题日渐为世人所关注,可持续发展被提上议程。1987年,联合国环境与发展委员会发表了《我们共同的未来》的报告,正式提出了"经济的可持续发展"这一概念。我国在1994年制定了《中国21世纪议程》,为在中国实现生态与经济协调发展提出了目标,制定了政策措施。2003年,我国提出了"科学发展观",旨在促进人与自然的和谐,实现经济发展和人口、资源、环境相协调,统筹人与自然和谐发展。

在这样一个历史发展的背景下,绿色营销开始出现了,它是整个绿色运动的一部分,是市场中的企业顺应经济发展和社会发展潮流的结果。在绿色理念普遍盛行的今天,哪种产品的环保功能强,哪个企业具有绿色意识,那么哪种产品、哪个企业就受消费者的欢迎。因此,绿色营销与营销的宗旨是完全一致的,它是营销内涵的进一步丰富化和现代化。

6.1.1 绿色营销的概念

关于绿色营销,有广义和狭义之述。广义的绿色营销,也称伦理营销,指企业营销活动中体现社会价值观、伦理道德观,既充分考虑社会效益,自觉维护自然生态平衡,更自觉抵制各种有害营销。狭义的绿色营销,也称生态营销或环保营销,指企业在营销活动中,谋求消费者利益、企业利益与环境利益的协调,既要充分满足消费者的需求,实现企业利润目标,也要充分注意自然生态平衡,维护人类社会的长远利益,实现经济与市场可持续发展。

绿色营销以环境保护为经营哲学思想、以绿色文化为价值观念、以消费者的绿色需求为出发点、以可持续发展为目标,可有效实现企业利益、消费者利益、社会利益及生态环境利益的协调统一。简言之,绿色营销是以满足消费者和经营者的共同利益为目的的社会绿色需求管理,以保护生态环境为宗旨的绿色市场营销模式。

6.1.2 绿色营销的特点

绿色营销与传统营销相比,具有以下特点:

1.在营销观念上,以绿色营销理念为指导

绿色营销观念是以满足需求为中心,为消费者提供能有效防止资源浪费、环境污染及损害健康的产品。在选择生产产品和技术时,企业必须考虑应尽量减少商品不利于环境保护的因素。因而在选择生产原料和制作过程方面,要减少不利影响;在产品设计及包装方面,要降低原材料消耗,减少商品包装或使用的残余物;在商品的软体服务方面,如产品的观念、售后服务等方面要节约及保护环境资源。

2.在营销目标上,追求可持续消费

传统营销的目标是最大限度地刺激消费,以取得利润作为企业单一的最终目标。而绿色营销的目标是使经济发展目标同生态发展和社会发展目标相协调,追求企业长远可持续发展。可以说,绿色营销目标的实现是通过"少即多"(减少消费的物质占有量,提高消费的满足度)原则的实施而实现的。如减少原料和能源的耗费,减少生产和消费过程中的污染,减少废弃物,减少消费品的包装,以及减少企业的管理成本等成本因素,以达到可持续消费的目的。

3.在营销战略与策略上,采用绿色营销组合

绿色营销策略突出"绿色性"。在开发绿色产品方面,从产品设计开始、产品使用乃至产品废弃物的处理等都要考虑对生态环境的影响。在制定绿色价格方面,树立环

境有偿使用的新观念，把企业用于环保方面的支出计入产品成本，并注意绿色产品在消费者心目中的形象，利用人们崇尚自然的心理，运用"感觉价值"进行定价，提高效益。在建立绿色渠道方面，注意控制销售过程中对环境造成的污染，节省环境资源，要使用绿色通道。在进行绿色促销方面，通过绿色媒体运用绿色促销方式传递绿色产品及绿色信息，引起消费者对绿色产品的需求及消费行为。

6.1.3 绿色营销的实施

绿色营销的实施是将绿色营销理论运用于企业实践的活动，为确保绿色营销的实施，应做好以下几个环节的工作。

1. 制定并实施绿色营销战略

企业对于绿色营销战略的制定和实施必须要有充足的准备，以便为绿色营销提供必要的条件。绿色营销战略应明确企业研制绿色产品的计划及必要的资源投入，具体说明环保的努力方向及措施。首先，通过市场调研明确消费者的绿色需求、可利用的自然资源之后，在满足消费者的绿色需求、低能耗、低成本的原则下，明确企业的绿色营销目标，包括销售、成本、利润和市场占有率目标，以及企业环境和社会业绩目标及其实施的措施；其次，合理计划企业资源、社会资源包括能源的利用，以及确定绿色营销组合策略。

2. 研制绿色产品

研制绿色产品是企业实施绿色营销的关键环节。绿色产品是在绿色化的产品设计、原材料使用、生产加工包装等各个环节生产出的。在设计产品时，充分考虑环境保护及社会改良的要求，尽可能设计出无污染或少污染的、节约原料或使用替代原料的、有利于消费者长远利益和社会整体利益的产品。在包装材料和形式的设计中，不仅考虑产品的装饰性，更注重环境保护功能；在整个生产过程中，采用无污染、低能耗的生产方式，并不断加大环保方面的投入。

3. 制定绿色价格

绿色产品的价格如制定得合理适宜，有利于树立产品形象和企业形象，提高产品竞争力。所谓绿色产品价格，是将环境保护和改善所花费的费用及绿色产品高品质研制成本，计入产品总成本，所形成的产品价格。绿色产品具有较高附加值，拥有优良的品质，无论是健康、安全、环保等诸多方面都具有普通产品无法比拟的优势。因此，绿色产品的价格一般高于普通产品价格，体现了环境与生态有价的新观念，绿色产品高品质的良好形象。

4.设计绿色渠道

选择设计合理适宜的绿色渠道是成功实施绿色营销的关键。为适应消费者的绿色需求,扩大绿色产品的销售,企业应不断建立和完善绿色产品销售网络,企业应做好以下活动:慎重选择绿色信誉好的中间商;而且要选择和改善能避免污染、减少损耗和降低费用的绿色运输工具、绿色储存设备;建立绿色产品专柜或绿色产品专营店,有条件的建立绿色产品连锁店;建立扁平化渠道结构——能减少渠道资源消耗,降低渠道费用,能够回收废弃消费品和包装的短而宽的渠道结构;等等。

5.开展绿色促销活动

绿色促销是利用绿色媒体,传播绿色企业行为和绿色产品信息,介绍环境保护知识,强化和提高环保意识,指导绿色消费,诱导绿色消费需求,倡导绿色生活方式,激发对绿色产品的消费行为的各种绿色促销活动的总称。实施绿色促销,还须防止过度促销,以免造成资源的浪费及声、光等感官污染。

6.2 网络营销

1991年,美国的三家 Internet 商业化服务提供商宣布用户可以把它们的 Internet 子网用于任何的商业用途。商业机构一踏入 Internet 这一陌生的世界就发现了它在通信、资料检索、客户服务等方面的巨大潜力。于是,其势一发而不可收拾,互联网逐渐演变成"虚拟市场",进而为全球众多的企业开辟了广阔的天地,网络营销因此产生,并随着计算机网络技术的飞速发展而迅速发展。计算机网络强大的通信能力和便利的商品经营环境,及其带来的时空概念、市场性质、企业运作方式及消费者购物方式上的深刻变化,改变了市场营销理论的根基,引起了营销活动的变革。

6.2.1 网络营销的概念

网络营销(Cyber Marketing 或 On-line Marketing 或 Network Marketing)是指借助于互联网络、通信技术和数字交互式媒体,实现营销目标的一种直复营销方式。在世界经济一体化和国际贸易自由化的今天,企业若想在竞争异常激烈的市场中求生存并获得更大发展,就不得不加入互联网,建立以大容量、高速化、交互式信息交换的巨型公共网络为基础的网络营销。网络营销的交互性可方便与消费者形成"一对一"的关系,满足消费者个性化的需求,也使企业可以实行全方位营销,将消费者整合到企业的营销过程中去,充分发挥消费者的主动性。另外,网络营销的跨越时空可满足消费者购物的便捷性与体验购物乐趣的需求。

经济活动的参与者有政府（government/G）、企业（business/B）和消费者（consumer/C）三种角色。按网络营销涉及的对象划分，网络营销应用有五种主要类型：B to B、B to C、B to G、C to G 和 C to C。目前，B to B 是网络营销的主流，是应用最为广泛、最为成功的一种网络营销模式。有资料表明，企业间网络营销的贸易额约是企业与消费者之间贸易额的 10 倍。

6.2.2 网络营销的特点

与传统营销相比，网络营销具有以下鲜明的特点：

1.市场范围的国际性

由于计算机网络技术的飞速发展，Internet 已与 180 多个国家和地区相连，使用该网的用户遍布世界各地，已达数亿之多，且 Internet 用户以每月 15% 的速度递增。计算机互联网联系范围的国际性使得企业可以利用这个全球性的信息媒体和传播渠道，将营销活动的范围扩大到全国乃至全球范围，实现市场的国际性。

2.交易时间的无限制性

由于网络的开放性、电脑信息的随时存取性、上网时间的无限制性，消费者可以随时上网搜寻有关商品信息或网上购物等；对于企业可以随时在网上进行消费需求调研，发布企业或产品信息，进行网上营销。也就是说，利用 Internet，买卖双方可不受时间限制在虚拟的 Internet 市场进行交易活动。

3.营销过程的虚拟性

Internet 将全球联网的无数个分布全球各地的买卖双方连接在一起，使得相处异地的买卖双方不用见面，而通过 Internet 及 WWW 即可直接"接触"，进行交易活动。这种能够进行交易活动的市场是虚拟的，完全打破了传统市场空间的局限性，为任何一个企业异地低成本交易的实现提供了可能。

4.交易活动的直复互动性

直复互动性营销是网络营销的重要特征，是指利用 Internet 企业与顾客之间不通过中间商及其他媒体而发生直接的联系。顾客可在网上直接向企业咨询产品信息，提出购买需求，订购产品，实现购买行为；企业可通过互联网直接向顾客征询需求信息和收集购买意见，并详尽地介绍产品，进行产品测试与顾客满意度调查。

5.信息传播的高效性

网络营销运用电脑储存大量的信息，其所传递的信息数量与精确度远超过其他媒体。互联网可以采用多媒体技术传播信息，集报纸、广播、电视媒体优势于一体，详尽、鲜活、生动地将产品直接展示给消费者。总之，Internet传播信息具有容量大、形式多样、迅速方便、更新及时、全球覆盖、自由和交互的特点。网络信息传播的高效性，对企业吸引力极大，使Internet已经或将成为企业信息双向沟通的重要媒体。

6.竞争环境的公平性

Internet为企业提供了一个真正平等、自由竞争的市场环境。网上的中小企业与跨国公司、知名企业面对的都是同一个覆盖全球的市场并将展开公平的市场竞争，有利于企业扩大市场和经营规模，从根本上增强企业的竞争优势。注意力成为网上竞争新的焦点，但它不完全取决于企业规模的大小、知名度的高低。

7.营销组合的4C性

网络营销以方便顾客表达购买欲望和需求（consumer wants and needs）为出发点建立网站主页，提供产品和服务；依靠互联网，顾客很方便（convenience to buy）地不受时空限制，无须四处奔波劳碌，可任意搜寻商品信息、挑选商品，实物商品一般可按顾客要求送货上门；网络通信成本低廉，网上营销可节省企业建立渠道分销商品的诸多花费，同时也降低顾客寻找、选择、购买商品的成本（cost）；网络为企业和顾客提供了全新的双向互动式的信息沟通渠道，使企业与顾客之间实现友好、高效的沟通（communication）。这些内容构成了网络营销的4C模式，改变了传统的营销组合的基础，营销理论从传统的4P理论演变为4C理论。

6.2.3 网络营销的实施

在网络营销中，传统的市场营销策略同样适用，这里不再赘述。实施网络营销包括以下四个方面。

1.网络营销产品组合策略

受消费者传统购物心理和习惯的影响，以及当前技术和经济条件的制约，并不是所有产品都可以上网销售的，即产品应适合于网上销售。网络产品组合，是指企业所经营的全部网络产品的整体构成。网络产品组合策略主要包括全线全面型策略、市场专业型策略、产品专业型策略以及有限的产品专业型策略。随着内外环境的变化，企业总是不断地调整自己的网络产品组合。

2.网络营销价格策略

网络营销中常用而传统营销很少使用的价格策略：(1)免费价格策略。免费价格策略就是将企业的产品或服务以零价格形式提供给顾客使用，满足顾客的需求。这是一种短期性和临时性的策略，主要用于促销和推广产品。该策略是从战略发展需求来制定，是先占领市场，然后再在市场获取收益。(2)个性化定价策略。个性化定价策略是在企业能实行定制生产的基础上，利用网络技术和辅助设计软件，帮助消费者选择配置或者自行设计能满足自己需求的个性化产品，同时承担自己愿意付出的价格成本。

3.网络营销销售渠道策略

网络营销销售渠道建设应注意以下几个问题：(1)渠道的设计。只有采用消费者放心且易于接受的购物方式，才有可能吸引消费者使用网络进行购物。(2)订货系统的设计。在建立 Web 服务器时应科学地规划设计网页。网页是企业网上营销的门户，网页的良好设计应体现能提高顾客满意度的 4C 组合思想。订货网页要简单明了，不要让消费者填写太多信息，同时应该提供搜索和分类查找功能，以便消费者在最短时间内找到需要的产品。(3)结算方式的选择。所谓电子支付，是指网上交易的当事人，包括企业、顾客和金融机构使用安全电子支付手段，通过网络进行货币支付或资金流转。目前主要有两大类：一是电子货币类，包括电子现金、电子钱包和电子信用卡等；二是电子支票类，如电子支票、电子汇款和电子划款等。前者主要用于企业和消费者之间的小额支付，后者主要用于企业之间的大额资金结算。在选择结算方式时，应考虑到目前实际发展的状况，在网上结算安全的前提下，尽量提供多种方式方便消费者选择。(4)配送系统的建立。建立完善的配送系统是建设网络营销销售渠道的关键。在现阶段我国配送体系还不成熟的时候，进行网络营销要考虑该产品是否适合目前的配送体系。

4.网络营销促销策略

网络促销，是指利用现代化网络技术向虚拟市场传递有关产品或服务的信息，以激发消费者的购买欲望和购买行为的各种活动。网络促销形式有网络广告、站点推广、销售促进和关系营销四种。实施网络营销促销主要是在确定网络促销对象的前提下，制定网络促销目标、设计网络促销内容、决定网络促销组合方式、制订网络促销预算方案和衡量网络促销效果。

6.3 关系营销

在商品供不应求的年代，顾客没有多少能选择的企业，企业并不在乎失去老顾客，因为市场需求的存在，总是不断地会有新顾客到来，从而使企业保持销售额不变或有所增长。而在商品供过于求的年代，顾客可任意选择企业，而企业失去的顾客则很可能再也不会回来，至此，企业开始感受到强烈的危机感，如果不采取有效的措施保留顾客，降低顾客流失率，则企业将无法立足。关系营销正是面对这样一种情势，针对企业保留客户的需要应运而生的一种新的营销方式。

6.3.1 关系营销的概念

关系营销理论，是指企业与其顾客、分销商、经销商等相关组织或个人建立、保持并加强关系，通过互利交换及共同履行诺言，使有关各方各自达到自身的目的和实现各自的利益。菲利普·科特勒对关系营销的定义："关系营销是指为了保持长期的优先权和业务经营而与关系顾客（如顾客、供应商、分销商）建立长期的令人满意的关系活动。"关系营销是一种崭新的营销观念和营销策略，它从传统的以获取短期交易为核心的营销转为以保留顾客关系为核心的营销，其与传统交易营销的区别主要体现在目标、观念和手段三个方面（见表6-1）。

表6-1 关系营销与交易营销的区别比较

	关系营销	交易营销
目标方面	集中于顾客的保持	集中于单独营销
	以顾客价值为导向	以产品特点为导向
	长时期同客户保持联系	客户关系时间短
观念方面	为顾客提供最大化价值	有限的顾客承诺和服务
手段方面	频繁的顾客接触	较少的顾客联系
	质量被所有部门关注	质量只在生产过程中被考虑

6.3.2 关系营销的特点

关系营销是以系统论为基本思想，将企业置身于社会经济大环境中来考察企业的市场营销活动，认为企业营销乃是一个与顾客、供销商、竞争者、内部员工、政府机构和社会组织发生互相作用的过程，正确处理与这些个人企业、政府及组织的关系是企业营销的核心，是企业成败的关键。关系营销的本质特点具有以下四点。

1.信息沟通的双向性

社会学认为关系是信息和情感交流的有机渠道，交流应该是双向的，既可以由企业开始,也可以由营销对象开始。广泛的信息交流和信息共享,可以使企业赢得支持和合作。

2.战略过程的协同性

在竞争性的市场上,明智的营销管理者应强调与利益相关者建立长期的、彼此信任的、互利的关系。各具优势的关系双方,互相取长补短,联合行动,协同运作去实现对双方都有益的共同目标,可以说是协调关系的最高形态。

3.营销活动的互利性

关系营销的基础在于交易双方之间有利益上的互补。关系建立在互利的基础上,要求互相了解对方的利益要求,寻求双方利益的共同点,并努力使双方利益得到实行。

4.信息反馈的及时性

关系营销应具备一个反馈的循环,连接关系双方,企业由此了解到环境的动态变化。信息的及时反馈,使关系营销具有动态的应变性,有利于挖掘新的市场机会。

6.3.3 关系营销的实施

关系营销的实施过程可分为选择目标市场、确定关系层次、提供所需利益、策划并执行营销策略四个步骤。

1.选择目标市场

在顾客分析的基础上,按照顾客关系价值、追求利益、转化成本和个性等因素将顾客市场细分,然后结合自身条件、市场竞争状况等因素选定企业关系营销的目标市场。

2.确定关系层次

企业对不同类型的顾客群体保持不同层次的关系,在关系成本投入、关系管理方式、关系营销策略等方面都有显著差别。企业与顾客的关系可以分为五个不同类型:(1)基本型。企业销售出商品后不再与顾客接触。(2)反应型。企业销售出商品,并鼓励顾客,如有问题或不满意就与公司联系。(3)可靠型。企业销售出商品后就给顾客打电话,了解对商品的看法和有关改进的建议,帮助解决使用中可能出现的问题。(4)主动型。企业销售出商品后经常与顾客联系,讨论改进产品用途和开发新产品的建议,帮助解决使用中出现的问题。(5)伙伴型。公司在商品售出后一直与顾客在一起,以找到影响顾客花钱的方式或帮助顾客更好行动的途径。

3.提供所需利益

关系营销必须以利益为纽带,坚持向顾客提供较多的利益才能保持长期稳定的关系，企业向顾客提供的利益主要有三种：(1)财务利益，指给顾客提供一定的物质利益或资金利益，这些措施能够赢得顾客的好感，但也很容易被竞争者模仿，难以保持公司的差别优势。(2)社交利益，指了解顾客的个人需求和爱好，将公司的服务个人化、私人化，增加情感交流，加深友谊和顾客归属感。(3)结构性利益，指为顾客体提供某些从别处无法获得或付出高昂代价才能获得的附加利益。由于结构性利益是通过整个企业体系提供给顾客的，离开了这个体系就难以得到，顾客和企业就会形成一种牢固的结构性联系。

4.策划并执行营销策略

明确了向顾客提供的利益之后，制定相应的规划，建立关系管理机构、委派关系经理等保障营销策略的执行。在执行中，及时纠正规划中的缺陷和执行过程中的问题，持续不断地改善规划。这样才能保证规划在合理的水平内达到目标，在高度竞争的市场中建立和加强顾客忠诚度。

6.4 客户关系管理

客户关系管理(Customer Relationship Management，CRM)是市场营销观念从生产观念、产品观念、推销观念、营销观念到社会营销观念不断更新的需要，是由计算机技术、通信技术、网络应用技术的发展和信息技术支持等方面背景所推动和促成的。在日益激烈的市场竞争环境下，越来越多的企业开始意识到寻找新顾客的成本和难度逐渐增加，越来越重视客户的维系问题。21世纪，客户资源开始成为市场竞争的关键资源，企业必须把经营力量的焦点从提高内部效率转向尊重外部客户，树立"以客户为中心"的经营管理理念，建立并维持良好的客户关系。

6.4.1 客户关系管理的概念

对客户关系管理的定义，目前还没有一个统一的表述。对于CRM的理解可以从三个层面展开，即管理理念的宏观层面、企业管理模式的中观层面和应用系统的微观层面。CRM的核心理念主要体现在四个理念：其一是客户价值的理念，客户关系管理的目的是实现客户长期价值的最大化；其二是市场经营的理念，要求企业的经营以客户为中心；其三是业务运作的理念，要求企业由"以产品为中心"的业务模式向"以客户为中心"的模式转变；其四是技术应用的理念，要求通过先进的技术水平来支持、改进业务流程。CRM是一种新型的商务模式，主要在市场竞争、销售及支持、客户服务等方面形成动态协调的全新关系实体，从而实现企业客户资源的最优化管理。CRM 是通过采用信息技术，使企业市场营销、销售管理、客户服务和支持等经营流程信息化，实现客户资源有效利用的一套应用软件系统。

6.4.2 客户关系管理的内容

客户关系管理的核心是"以客户为中心"。它通过满足客户个性化的需要，提高客户忠诚度，达到缩短销售周期、降低销售成本、增加收入、拓展市场、全面提升企业赢利能力和竞争能力的目的。CRM 包含三个主要内容：客户的终身价值、关系价值、信息技术。

1. 客户的终身价值

从客户生命周期的角度来看，客户的商业价值不仅是发掘客户的单次商业价值，更重要的是深入挖掘客户的整个生命周期的商业价值，即客户的终身价值。从广义来讲，客户的终身价值，是指企业与客户在整个交易关系维持的生命周期里，减除吸引客户、销售以及服务成本并考虑资金的时间价值，企业能从客户那里获得的所有收益之和。从狭义来讲，客户的终身价值，是指一个客户在与公司保持关系的整个期间内所产生的现金流的净现值（NPV）。客户终身价值由购买价值、推荐价值、成长价值、知识价值、交易价值构成的。

2. 关系价值

建立和维持客户的关系能为企业带来更大的价值。客户价值根据"未来利润"和"当前利润"两个维度可以分为：铅质客户、铁质客户、铂金客户、黄金客户。当前利润低、未来利润也低的铅质客户是企业数量最多的客户，不具有培养前景，甚至是问题客户，消耗企业的资源，企业应果断终止。当前利润低、未来利润高的铁质客户具有较大的潜在价值，企业需要精心培育这类客户，增加其忠诚度，从而提高企业的未来价值。当前利润高、未来利润低的铂金客户能给企业带来巨大的当前利润，是维持企业现金流的关键客户，需注意其未来价值不高。当前利润高、未来利润也高的黄金客户，无论是当前还是将来都能带来巨大的利润，是企业的宝贵财富，但数量往往是最少的。

3. 信息技术

信息技术是客户关系管理的关键因素，没有信息技术的支撑，客户关系管理可能还停留在早期的关系营销和关系管理阶段。CRM 把和客户接触的企业功能分为营销、销售及服务三个方面，加上资讯工具包括呼叫中心、PDA（个人数字助理）及网络三个工具,形成一个基于电子商务的面向客户的前端工具。企业通过 CRM,利用本企业的资源及销售商、服务商等合作伙伴的共享资源,可以进行客户管理、时间管理、联系人管理、销售管理、潜在客户管理、电话销售管理、电话营销管理、营销管理、客户服务管理,有的还涉及呼叫中心、合作伙伴关系、商业智能、知识、电子商务等方面管理。

6.4.3 客户关系管理的实施

实施客户关系管理应解决的问题主要有以下几个方面:选择对待客户的方式和从客户身上得到收益;本质上它是一种整体营销原理,是以客户为导向的企业营销管理的系统工程,是一种以客户为中心的经营策略;是以信息技术为手段,对业务功能进行重新设计,并对工作流程进行重组;是低成本获取客户并有效地留住客户,实现客户利润率、行为和满意度最大化的过程。其解决问题的思路如图 6—1 所示。

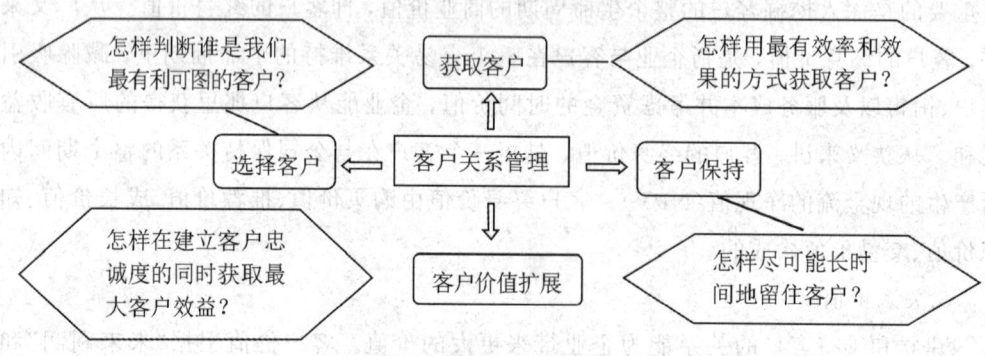

图 6—1　客户关系管理解决问题的思路

6.5 连锁经营

据《美国文献百科全书》和《美国连锁店百年史》记载,连锁经营起源于公元前 200 年的中国,而近代连锁经营则产生于美国,从 1859 年创立第一家连锁店"大西洋和太平洋茶叶公司"开始,到现在连锁经营已有 150 多年的历史。与国外相比,我国第一家中外合资连锁超市——深圳百佳超市于 1984 年落户深圳蛇口。目前,我国东南部比较发达地区和中心城市连锁经营已由导入期进入快速发展期,同时带动了我国西部地区连锁经营发展。

6.5.1 连锁经营的概念

连锁经营是一种商业组织形式和经营制度，是指经营同类商品、使用统一商号的若干个门店，在同一总部的管理下，采取统一采购或授予特许权等方式，实现规模效益的经营组织形式。它具有效益、规模、竞争方面的优势。在效益方面，首先，连锁经营总部研究企业的经营技巧，直接用于指导店铺的经营，有利于店铺经营水平的提高；其次，总部负责连锁店的选址、操作程序、技术管理、广告设计等方面实现标准化的经营，有利于改善服务，扩大销售；再次，各个店铺的一些共同性活动，如采购、储运、广告、宣传等，可以集中统一操作，从而减少企业的经营成本；最后，高度的组织化，增强了市场竞争力。在规模方面，首先，连锁店在对外采购上是集中采购，可以获得低价进货优势；其次，在集中采购的基础上，由总部集中配送，充分利用运输工具，及时运送，各连锁店可实现合理库存；最后，连锁经营是把多个连锁店组织起来，统一营运的群体，有利于分摊促销、研究、开发和培训的费用。在竞争方面，连锁经营具有议价能力、批发效率、多店铺效率、计算机使用、利用媒体传播广告、明显的管理和长期规划的竞争优势。

6.5.2 连锁经营的基本模式

1.正规连锁

正规连锁又叫直营连锁(Regular Chain，RC)，又称为公司连锁、联号连锁、多店铺连锁、多支店连锁，是大资本通过独资、控股或吞并、兼并等途径，发展壮大自身实力和规模的一种形式。它具有统一资本、集中管理、权力集中、分散销售、利益独享的主要特征。连锁店的门店均由总部全资或控股开设，在总部的直接领导下统一经营。正规连锁主要适用于需要巨额投资和复杂管理的零售业，特别是大型百货商店和超级市场。

2.自由连锁

自由连锁(Voluntary Chain，VC)，又称自愿连锁、任意连锁、志同连锁，是保留单个资本所有权的联合经营。它的最大特点为各店铺在所有权和财务上是独立的，与总部没有所属关系，只是在经营活动上存在协商和服务关系，统一订货和送货，统一使用信息及广告宣传，统一制定营销策略。各店铺在人事安排、经营品种、经营方式、经营策略等上有很大的自主权，每年只需按销售额或毛利的一定比例向总部上交加盟费即可。自由连锁主要存在于中、小企业中，但其发展难度较大，其中重要原因是：缺乏持久的合作精神以及过多考虑局部的近期利益。

3.特许连锁

特许连锁(Franchise Chain, FC)，又称特许经营连锁、特许加盟连锁，是通过签订合同，特许人将有权授予他人使用的商标、商号、经营模式等经营资源，授予被特许人使用；被特许人按照合同约定在统一经营体系下从事经营活动，并向特许人支付特许经营费。它具有以下几个特征：(1)特许连锁经营的核心是特许权的转让。(2)加盟总部与加盟店之间的关系是通过签订特许合约而形成的。(3)特许连锁经营的所有权是分散的，但经营权高度集中，对外要形成一致形象。(4)加盟总部提供特许权许可和经营指导，加盟店要为此支付一定费用。加盟店在表面上与直营连锁相似，要求对外形成同一资本经营的形象，但加盟店是自出资金、自担费用、自负盈亏，有内在的激励和发展机制。另外，它既可以利用加盟总部的技术、品牌和商誉开展经营，又享有加盟总部全方位的服务，所以经营风险较小、利润比较稳定。无论从国家竞争环境还是从企业自身的发展需要来看，特许连锁必将有广阔的发展前景。

6.5.3 连锁经营的营销实施

实现连锁经营就要切实做到统一采购、统一配送，必须在建立多个店铺或分支机构分别担当销售职能的基础上，统一商品标识、统一营销策略、统一销售价格和统一核算等。这些统一的目的有利于连锁经营企业对所属店铺实行统一采购、统一配送、统一价格及统一财务核算，才能保证商品的质量，降低售价，获得经济效益。

在日益激烈的商战和市场竞争中发挥连锁业优势外，连锁商店还必须在经营的商品、价格、促销方面采取正确的决策，才是其能否经营成功的关键。

1.商品战略

由于连锁企业兼有生产商和零售商的双重特征，连锁企业的商品战略必然整合这二者适应连锁经营的有关部分，突出自己的特色。连锁企业在商品定位上应充分考虑业态（每一种零售业态都有自己的基本特征和商品经营范围）；在单品管理方面实行20/80法则；在商品品种上应选择经营大众化和实用的品种；在经营过程的各环节尽可能单纯化、简单化，其程序上实行标准化。

2.价格战略

连锁商店在市场竞争中获得快速的发展，具有极强的生命力，归根结底是商品价格低。在价格定价方面，连锁企业应遵循薄利多销、以量制价、适当利润、物有所值的原则。

3.促销战略

除企业形象外,连锁企业在采用促销策略上与零售商的促销策略大体一致,即广告、人员推销、营业推广、公共关系。企业形象促销是连锁经营企业利用已经确立的社会公众认识和评价的理念系统、视觉形象系统和行为系统,来促进商品销售的一种间接促销方式。通过企业形象促销,建立企业的差异优势,突出本企业的文化价值。

小 结

经济全球化、现代科技的飞速发展,特别是信息科技产业的崛起及其严峻的挑战,从根本上改变着人们的生活方式和社会生产方式,带来比以往更为复杂和快速变化的社会经济环境,以及更为剧烈的全球竞争,这促使新的市场营销观念和方法不断产生。目前,在我国绿色营销、网络营销、关系营销、客户关系管理、连锁经营等引起了广泛关注,正在成为企业等有关组织营销的新领域或新趋势。因此,茶叶企业或组织必须作出反应,调整营销模式。

关于绿色营销有广义和狭义之述。前者也称伦理营销,指企业营销活动中体现社会价值观、伦理道德观,既充分考虑社会效益,自觉维护自然生态平衡,更自觉抵制各种有害营销。后者又称生态营销或环保营销,指企业营销活动,谋求消费者利益、企业利益与环境利益的协调,既要充分满足消费者的需求,实现企业利润目标,也要充分注意自然生态平衡,维护人类社会的长远利益,实现经济与市场可持续发展。绿色营销以环境保护为经营哲学思想,以绿色文化为价值观念,以消费者的绿色需求为出发点,以可持续发展为目标,可有效实现企业利润目标、消费者需要和社会生态利益三个方面的平衡,而将会成为21世纪我国的主流营销模式。

网络营销,是指借助于网络、通信技术和数字交互式媒体,实现营销目标的一种直复营销方式。20世纪90年代初,当美国的企业初涉互联网即尝到了它在通信、资料检索、客户服务等方面的巨大潜力。网络营销因此产生并随着计算机网络技术的飞速发展而迅速发展。计算机网络强大的通信能力和便利的商品经营环境,及其带来的时空概念、市场性质、企业运作方式及消费者购物方式上的深刻变化,改变了市场营销理论的根基,引起了营销活动的变革。

关系营销正是在供过于求的情势,针对企业保留客户的需要应运而生的一种新的营销方式。关系营销理论,是指企业与其顾客、分销商、经销商等相关组织或个人建立、保持并加强关系,通过互利交换及共同履行诺言,使有关各方各自达到自身的目的和实现各自的利益。菲利普·科特勒对关系营销的定义:"关系营销是指为了保持长期的优先权和业务经营而与关系顾客(如顾客、供应商、分销商)建立长期的令人满意的关系活动。"

客户关系管理是市场营销理论更新的需要,是计算机技术、通信技术、网络应用技术的发展和信息技术支持等方面背景所推动和促成的。对客户关系管理的定义,目前还没有一个统一的表述。对于CRM的理解可以从三个层面展开,即管理理念的宏观层面、企业管理模式的中观层面和应用系统的微观层面。CRM是一种新型的商务模式,主要在市场竞争、销售及支持、客户服务等方面形成动态协调的全新关系实体,从而实现企业客户资源的最优化管理。CRM是通过采用信息技术,使企业市场营销、销售管理、客户服务和支持等经营流程信息化,实现客户资源有效利用的一套应用软件系统。它是市场营销理论更新的需要,是计算机技术、通信技术、网络应用技术的发展和信息技术支持等方面背景所推动和促成的。

连锁经营是一种商业组织形式和经营制度,是指经营同类商品、使用统一商号的若干个门店,在同一总部的管理下,采取统一采购或授予特许权等方式,实现规模效益的经营组织形式。20世纪末,我国的零售业开始积极引入近代连锁经营方式,随着现代信息技术的应用与渗透,连锁经营成为一种现代的企业组织形态和经营制度,已被各行各业广泛采用。

【案例】
"九大超值服务"吸引战略合作——创造强大的品牌力

在茶叶营销战略问题上,参与2009年茶叶论坛峰会的各茶叶商对如何在金融危机条件下创造茶叶网站营销新模式问题上作了一番认真的讨论。这里,业界翘楚"第一茶叶网"——目前国内唯一与百度和谷歌进行新闻合作的茶叶媒体,审时度势,本着做大茶叶产业、扶持茶商的思想,2009年推出了茶业战略合作推广计划。

据"第一茶叶网"负责广告的营销总监魏涛介绍,2009年,"第一茶叶网"将在全国几十万个茶商中,精选8~15家茶业商家,与"第一茶叶网"抱团取暖,展开战略性合作,被精选的合作商家将得到超值的推广套餐。魏总告诉记者,"第一茶叶网"只排他性地从每个茶种所在的核心战略商家选择一家,但重点战略伙伴不止一家。

那么,这种意在推广值最大化的战略推广套餐到底都有什么内容呢?按"第一茶叶网"有关工作人员的话说,就是为被精选的合作商家提供以下的"九大超值服务"。

1. 首页 banner 广告。利用"第一茶叶网"强大的流量,在网站的首页显要位置推出广告诉求,加强产品在茶人中的知名度。

2. 新闻模板广告嵌入。"第一茶叶网"在该茶类的新闻页面模板全部换为与该茶相关推广模板,让合作商家真正分享到"第一茶叶网"强大的品牌力,从而有效地提升受众对其品牌的美誉度与信任度。

3. 活动全面介入。为提高合作商家相关促销活动的有效性与权威性,"第一茶叶网"将提供技术支持,并以官方网站的方式全面介入整个活动。这几年"第一茶叶网"以主办或协办的方式参与茶叶产地政府(如安溪县人民政府、武夷山市人民政府、福建省人民政府)的茶产业推广活动,与商家和机构办过几十场大型茶事活动,都取得超预期的效果,已成为中国茶事活动的第一品牌媒体。

4. 软件全程支持。由于"第一茶叶网"是目前国内唯一与百度和谷歌进行新闻合作的茶叶媒体,这样在"第一茶叶网"上一发出新闻,不仅会被国内众多的茶网载取("第一茶叶网"已是国内茶与食品行业网站载取新闻的主要网站),同时,更为有效的是不出5分钟,百度、谷歌就会收录(注:这不是一般的网页收录,而是新闻收录)。

5. 呼叫中心等免费应用。"第一茶叶网"作为国内第一品牌的茶叶网,不仅是茶界资讯与电子商务的服务商,更应该成为茶商营销与管理的提供商。"第一茶叶网"已与中国电信等运营商合作,2009年年初将为茶叶合作商提供消费者免费呼叫、业务员业务管理、经销商管理、客户资源管理、企业总机、呼叫搜索、网络广告、电话会议、视频会议、语音网站、即时通信、网络传真、个人名片、商务飞信等一整套行业营销应用解决方案。从而真正让茶人工作在"第一茶叶网",营销在"第一茶叶网"。

6. 精品茶叶网上销售推广。成为"第一茶叶网"精品茶叶商城的合作商家,"第一茶叶网"为这些茶商的品牌茶叶提供一个让网友放心购茶的平台。

7. 茶信通会员免费赠送。1600元/年的茶信通将免费赠送给战略合作商家。

8. 商家网站 SEO 优化。作为一个专业的已是业界第一的网站,"第一茶叶网"有一批专业的搜索引擎工程师,为战略伙伴的合作商网站免费进行优化。

9. 免费为战略伙伴招商加盟进行推广。"第一茶叶网"在自己的招商加盟频道及与"第一茶叶网"有战略合作关系的专业招商加盟平台,免费为合作伙伴推广。

"第一茶叶网"利用"九大超值服务"来吸引并精心挑选一定数量的优秀茶商的战略合作,不仅为这些茶商的品牌茶叶提供一个让网友放心购茶的平台,也提高了"第一茶叶网"的点击率及品牌力,从而达到双赢的目的,此乃"第一茶叶网"成功网络营销的一个创举。

〔姜含春、刘鑫根据"第一茶叶网"官方网站资料改编〕

案例思考

1. 你对"第一茶叶网"推出的"九大超值服务"吸引战略合作伙伴的营销模式有什么想法？属于当今茶叶营销新模式中的哪一种？

2. 你认为当今的茶叶营销新模式还有哪些？

 **思考题**

1. 如何实施绿色营销策略？
2. 什么是关系营销策略？
3. 如何实施客户关系管理？
4. 试述连锁经营的概念。

第7章 茶叶国际市场营销

茶叶国际市场营销,是指企业跨国或在国外进行的市场营销活动,包括茶叶出口和在国外投资经营等,是国内营销跨国界的延伸。在区域化、全球化的新形势下,国际茶叶市场出现了新变化、新特点和新趋势,因此,有必要对当前国际茶叶市场进行深入的分析,以便更好地为开展国际茶叶市场营销服务。

7.1 茶叶国际市场概述

茶已成为世界性的饮料,而且将成为21世纪的主导饮料。世界上有很多国家和地区生产茶叶,160多个国家和地区有茶叶消费习惯。2016年我国茶叶出口已增长130个国家和地区,主要以绿茶出口为主,出口市场也主要集中在西、北非洲、亚洲等国家和地区,主要有摩洛哥、日本、乌兹别克斯坦、美国、俄罗斯、中国香港、塞内加尔、加纳、毛里塔尼亚、阿尔及利亚、德国等。

2016年,我国茶园面积为4400万亩,居世界第一位;茶叶总产量为243万吨,居世界第一位;茶叶出口量为32.9万吨,出口金额为14.8亿美元,出口均价为4.49亿美元,居世界第二、三位。其中,红茶出口为3.3万吨,绿茶出口为27.1万吨,乌龙茶出口为1.6万吨,花茶出口为5803吨,普洱茶出口为2938吨。迄今为止,中国茶叶的出口范围很广,已经遍布亚洲、非洲、美洲和大洋洲等130个国家和地区。其中出口主要集中在摩洛哥、乌兹别克斯坦、日本、美国、俄罗斯、毛里塔尼亚、阿尔及利亚、塞内加尔等国家和地区。

7.1.1 国际茶叶市场的贸易特点

1.欧美市场

欧美市场包括美国、英国、波兰等国家。欧美市场是世界主要茶叶进口、消费者聚集地。由于欧美市场国家基本上为非产茶国，年进口茶叶最多，其中出口量最多茶类为红茶。出口茶叶经过拼配、分装（小包装）或加工成袋泡茶之后进入市场。

2.俄罗斯市场

俄罗斯是为数不多的传统茶叶消费大国之一，年茶叶进口量月17.05万吨左右。其中90%是红茶，绿茶和其他茶类仅占10%。俄罗斯进口茶叶在很大程度上受经济情况制约，而消费需求相对稳定。20世纪90年代以前，俄罗斯以进口的散装茶在国内拼配分装为主，最近几年直接进口的小包装茶有所增加。近几年，绿茶的功效越发被国际市场认可，俄罗斯也加大了对绿茶的进口量，但绿茶依然不是消费者的主流消费茶品。

3.非洲市场

西北非各国，包括摩洛哥、阿尔及利亚、尼日尔、突尼斯、利比亚、马里、塞内加尔、尼日利亚、冈比亚、布基纳法索、多哥等地处热带，气候炎热，人体水分散失量大，需要及时加以补充。非洲地区阿拉伯人以食牛、羊肉为主，必须借助于茶来消化食物，非洲人对绿茶的需求已到了"宁可三日无肉，不可一日无茶"的程度。非洲市场大多从我国进口散装、中包装茶和小包装茶，近年来小包装茶销售趋向多样化、品牌化、小型化。

非洲国家茶叶的进口关税普遍较高，大多数在50%以上。在卫生标准上，目前，该市场要求不高，但由于受到欧洲市场的影响，非洲市场的有些国家已考虑在农药残留及重金属含量等问题上提出新的要求。

4.亚洲市场

亚洲市场包括印度、斯里兰卡、印度尼西亚、越南、巴基斯坦等国家。其中印度、斯里兰卡、印度尼西亚、越南均为主要产茶国，其种植面积和产量基本处于稳定，没有太大的变化。主要供外销与内销。巴基斯坦是一个茶叶进口大国，其茶叶市场有两个明显特点：一是茶叶消费量一般随人口的增加而增加。二是茶叶消费的群众性。巴基斯坦全国消费以红茶为主，但北部地区也销少数绿茶，中部地区以销少数花茶及大叶种绿茶各约数千吨。

亚洲市场在未来国际茶叶市场的地位将越来越重要。

7.1.2 我国国际贸易状况

我国是茶树的原产地，有着悠久的茶叶种植历史和深厚的饮茶文化。随着茶产业迅猛发展、茶叶企业实力不断增强，我国茶叶出口取得骄人成绩，成为世界上茶叶对外贸易增长最有潜力的国家。2015年，我国茶叶出口32.5万吨，金额9.65亿元，出口数量和金额齐增。截至2014年年底，我国茶叶出口贸易国增至126个，出口市场相对集中。

摩洛哥为我国茶叶出口第一大市场，其次是美国、乌兹别克斯坦、日本、俄罗斯、阿尔及利亚、毛里塔尼亚、中国香港、伊朗和多哥等国家和地区，上述十国占我国茶叶出口总量的62.85%。而非洲是我国茶叶出口传统市场，占出口量的50%，保持非洲市场稳定增长是我国茶叶出口持续发展的重要基础。在茶叶出口市场中，摩洛哥、乌兹别克斯坦、塞内加尔、加纳和美国位居前五名。中国出口产品结构仍以大宗散装原料茶为主，绿茶保持绝对优势，占出口总量80%以上。

7.1.3 茶叶国际贸易实务

在进出口贸易中，由于交易方式和成交条件不同，其业务环节也不尽相同。各环节的工作，有的分先后进行，有的先后交叉进行，也有的齐头并进。但是，不论进口还是出口交易，一般都包括交易前的准备、商定合同和履行合同三个阶段。交易双方在充分准备的基础上，依法订立一个内容明确、完备的合同，以确定双方人的权利和义务，有利于履行合同和处理合同争议，也有利于进出口业务正常有序地进行。在我国的茶叶国际贸易中是以出口贸易为主，下面介绍出口贸易的业务流程。

1. 交易前准备工作

交易前准备工作从调查研究入手，通过各种途径广泛收集国外市场和客户的资料,选择适当的目标市场和资信好的贸易对象,制订出口经营方案,并开展多种形式的广告宣传等工作。与此同时,要做好商标在国外的注册,以避免培育多年的品牌在国外流失。

2. 贸易磋商和签订合同

贸易磋商的目的是买卖双方通过磋商取得一致意见,达成交易。贸易磋商具有高度的政策性、策略性和技术性,只有真正做到知己知彼,使自己尽可能处于主动地位,方能稳操胜券。贸易磋商在形式上可分为口头和书面两种。贸易磋商的一般程序应包括询盘、发盘、还盘、接受和签订合同等环节,其中发盘和接受是贸易成立的重要环节,也是合同成立的必要阶段。

3. 履行出口合同

买卖合同一经生效,买卖双方必须履行合同规定的义务。目前,我国绝大数出口合同为CIF合同,并且一般都采用信用证付款方式。在履行这类合同时,必须切实做好各个环节的工作。

(1)备货、报验。卖方根据出口合同的规定,按时、按质、按量地准备好应交的货物。货物备齐后,如合同规定必须由中国进出口商品检验检疫局出证的,及时向商品检验局申请检验。

(2)催证、审证、改证。当采用信用证为支付方式时,由于开立信用证是由买方申请,卖方为维护自己的权益必须做好对信用证的掌握、管理和使用,主要包括催证、审证和改证。如在审证过程中发现信用证内容与合同规定不符,应及时办理改证手续。

(3)租船订舱与保险。在装运货物之前,卖方应及时办理船舶订舱、报关、投保工作。在订舱托运时应考虑航线和运费问题。报关时,卖方提供合同副本、发票、装箱单、商检证明等有关证件向海关申报。经海关查验后,在装货单上盖章放行,凭以装船出口。投保时,卖方须及时向保险公司办理投保手续,并取得保险单或保险凭证。

(4)制单结汇。货物装运后,出口公司应按信用证规定正确缮制各种单据。在信用证规定的交单有效期内,递交银行办理议付结汇手续。在制单过程中,必须高度认真和细致,切实做到"单证相符"和"单单相符",以利于及时、安全收汇。

7.2 茶叶国际市场营销环境

成功的国际市场营销关键在于企业适应各种不断变化的、不可控的、不熟悉但与营销企业密切相关的环境。要适用环境首先要了解环境，并知道如何去适应环境，然后科学地制定国际市场营销战略和策略，满足国际市场需要。企业的国际市场营销环境包括宏观环境和微观环境。

7.2.1 茶叶国际市场宏观环境分析

宏观环境，是指给企业带来营销机会和环境威胁的主要社会力量和社会条件，它们与企业不存在直接的经济关系，主要包括社会文件环境、经济环境、政治法律环境、自然环境和技术环境等。

1.社会文化环境

根据文化诸因素对国际市场营销决策影响的程度，着重探讨语言、教育、宗教、价值观、审美观等因素。

①语言。了解目标市场国当地语言并予以恰当翻译，对于产品顺利进入目标市场极为重要，因为字典上的释义往往不同于习惯上的释义。例如，"价格低廉"一词直译成"verycheap"，会给人以劣质之感，若用"competitiveprice"则比较合适。

②教育。教育水平的高低往往与经济发展水平相一致，对消费结构、购买行为产生重大影响，因此，企业在决策时应对教育因素给予充分考虑。例如，绿茶主销的西北非地区，消费对象多数是农村或城市中的低收入民众。他们多数是文盲，不可能去阅读杂志上的广告，信息传播就难以奏效。企业在这些国家应更多地利用电视、广播和现场示范等促销形式，才能会收到良好的效果。

③宗教。宗教深刻地反映了消费者的某种理想、愿望和追求，宗教方面的规范和禁忌对国际市场营销形成了一定的制约，企业必须对目标市场的宗教的教规、禁忌和节日有所了解，以减少国际营销风险，发现更多市场机会。例如，我国绿茶出口几乎全部销往伊斯兰教国家，或拥有大量穆斯林侨民的地区。这是源于伊斯兰教禁止饮酒

的清规戒律。绿茶可以提神助兴,故"以茶代酒"和"以茶兴教"成为教徒们根深蒂固的消费习惯。又如,发行彩票和有奖购买在中东各国会引起争议。这在沙特阿拉伯则被视为赌博行为,严重违反教规而明令禁止。

④价值观。不同的文化对时间、品质、风险等都有不同的价值观,从而影响人们的消费行为和消费方式。例如,在时间意识强的欧美国家里,那些节省时间的茶叶产品,如具备适口、快捷特点的袋泡茶很受欢迎,速溶茶成为这些国家的主销产品。又如,西非人对新茶与陈茶区分不敏感,认为陈茶味更浓、更好。

⑤审美观。审美观具有强烈的民族性,不同国家、不同地区、不同民族审美观千差万别,即使是同一国家在不同时期其审美观也可能有很大不同。例如,在中国习惯用红色作为红茶包装的基色调,而在某些宗教国家里,红色只能让他们联想到魔鬼和死亡。又如,爱尔兰茶叶商习惯用色彩来代表和区分茶叶的档次,红色、褐色和绿色分别是高、中、低档袋泡茶的标志。

2.经济环境

国际市场营销经济环境分三个层次:一是从全球角度出发,考察整个世界经济的基本状况以及影响国际市场营销效应的全球层面的经济环境;二是从世界区域性范围及区域性组织出发考察文化背景相似、经济发展水平相当、关系往来密切的一系列国家和地区的区域性层面的经济环境;三是从一个国家角度出发考察某个具体国家的经济状况,及其对国际市场营销效应的国别层面的经济环境。本书对经济环境的研究,以第三层次为主。在研究一国的经济环境时,主要研究其市场规模(人口、收入)和经济特性(经济发展阶段、基础设施、通货膨胀)两大类因素。

①人口。当今世界呈现稳定和发展的趋势,人口预计将继续增长。人口增长是茶叶消费最基本的决定因素。从20世纪初到21世纪初,世界人口从16亿增加到近75亿,人口增加了将近4倍,同期世界茶叶消费量则增加7.5倍。由于茶叶是一种具有生理功能、营养价值、药理作用并且价格低廉的饮料,所以随着人口的增长,茶叶的消费量必定会持续提高。例如,随着人口的增加,印度茶叶外销迫于茶叶内销的增长而逐年减少,这给其他产茶国国际市场份额的扩大提供了条件。企业不仅要关心某一市

场当前人口总量,而且要注意了解该市场的人口增长率和人口结构。例如,在美国,袋泡茶和散装茶的主要消费对象是中老年人;草药茶饮者大多是24~35岁的男女;而饮冰茶的消费者大多为14~28岁的男性。

②收入。消费者收入是衡量市场规模及其质量的重要指标。一般情况下,收入水平低的国家,对茶叶产品的要求是价廉物美;收入水平高的国家,则要求中、高档茶叶产品,不仅对茶叶产品的质量、品种和包装有较高的要求,而且还讲究方便、快速、保健和多样化。企业在评价市场规模时应同时考虑人均指标和总量指标,并根据市场情况和产品的实际情况决定哪个指标更可行。

③经济发展阶段。一个国家所处的经济发展阶段不同,居民收入高低不同,消费者对产品的需求不同,从而直接或间接地影响到国际市场营销。经济发展水平高的国家,在市场营销方面强调茶叶产品的款式、功能和特色,重视广告及其他促销活动,非价格竞争多于价格竞争。而经济发展水平低的国家,比较侧重茶叶产品的功能及饮用性,价格因素起主导作用。

④基础设施。一般来说,一个国家的基础设施越完善,就越有利于提高营销效益,一个国家的经济实力越强,其基础设施水平也就越趋完善,也就越便利外国企业在本国市场的营销活动。目前,世界上有20多个国家和地区的茶叶产品从中国香港转口,转口茶叶辐射世界五大洲60多个国家和地区。中国香港的转口能力强,主要由于它拥有天然良港、交通便利、商业发达和信息灵通等综合优势。

⑤通货膨胀。从理论上讲,一国发生通货膨胀时,人们的实际收入下降,购买力下降,需求也下降;但从实际上看,通货膨胀同时刺激了人们的消费心理,导致抢购风潮的出现,这反而增加了需求。一国通货膨胀率高,则意味着该国货币的贬值。如果按该国货币作为茶叶合同中的计价结算货币,就会使茶叶出口企业蒙受结算上的损失,并加重茶叶向该国销售的困难。另外,中国茶叶出口企业还面临着国内通货膨胀的压力。

3.政治法律环境

政治环境引导着企业营销活动的方向,法律环境则为企业规定经营活动的行为准则。在局势动荡的国度里,社会矛盾尖锐,秩序混乱,人民于惶惶然中度日,消费需求受到很大限制。在这种情况下,茶叶国际市场营销可能遭遇较大的风险。例如,近年来,我国向伊拉克出口茶叶出现货款难以收回的问题,因为该国虽然有一定的市场潜力,但政局不稳定,战事频频,这必然影响到该国商业活动的正常开展。一国政府对外来产品和投资的态度往往是通过法律来体现的,法律具体地规定了企业竞争和经营等行为的"游戏规划"。企业只有依法进行各种营销活动,才能受到国家法律的有效保护。

4.自然环境

世界各国地理分布不同,造成各国地形、气候和资源的状况有很大的差异。而各国自然环境的差异必然会影响各国的经济特征甚至国家的经济和社会发展,从而在不同程度上给企业的国际营销决策带来影响。如果一国对企业茶叶产品需求量很大,但缺乏最基本的茶叶生产资源——特定的土壤和气候条件,那么企业只能向其出口茶叶产品。如欧美发达国家受茶资源的限制,茶叶消费全部依靠进口。

5.技术环境

21世纪是知识经济时代,技术革命成为经济发展的主要动力。技术革命带来技术创新,改变企业生产、经营和组织管理模式,同时改变市场运行模式和机制,推动知识经济发展。随着科技发展和电子业的发达,国际茶叶贸易方式将由现在传统的函电往来和直接洽谈的方式向网络交易方式发展。近年来,发达国家利用本身的技术和经济优势,以保护环境和人类的健康为由,通过严格的强制性技术法规,对进口商品提出更高的标准和严格的检验检疫措施。欧盟自2011年10月1日起对我国出口茶叶采取新进境口岸检验措施,企业生产、加工标准提高,增加了茶叶出口难度。受欧美及日本等发达国家和地区对茶叶的安全、卫生要求的影响,其他市场已考虑在农药残留及重金属含量等问题上提出新的要求。但目前我国茶叶农药残留超标率在16%~18%,与国际市场要求仍有相当距离。

7.2.2 茶叶国际市场微观环境分析

微观环境是与企业营销活动密切相关且直接作用于企业营销活动的各种力量,主要包括企业本身的状况、供应商、中间商、竞争者、顾客和公众。因此,茶叶国际市场微观环境与国内市场微观环境大同小异。此处，仅简述目前茶叶国际市场微观环境的状况。

1. 出口企业规模不大，难以在激烈的国际竞争中占据优势

虽然我国茶叶出口历史悠久，但我国茶叶出口企业拓展国际市场的综合实力与国际跨国公司相比存有较大差距，缺乏真正意义上的国际茶叶行业龙头企业和全球知名品牌，实力和规模普遍偏小，尚未形成有规模的标准化、规范化茶叶生产链，缺乏国外市场分销渠道，难以凭借自有品牌占领国际市场。

2. 建立国际茶叶市场，升级贸易流通方式，构建国际固定展示平台

搭建现代化交易平台，从根本上解决我国茶叶供销不畅通瓶颈，推动我国茶叶贸易方式尽快与国际接轨，增强我国茶产业在国际市场上的主导地位。

3. 茶叶产品结构趋于多样化

随着科技成果的不断转化、人们生活水平的提高、生活节奏的加快、保健意识的加强，茶叶产品将趋于健康化、方便化、多样化、品牌化。在国际市场中，未来茶叶的饮用仍应以传统茶叶和常规的冲饮方式为主。消费理念从单一的茶产品向多样化发展，突出个体对茶叶的喜好，对新品种研发提出更高要求。以功能茶、方便茶、科技茶等拓展国际市场，引领世界茶叶消费潮流。例如，风味茶，方便茶，科技茶，具有抗龋、降血压、降血脂、降血糖、抗衰老等功效的保健茶等。

4. 组织企业进行研发和科技交流，走"科技兴茶"之路

根据国际茶叶市场发展需求，加强茶产品的科技研发和创新。我国90%以上茶叶企业欠缺自主研发产品能力，贸易企业与科研机构缺乏合作，不能根据市场不同偏好生产适销对路的商品，新品种研发能力相对不足。欧美国家尽管不种植茶树，但企业十分重视茶叶新产品开发，深加工产业非常发达。我国应学习国外先进经验，通过行业组织将中小茶叶企业组织起来，一起进行科技攻关，共享研发成果，利用现代科技改造传统茶类，推动中国茶走向世界。

7.3 茶叶国际市场营销策略

茶叶国际市场营销和国内营销有很多共同之处：两者都是以企业为主体；企业要在了解市场需求的基础上，确定适当的营销战略和营销组合策略。本部分着重阐述茶叶国际市场营销策略及其所面临的一些特殊问题。

7.3.1 茶叶国际目标市场战略

制定茶叶国际目标市场战略的流程是：首先，企业按照顾客需求特征细分市场，深入调研与评价各个细分市场；其次，结合企业营销目标、营销环境和自身资源选择某个或某几个子市场作为目标市场；最后，针对这一目标市场进行市场定位。茶叶国际目标市场战略中评价细分市场原则、选择目标市场以及市场定位策略与国内的一样，区别更多体现在市场细分。

茶叶国际市场细分是企业决定在世界茶叶市场上应选择哪个国家或地区作为拟进入的市场。世界上有200多个国家和地区，由于受消费者所在地理区域、年龄、性别、收入水平、嗜好、习惯、生活方式和购买行为等多种因素的影响，不同区域的消费者具有不同的需求特征。国际市场细分的标准有地理标准、经济标准、文化标准和组合法等。通常地理标准是宏观细分最常用的标准，这是因为地理上接近，易于出口。近年来，随着各国区域性贸易和经济一体化的迅速发展，从而使地理接近的市场更可能具有同质性。而茶叶出口通常采取组合法，即以茶叶市场潜量、竞争力、风险等来综合分析，选择目标市场。茶叶国际市场消费者需求是企业开展国际市场营销活动的关键，需求特征一般概括为地理变数、人口变数、心理变数和行为变数四大类。

1.地理变数

地理变数包括地理位置和地理环境两大类变数。不同地形、气候的地区，居民的饮食结构、饮茶习惯也存在差别。一般按照地理位置把国际茶叶市场划分为西北非、北美、东南亚、西欧、东欧、独联体、中东等几大市场。

2.人口变数

人口变数包括人口总量、性别、年龄特征、文化程度、收入水平、家庭状况、饮食习惯、宗教信仰、民族、习俗等变数,其中以收入水平、人口总量、年龄特征、饮食习惯四项最有参考价值。

3.心理变数

心理变数包括生活方式、个性等变数。在欧美国家和地区,富有者往往对茶叶有求新求异的心理,并不太计较价格。相反,低收入者只要求购买满足基本需求的茶叶,对价格很在乎。

4.行为变数

行为变数是指消费者的购买动机或饮茶所追求的利益、饮茶者状况及饮茶频率、对品牌的忠诚以及对各种营销因素的敏感程度等变数。如企业可以按照饮茶量这个行为变数,将茶叶国际目标市场划分为未饮茶者、曾经饮茶者、潜在饮茶者、初次饮茶者、经常饮茶者等子市场。

7.3.2 茶叶国际市场产品策略

茶叶国际市场产品策略是茶叶国际市场营销组合中的核心与基础。由于出口企业面对的是错综复杂的茶叶国际市场营销环境以及不同的消费者,使得企业将面临许多新的问题。本部分着重阐述茶叶国际市场产品策略及其所面临的一些特殊问题。

1.茶叶国际市场产品策略

为使出口茶叶质量规格化,便于贸易交接,目前,我国的茶叶出口主要按照2008年10月1日实行的国家标准《出口茶叶质量安全控制规范》(GB/Z 21722—2008)实行的。该指导性技术文件由中华人民共和国国家质量监督检验检疫总局提出并归口,规定了出口茶叶在种植、采摘、加工、检验、监测、追溯、产品召回等环节质量安全控制方面的技术要求。茶叶出口企业需根据出口茶叶的检验检疫有关要求以及进口国的有关标准,从制作入手,加强质量安全监控,使茶叶质量标准化。例如,2017年1月5日,印度发布要求:茶中添加的铁限量要求为不超过250mg/kg。

2.茶叶产品生命周期策略

茶叶产品生命周期包括投入期、成长期、成熟期和衰退期四个阶段。这表明任何茶叶的市场生命都是有限的,在茶叶生命周期的不同阶段,茶叶的市场占有率、销售额、利润额是不一样的。由于各国的经济、科技发展水平、消费者的饮食习惯不同,因此,茶叶进入生命周期的每一阶段的时间先后不一样。因此,企业要认真分析和识别茶叶在目标市场国家所处的具体阶段,根据其不同阶段的特点,采取相应的营销组合策略,不断调整茶叶和市场结构,延长茶叶生命周期,以达到长久占领国际市场的目的。

3.茶叶产品组合策略

由于各国消费者对茶叶产品的认识是与其所在国的环境,尤其是与其社会文化状况密切相关的,对茶叶每一层次的不同需求,是随着营销环境的变化而变化的,并要求对茶叶产品进行适当的改进。这种改进可分为两类:一类是强制性适应改进,即由于国外特殊的法律、法规等,要求企业做适应性改进;另一类是非强制性适应改进,即指企业为了适应茶叶目标市场消费者的生活习惯、收入水平和需求的改变等,而主动对茶叶产品做出各种改进,如扩大产品组合、缩减产品组合、延伸产品线等,它是企业从事国际市场营销成败的关键。

4.国际市场产品进入策略

(1)茶叶标准化策略。茶叶标准化策略是指企业向世界不同国家或地区的所有市场都提供相同的产品。实施茶叶标准化策略的前提是市场的全球化。出口企业可将不同国家相似的细分市场作为一个总的细分市场,向其提供标准化茶叶或服务。企业可以生产全球标准化的产品以满足统一的世界市场的需求,获取规模经济效益。尽管茶叶标准化策略对出口企业相当有利,但缺陷也是非常明显的,即难以满足不同茶叶市场消费者不同的需求。

(2)茶叶差异化策略。茶叶差异化策略是企业向世界不同国家或地区市场提供不同的产品,以适应不同国家或地区市场的特殊需求。由于国际市场需求复杂,环境制约因素多变,一个企业试图以统一的产品来满足国际市场上所有顾客的需要往往是很难的,因此,许多企业不得不放弃标准化营销,而采用产品的差异化营销。差异化策略的优势在于能够更好地满足消费者个性化的需求。然而，选择这种策略的企业应具备极强的调研能力、研发能力，以能够准确地发觉目标市场国家消费者的个性化需求，并能够针对不同的需求开发和设计出不同的产品。

(3) 选择标准化与差异化策略的影响因素

① 成本与收益分析。从规模经济角度看，采用标准化策略，可使企业营销成本达到最低；而采用差异化策略，则要追加成本，但也可能增加销售量。

② 产品的目标市场国家。若目标市场国家消费者的独特文化传统、消费者的观念、行为等与我国有较大差别，则产品趋向于差别化营销策略；反之，则可更多地实行标准化营销策略。

③ 企业的国际经营目标。若企业的生产能力不够强，对国际市场占有的欲望较适度，只计划将与国内相近的国外市场纳入企业的目标市场范围，则可采取标准化营销策略；反之，若企业企图最大限度地开拓国际市场，包括与企业原来的目标市场差异较大的一切可能进入的国外市场，那么，企业就必须考虑差异化营销策略。

在营销实践中，企业往往将产品差异化和产品标准化策略综合运用。产品的差异化、多样化主要体现在外形上，而产品的核心部分往往是一样的。

5. 茶叶新产品开发策略

国际企业采取何种新产品开发策略要根据实际情况以及市场和竞争对手的状况而定。

(1) 自主开发策略。自主开发策略是指企业利用所能利用的一切资源，并依靠自身的力量取得新技术突破、拥有自主知识产权、率先完成技术的商业化、获取丰厚超额利润的策略。一般而言，如果企业拥有先进的技术、强大的研发能力、雄厚的资金和灵通的信息，就可以采用自主开发策略。但是采用自主开发策略的企业会面临着巨大的风险。

(2) 模仿创新策略。模仿创新策略是指企业在不违反知识产权法和国际惯例的条件下，通过学习模仿现有的先进技术或实用技术、吸取原创技术企业的成功经验、引进购买或破译原创企业核心技术和诀窍，并在此基础上改进和完善的创新策略。模仿创新可以缩小与原创企业在技术上的差距,在产品和工艺开发方面可避免像原创企业那样在研发上由于巨额投资而形成的高成本,使创新风险大大降低。

(3)合作开发策略。合作开发策略是指企业与高等院校、科研院所或者企业之间以资源共享或优势互补为前提,以协议的形式明确参与各方的目标、期限、规则、利益和责任,共同完成新技术研发的策略。在获得新技术突破非常困难的情况下,合作开发策略常常成为各国企业的首选,但是需要加强对合作开发成果的管理,以免使技术泄密。

(4)购买引进策略。购买引进策略是指企业不但可以直接从外部购买专利、新技术、新工艺,还可以直接并购拥有新技术和新产品的企业。实施该策略可以避免开发新技术和新产品的风险,可以节省开发资金和时间,可以迅速地获得经营利润。但是购买的新技术往往不是最先进的尖端技术。

6.茶叶品牌策略

(1)茶叶国际品牌设计原则

茶叶国际品牌的设计除应遵循商标设计的一般性原则(如简单易懂、便于识别、有助记忆、构思新颖独特、引人注目、适应茶叶特性、便于宣传)以外,还应特别注重以下设计原则。

①符合国际商标法和消费国商标法的规定。符合国际商标法的规定是茶叶国际商标设计必须遵循的一个重要原则。《巴黎公约》《马德里协定》和《商标注册公约》等国际公约对商标的国际注册、商标权利等问题都作出了明确的规定。

②符合消费者的传统文化和风俗习惯。出口茶叶的商标设计应注意与各国和地区的文化、习俗相适应(如对颜色、数字、动物、花卉、图案、语言等方面的喜好与禁忌),以避免不必要的纠纷。

(2)品牌策略

在品牌策略方面,企业除采用用否策略、归属策略、统分策略、品牌延伸策略外,还可以采用商标保护策略。商标保护策略包括注册优先策略、防御商标注册策略和联合商标注册策略。

① 注册优先策略。注册优先策略是指企业取得商标专用权，得到法律保护，并使企业的利益得到长期维护。世界上大多数国家和地区（如中国、东欧、日本等）都采用注册在先，才能取得商标所有权。因此，进入这些国家和地区市场的产品，应首先办理注册申请。如果被别人抢先注册，该商标的使用人就不能获得和应用该商标，从而给企业的利益带来损害。近年来，外商抢注中国企业商标的现象越来越严重。因此，企业进入国际市场必须对商标等无形资产给予足够的重视，增强注册商标的意识，有效地保护自己的利益。

② 防御商标注册策略。防御商标注册策略是指商标所有人在非类似产品上将其商标或近似商标分别注册，一是为防御他人在类似的产品上使用其商标，影响其信誉；二是为企业以后发展新的经营项目保留形成系列商标的充分余地，以防他人使用，有损企业形象。

③ 联合商标注册策略。联合商标注册策略是指商标所有人在相同产品上或在同类的不同产品上注册几个相同的或近似的商标。联合商标中已经使用的商标为主商标。注册联合商标的目的是保护主商标不被仿造，而不是使用。联合商标是个整体，相互间近似，不能分割转让。

7.茶叶包装策略

(1)茶叶包装的要求

茶叶包装一般分为运输包装和销售包装两大类。

在运输包装方面，不同国家对进口茶叶的要求不同，尤其注意运输包装形状和规格以及包装材料方面。在运输包装形状和规格上，出口商应按照能够经受住储存、运输过程中各种环境和条件的考验，保护茶叶产品不损坏、不污染、不受潮，并确保茶叶产品不向外泄露的原则选择相应性能参数或规格的包装材料。例如，普通茶的木板箱规格为 460mm×460mm×500mm，乌龙茶的木板箱规格为 460mm×360mm×450mm，纸板箱规格为 400mm×400mm×600mm、400mm×500mm×600mm。在运输包装材料上主要集中注意木制品和纸制品。例如，运输包装材料为木板箱时，进口国为了防止植物病虫害在国家间传播，要求出口国进行包装检验检疫。

在销售包装方面，设计茶叶包装的基本要求包括三个方面：一是销售包装应与茶叶价值相适应；二是准确传递商品信息；三是适应茶叶国际消费市场的需求，尤其是目标市场国际的文化、信仰等方面。茶叶出口包装设计是一项技术性和艺术性很强的工作，应做到美观、实用、经济、有个性和系列化。

(2)茶叶包装策略

在包装策略方面，企业除采用类似包装策略、组合包装策略、再使用包装策略、附赠品包装策略、更新包装策略、分类包装策略外，还可以采用中性包装策略和防篡改包装策略。中性包装策略是指企业在茶叶包装上不注明茶叶的原产地、国别、厂名、原品牌或商标等基本信息的一种包装。主要适合于一些初涉国际市场、知名度不高的国内中小企业。防篡改包装策略企业设计制作防伪包装、防篡改包装，防范侵权行为，保护企业和消费者的利益。

总之，企业应考虑不同产品、不同销售渠道、不同目标市场国等方面的具体特点，从满足消费者的要求、方便消费者的购买出发，运用现代科学技术，选择合理、恰当的包装策略，以最终实现在国际市场上树立良好形象、扩大市场占有率的目的。

8.茶叶的保证策略

(1)担保策略。茶叶担保是卖方向买方提供对茶叶的承诺。担保的内容通常应包括茶叶等级、质量、保管方法和保质期等。担保策略包括最低担保策略和附加担保策略。最低担保策略是对目标市场提供当地法律所要求的最低限度的担保。附加担保策略是指企业除提供最低担保以外，还额外提供更为苛刻的担保，让消费者的利益得到更大程度的保护。在激烈的竞争市场中，提供额外担保可以吸引更多的顾客，但会增加企业成本和风险等，如向客户出具银行保函等。

(2)服务策略。服务是指出口企业通过为消费者提供商品信息，以及进行茶叶知识咨询等，帮助消费者了解茶叶的特性，正确地选购、饮用茶叶及了解其保存方法等；及时处理用户的来信、来电、来访等问题；协助客户及时办理提货和通关等手续；为顾客提供信用和特殊的服务等，以保证茶叶功能的正常发挥，使茶叶质量担保得以落实，实现对消费者承诺的营销手段。良好的售前、售中和售后服务是企业在国际市场上的重要竞争手段，它有助于消除消费者的顾虑，赢得更多的消费者。

7.3.3 茶叶国际市场定价策略

1.影响茶叶定价的因素

茶叶国际定价除受国内定价的定价目标、产品生产成本、产品供求状况、供求弹性、市场竞争结构、政策和法律等因素影响外，还受包括含商检费、关税等产品成本、汇率波动、政治形势等因素的影响，更增加了定价的难度。下面主要从影响茶叶国际市场定价与国内市场定价的因素不同之处来分析。

(1)定价目标。一般来说，企业往往针对各个国家市场设定不同定价目标和定价策略。如在快速发展的国外市场上，企业可能更注重市场占有率的增长而暂时降低对利润的要求，采取低价渗透策略。而在低速发展的国外市场上，企业可能更多地考虑投资的回收，而采用高价撇脂策略。与当地厂商合资的企业，在定价上除了考虑自身的目标外，还必须考虑合作伙伴的要求。

(2)产品成本。国际茶叶成本与国内茶叶成本基本相同，可以分为生产成本和流通成本。所不同的是，茶叶实现跨国界流动时，由于从接单到交运、付款所花费的时间要比国内营销长得多，所以，国际间的茶叶流通还包括一些在国内营销所没有的成本，如国际运输费、保险费、关税、商检费、国际中间商费用。

(3)政府干预。政府可以从很多方面影响企业的定价政策，如关税、税收、汇率、利息、竞争政策以及行业发展规划等。一些国家对茶叶进口的规定约束了企业的定价自由。我国政府对出口茶叶实行退税和奖励等政策，可以降低出口茶叶成本，增强茶叶国际竞争力。

(4)国际货币变动。一方面，世界范围内存在通货膨胀或持续价格上涨的趋势，迫使企业提升产品售价以补偿增加的成本；另一方面，在浮动汇率体系下，随着货币价值在外汇市场上的波动，货币发生贬值或升值。茶叶国际市场营销活动中使用的计价货币是可以选择的，在实行浮动汇率的情况下，汇率变动使产品价格相对发生变动，从而影响营销的收益。

2.国际营销定价方法与策略

在定价方法上,国际定价与国内定价相同,即成本导向定价法、需求导向定价法和竞争导向定价法。在定价策略上,国际定价与国内营销大体一致,除新产品定价策略、心理定价策略、折扣和让价定价策略、产品组合定价策略外,还包括地理定价策略。下面针对地理定价策略从地区性差别定价和对销贸易两方面进行讲述。

(1)地区性差别定价。针对各个目标市场国家或地区的不同情况制定不同的价格(差异价格)。经验表明:许多公司都采用地区性差别定价策略。其形式主要有以下几种。

① FOB、CFR 和 CIF 定价。FOB、CFR 和 CIF 价格是我国进出口业务中最常采用的三种贸易术语,适用于海运或内河运输。其计算公式为:FOB 价=生产(采购)成本价+国内费用+净利润;CFR 价=FOB 价+国外运费;CIF 价=FOB 价+国外运费+国外保险费。FOB 价格构成简单,是在装运港的船上交货;CIF 和 CFR 价格是在指定目的港船上交货,更有利于卖方掌控货物,该船货衔接占优,并且采用 CIF 术语出口时,外汇收入高。后两种定价方法,离口岸近的国家的顾客负担费用小,离口岸远的国家的顾客负担费用大。同样,地理位置离口岸较远的企业竞争力相对要小。

② 分区定价。分区定价是指对于不同区域的顾客,分别制定不同的价格。茶叶在同一地区的价格相同,在不同地区价格有差异,离得远的区域茶叶的价格略高一些。

③ 基点定价。基点定价是出口企业选定某些地点作为基点,然后按同样的价格向其他地点供货,顾客购买茶叶价格的差异只包含离基点远近运费的不同,采用这种方法,减少了顾客购买茶叶价格的差异,有利于统一茶叶的市场价格。企业可以选定多个基点,按照顾客离得最近的基点计算运费。例如,企业出口茶叶到欧洲,可将茶叶先运输到荷兰的港口,然后通过集装箱将茶叶运到欧洲各地,则企业茶叶价格以荷兰为基点,以欧洲各地至荷兰港口的距离形成价格差异。

(2)对销贸易

① 易货贸易。即出口茶叶与其他商品的直接交换,不通过货币交易的方式。

② 补偿贸易。即出口茶叶一部分以货币结算,其余部分以产品偿还的方式结算。

采取定价策略要全面分析茶叶市场的情况，包括消费者的心理因素、竞争者采用的营销策略、茶叶产品的发展趋势、茶叶企业自身的发展状况和茶叶产品的成本费用等。结合这些因素来确定营销目的，在国家的价格规定和茶叶市场调节的范围内制定最合适的价格策略，以取得最佳利益。

3.茶叶国际市场营销调价策略

(1)茶叶的提价策略

由于国际市场供求关系及竞争状况的变化，茶叶价格在不断地变动，有时提价，有时降价。影响企业提价的因素主要有以下四项。

① 通货膨胀。世界范围内持续的通货膨胀使得企业的成本费用不断提高。与生产率增长不相称的成本增长速度，压低了出口企业的创汇能力，使得许多企业不得不视情提高茶叶价格。为了应付国际上普遍存在的通货膨胀趋势，企业可以采取很多方法来调整价格，比如，签订短期合同，或者在长期合同中附加调价条款；提高最小订货批量，减少正常的价格折扣；增加一些利润高的茶叶品种，取消利润比较低的茶叶品种；调配茶叶品质或者减少服务；采取推迟报价的策略。

② 绿色壁垒。欧盟对进口的茶叶实施严格的农药残留限制，美国、日本以及非洲一些国家也先后实施部分农药残留和卫生指标限制，使得检测费用和出口成本增加。

③ 供不应求。企业的茶叶产品供不应求，不能满足所有顾客的需要。在这种情况下，企业也有必要提价，或者对客户限额供应，或者两种措施共同采用。

④ 市场竞争。在国际市场营销实践中，企业会出于对竞争者价格或茶叶成本的考虑而提价，但提价幅度必须是顾客能够承受，且能够维系忠诚顾客的。提价幅度过大，差别优势就可能丧失，顾客将依据价格另选品牌或竞争者。

(2)茶叶的降价策略

在经济全球化的推动下，随着我国外贸体制改革的逐步深入，出口茶叶的门槛将逐步被取消，茶叶出口企业越来越多，茶叶市场竞争已经从国内竞争扩展到国际竞争，企业基于诸多因素的交织作用，有时不仅不会提高茶叶价格，更多的是会降低茶叶价格。其主要原因：一是竞争加剧；二是成本优势；三是供大于求。值得注意的是，降价不仅会减少企业管理利润,对茶叶产业链和产品线上其他品种茶叶也会带来影响。

7.3.4 茶叶国际市场进入方式和销售渠道策略

1.茶叶国际市场进入方式

所谓茶叶国际市场进入方式,是指国际营销企业进入并参与国外市场进行茶叶产品销售可供选择的方式。任何企业在出口产品时,都必然会面临分销的决策问题。国际分销与国内分销的重要区别在于区域范围不同,国际分销是跨越国界的,而国内分销则仅限于一国的国境之内。当企业采取不同的分销策略进入国际市场时,产品从生产者向消费者的转移就会经过不同的营销中介机构,从而形成不同类型的国际销售结构。以下对各种进入模式进行分别介绍。

(1)出口进入模式

长期以来,茶叶出口一直被作为茶叶企业进入国际市场的重要方式,一般须经过三个环节:第一个环节是本国内的分销渠道;第二个环节是由本国进入进口国的分销渠道;第三个环节是进口国的分销渠道。茶叶企业以出口方式进入茶叶国际市场,根据各种中间商按照是否拥有出口茶叶所有权可以分为经销中间商和代理中间商。经销中间商是对出口茶叶拥有所有权,通过销售赚取差价;而代理中间商则不拥有茶叶所有权,通过在销售中发挥媒介作用赚取佣金。茶叶出口一般可分为直接出口和间接出口两种方式。

①直接出口。直接出口是企业把茶叶产品直接卖给国外中间商或最终用户。采取直接出口的方式标志着企业真正开始了国际市场营销活动。直接出口主要有以下几种形式:直接卖给最终用户、通过外国进口商、利用国外经销商、利用国外代理商、设立驻外办事处、设立国外营销子公司。

企业采用直接出口的优势可以自主决策,直接获得茶叶国际市场信息,减少中间环节费用,积累国际市场营销经验,加强对分销活动的控制力,扩大企业在国际市场上的影响力。其劣势为,需要设立专门机构和人员,不仅增加费用,而且要承担经营风险。

② 间接出口。间接出口是指企业通过国内的中间商出口茶叶。通过选择国内中间商，企业把国外市场分销任务交给了其他公司。这对于国际销售额不大或在国外没有足够经验的公司来说，利用国内中间商是一种理想的进入国际市场的方式。国内中间商主要有国内专业贸易公司、出口管理公司、生产企业出口代理商等。

企业采用间接出口渠道的优势：可利用国内中间商在国外的渠道和经验，迅速打开国际市场；无须专门设立出口业务的机构和人员，节省费用开支。其劣势：企业对国外市场的控制程度很低或根本不能控制；远离目标市场，与目标顾客的联系接触是间接的，不能迅速直接地掌握国际市场信息，因而难以及时改进茶叶产品，提高茶叶产品的适应性和竞争力；不利于企业在目标市场建立自己的声誉。但时至今日，通过国内中间商进入国际市场仍然是一条主要的国际市场分销渠道。

(2) 契约进入模式

契约进入模式是企业与国外法人单位签订合同来转让技术、服务等无形产品而进入国际市场的方式。

① 许可证贸易进入模式。即企业在一定时期内向国外企业转让其产权（茶叶配方、包装、专利、商标、公司名称等无形资产）的使用权，以此获得提成或其他补偿。许可证合同的核心就是无形资产使用权的转移，其最明显的好处是绕过了进口壁垒，如规避关税、配额、高运费、竞争等不利因素，比较容易占有市场；不需生产和营销方面的大量投资，风险小，尤其政治风险很小。但是这种方式不仅限制了企业对茶叶目标国际市场的营销规划和方案的控制，还可能将被许可方培养成强劲的竞争对手。

② 特许经营进入模式。特许经营是许可证贸易的一种形式，与许可证进入模式很相似，所不同的是，特许方要给予被特许方以经营风格、管理方面的帮助。这种模式的优点是特许方不需太多的资源就能快速进入国外市场，而且还对被特许方的经营具有一定的控制权。但是很难保证被特许方按照合同的规定来提供茶叶和服务，不利于特许方在不同市场保证一致的品质形象。

③ 合同加工进入模式。即出口企业向国外企业提供茶叶原料、包装材料等由其包装，由出口企业自身负责营销的一种方式。

(3)对外投资进入模式

对外投资进入模式是指企业在国外进行投资生产并在国际市场销售产品的方式。随着经济全球化及各国经济开放的发展,越来越多的企业把通过对外投资作为进入国外市场的主要模式。对外投资可分为两种形式:合资经营和独资经营。

① 合资经营。它是指企业与茶叶目标市场国家的企业联合投资,共同经营,共担风险,获取经营收益的方式。联合投资方式可以是出口投资企业收购当地的部分股权,或当地公司购买出口投资企业在当地的股权,也可以双方按一定比例出资建立一个新的企业。

② 独资经营。它是指企业在目标国家单独投资建厂,进行产销活动。独资经营的标准不一定是100%的产权,主要是拥有完全的管理权与控制权。独资经营的方式可以是单纯的茶叶包装,也可以是复杂的茶叶加工与拼配。其组建方式可以是收买下当地公司,也可以是直接建新厂。独资经营具有高新技术保密、控制经营活动的特点。

最后,值得一提的是,国际网络营销成为企业进入国际市场的新兴渠道。

2.茶叶国际销售渠道策略

在国外茶叶市场上,如何选择销售渠道类型,是长渠道还是短渠道,是宽渠道还是窄渠道,是自己建立销售渠道,还是使用中间商,都要依据茶叶品种和市场的具体情况而定。各国社会、政治、经济、文化等发展状况不同,国际销售渠道由此呈现的特点迥异,必须具体分析和处理。企业在确定了渠道体制和销售策略的基础上,还应通过有关组织的介绍推荐,或通过交易会、展销会、刊登广告等招徕客户,在国际市场上正确选择渠道成员,经过仔细遴选,建立经销或代理关系。然后,对已选定的中间商还要经常评估考察,加强激励与监督,做好协调与管理工作,使渠道成员密切配合,共同完成营销任务。

7.3.5 茶叶国际市场促销策略

国际市场促销策略与国内市场促销策略在形式上相同,即有人员推销、广告、公共关系和营业推广。与国内市场促销策略相比,国际市场促销策略具有以下不同之处。

1.国际市场人员推销策略

在人员推销策略方面,国际贸易与国内贸易有共性的优点,但也有其不足。首先,推销人员和范围受到限制,往往只能做选择性和试点性的推销,有的效果反而还不如非人员推销方式好。其次,人员推销的费用一般比较高,增加了销售成本,不利于企业在国际市场上开展竞争。最后,对推销人员的素质要求高,不易培养。企业选择人员推销的类型主要有:①企业经常性派出贸易小组或驻外销售人员;②企业临时派出的有特殊任务的推销人员和销售服务人员;③组团参加国内外相关的展览会、交易会、拍卖会等;④企业在国外的代表处、分支机构(或附属机构)的推销人员;⑤利用国际市场的代理商和经销商进行推销。

2.茶叶国际广告策略

国际广告同国际营销有着密不可分的联系,具有广告的一般特点,如普及性、大众性、表现性等。但与国内广告相比,国际广告超越国内市场的地域限制,满足国际化广告业的全球营销和整体营销的需要,带有全球性的特征以及面临的具体市场环境差异性大的特点。

茶叶国际广告策略是企业一般都要面临着国际广告标准化或差异化的选择。所谓标准化,是指企业在不同国家的目标市场上,使用统一的广告主题和内容、统一的创意和表现的广告宣传。差异化则是指企业针对各国目标市场的特点,向其传送有针对性的广告策略,制作具有不同广告诉求、广告创意和广告表现手法不同的广告作品。企业采用国际广告的标准化或差异化策略并不取决于广告的地理条件,而取决于消费者购买产品的动机。当消费者对企业产品购买动机差异很大时,企业采取差异化国际营销战略时,应采用差异化的广告策略。当消费者对同类产品购买动机相似,则企业采取全球营销战略时,可采用标准化的广告策略。

国际广告是一项复杂、艰巨的工作,面临着各种各样的机会和挑战。国际企业必须首先跨越来自文化差异、东道国政府对广告的限制以及广告代理商和广告媒体的可获得性等各种障碍,才能将广告信息传递给目标受众,从而实现广告目标和营销目标。由于几乎所有从事国际营销的企业都是委托广告代理商办理广告事务,企业也应重视国际广告媒体和国际广告代理制度及代理商的选择,择优选用。

3.茶叶国际市场公共关系策略

公共关系主要指企业为了取得茶叶国际市场上社会公众和顾客的了解和信赖,促进销售,建立企业与国外社会公众之间的良好关系、树立企业在国外良好形象而进行的各种活动的总称。这里说的公众对象包括供应商、竞争者、国内外出口商、经销商、代理商、金融界、航运业、保险业、新闻界、政府部门等。总之,要在茶叶国际市场上建立良好的公共关系,必须以诚实为基础,以社会公众利益为原则,以树立企业形象为要旨,持续、全面、稳妥、有计划地开展工作,并通过一定的程序给予保证。

在公共关系方面,国际贸易与国内贸易有共同的内容和形式。主要包括:一是加强与传播媒介的关系;二是密切与消费者的关系;三是改善与政府的关系。所以,一方面,企业必须随时调整自己的行为,以适应外国政府政策的变化;另一方面,企业又要协调好可能发生的目标和利益的矛盾。由于出口企业处于不同的成长阶段,其公关任务也不一样。初始进入茶叶目标市场阶段,问题多,公关任务繁重。进入"营运"阶段后,就要关注茶叶目标市场国家的政局与政策动向,以及收付汇的风险问题。除此之外,企业可以经常向目标市场的有关政府部门和社会组织,说明本企业对公众和社会所做出的贡献,从而树立企业为茶叶目标市场社会与经济发展积极做贡献的形象。

4.茶叶国际市场营业推广策略

营业推广的目的通常有两个:诱发消费者尝试一种茶叶新产品或新牌子,尤其是刚进入国际市场的茶叶产品;刺激现有茶叶销量增加或库存减少。在茶叶国际市场上,营业推广策略一般可分为三类:面向中间商的营业推广策略;面向消费者的营业推广策略;面向推销人员的营业推广策略。因此,国际企业制定营业推广策略,不应只选择一种或几种推广方式,应充分考虑企业的整体国际营销策略对国际促销策略的要求。

总之,营业推广是为了某种具体的目标和任务,而采取的短期的、特殊的推销方法和措施。如为了打开茶叶出口的销路,刺激目标市场消费者购买,促销茶叶新产品,处理滞销茶叶,提高销售量等,往往使用这种促销方法来配合广告和人员推销,使二者相互呼应,相互补充。但是,营业推广在国际市场上不宜经常使用，否则，会引起顾客的观望和怀疑，从而影响茶叶销售。

小 结

茶叶国际市场营销是跨越国界的市场营销活动。茶叶国际市场营销与茶叶国际贸易以及国内茶叶营销，既有相同点，又有一定的区别。

在我国加入 WTO 后，茶叶市场营销活动面临一个新的国际环境，茶叶市场竞争关系已由国内竞争转向国际和国内双重竞争，国内、国际茶叶市场的相互作用和影响越来越大，茶叶产业对外开放进程不断加快，与茶叶国际目标市场国家的交流和合作日益广泛，国内、国际市场的关联度明显增强。

茶叶国际市场营销环境与国内茶叶市场营销环境相比，存在诸多差异，今后将有更为巨大的变化。

选择茶叶国际目标市场要以茶叶国际市场细分为基础，企业应根据本国及所进入茶叶目标市场国家的各种政治、经济情况以及企业自身的条件，确定所要进入的国际目标市场以及采用适当的方式进入该茶叶国际市场，并制定适当的营销组合策略，开展茶叶国际市场营销活动，以求在竞争中壮大企业实力，做强做大中国茶产业。

【案例】

立顿茶叶进军中国营销策略

立顿于 1871 年开始独立创业，以其独特的品牌技术和营销方式，创立了原味红茶和全球茶叶第一品牌，年销售额达数十亿美元，一个品牌的全年利润就超过我国的茶叶出口总值，并博得"世界红茶之王"的称号。

1. 立顿的登陆

早在 1993 年，北京茶叶总公司作为立顿的总经销企业，开始引进立顿红茶，其价格走的都是大众化路线，但无论在包装、口感、汤色、广告营销等方面均有独到之处，并在中国取得了巨大成功。1999年，立顿收购了北京"京华"茶叶，然而，京华作为一个老牌的国有品牌，在外资的介入下，不但没有起色，反而濒临销声匿迹。原因有很多，最重要的是"中国茶情"，中国茶业底子薄，但想以大量资金迅速占领中国市场，最终结果只能适得其反。2003年7月，立顿宣布，继"立顿红茶"后，推出"立顿绿茶""立顿茉莉花茶"等，又将为中国消费者提供充满健康活力的全新享受。

2.立顿的代理模式

立顿的通常做法是在一个省设立1～2个经销商。经销商在公司的支持下，独立启动市场，明确地规定市场启动期限、覆盖率、占有率、年销售额和市场保护措施。经销商实行竞升级制度，择优而定一家为销售代理。

3.立顿的营销计划

代理协议签署后，对目标客户进行了新一轮调查。战略上首先启动郑州市场；战术上将郑州分为三个作战区域，业务员于首批货物到达前对各辖区目标客户拜访完毕，作出精确统计、分类，建立客户档案。业务员在完成上述工作的同时，应配合企划部门启动企划方案。

(1)市场形势分析。从整体上看，由于群雄逐鹿，诸侯争霸，中原市场频受现代经济文化观念及外来生活方式的冲击，形成多变时尚倾向。茶叶饮料市场呈现百花齐放、平分秋色的局面。

①市场领导者。

a.信阳绿茶。代表品牌：信阳毛尖。

b.速溶咖啡。代表品牌：雀巢咖啡。

②市场挑战者。菊花茶、时珍槐仙茶、宁红减肥茶等因品质及功能定位问题，难成气候。

③市场追随者。群龙无首，销售模式陈旧，促销手段单一，杂乱无章。

(2)立顿目标市场。"立顿红茶"分为两大系列，即分片装浸泡与袋装冲服，适应市场需求，消费群较大。

①片装红茶。包装精美,设计巧妙,即冲即饮,简便易行,适宜旅游、办公及各大消费场所。

②袋装奶茶、冰红茶、蜜桃茶。品位不俗而价格适中,尤其适合妇女、儿童及老人饮用。

(3)市场细分

①用家(直接消费场所)。宾馆、酒店、咖啡厅、冷饮店、夜总会、酒吧、俱乐部。

②卖家。各大商厦、超市及百货店,大型食品饮料批发市场。

(4)产品分析

①机会点。

a.中原茶市场,各品牌市场份额大致均衡,市场凌乱,缺乏震撼力和号召力。

b.立顿以百年的生产经验,切入中原市场,自有不可估量的优势,其内在品质与外在形象均有叫响的理由。

c.立顿包装独具个性,色彩鲜明,识别性强。百年老牌,印象与口感令消费者赏心悦目。

②问题点。

a.品牌认知度低。对"立顿红茶"的商标和品牌缺乏认识。

b.习惯势力强。饮茶习惯,表面纷乱,无专注性,北方人喜饮绿茶的习惯。

c.时机不当。中原八月,赤日炎炎,"冬饮红茶夏饮绿"的口头禅即为明证。

③对策。

a.加大宣传力度,扩大品牌影响。

b.发表有品位、有说服力导向性文章,经媒体传播,动摇固有消费观念。

c.以"立顿"冰红茶、蜜桃茶为开路先锋,给消费者创造凉甜口感,提供一片清爽天地。

(5)推广关键

①普及饮茶知识。引经据典介绍茶经及趣闻,有奖问答,潜移默化地引导消费。

②适度广告宣传。精心选择媒体,巧妙组合,适度告之。

③新闻传播。制造新闻,小题大做,促发一场万民关注的"茶运动"。

④精心设计广告语。结合中原市场的文化心理口号,并使之传诵于街头巷尾。

⑤有效利用茶文化这个大背景。

⑥做好布点铺市工作。在新闻、公关及广告配合下,强行登陆,抢占批发、零售据点。

(6)推广步骤(分三组进行)

一组作业:为商业零售布点;二组作业:直接面对客户;三组作业:占领批发阵地。

(7)推广策略

①以零售带动批发。

②教客户赚钱。制作一壶"立顿苹果茶",成本不到2元,售价20元。

③独特的商品陈列。立顿饮法不同于国茶,讲求商品陈列。

④抢占媒体制高点。高品位新闻发布会是立顿在全国启动市场的惯用手法。

⑤生活化的宣传,谈心式的诱导。与媒体联合开设系列栏目"随风潜入夜,润物细无声",文化促销起到了潜移默化的作用。

⑥促销活动,多姿多彩。

a.赠饮、试饮。

b.于夜总会或迪厅等大众娱乐场所举办"立顿之夜"金曲抽奖晚会,奖品为装有立顿产品的各种花篮,突出立顿风情。

c.利用传统节日如中秋、国庆、春节等启动礼品市场。

⑦统一价位,稳定市场。原存货物,强行降价,统一价位,差额由立顿补足,以此维护立顿形象。

⑧广告流行语。标准语:个中享受,前所未有。展示语:人生得意处,"立顿"入口时。

案例分析

1.从该营销策划中,你得到哪些启示?

2.你认为立顿茶进入中国的成功之处和失败之处有哪些?为什么?

 **思考题**

1. 试分析文化环境对茶叶企业国际市场营销决策的影响。
2. 经济环境包括哪些因素？它们是如何影响茶叶企业国际市场营销的？
3. 国际企业在选择目标市场营销策略时应注意哪些因素？
4. 简述国际品牌的具体策略。
5. 简述国际市场定价的方法与策略。
6. 茶叶企业进入国际市场有哪些方式？
7. 标准化和差异化广告各有哪些优势？

第8章 茶叶市场营销技术实训

营销策划是在营销发展的新思路、新趋势中出现的。它是在市场营销基础上的一门更高层次的艺术,其实际操作性更强。随着市场竞争日益激烈,好的营销策划更成为企业创名牌,迎战市场的决胜利器。

8.1 茶叶营销策划的概述

8.1.1 茶叶营销策划的定义

茶叶营销策划是茶叶企业对将要发生的营销行为进行超前规划和实际操作,以提供一套系统的有关企业营销的未来方案,这套方案是策划人员在对企业内外部环境予以准确地分析并有效地运用各种资源的基础上,对一定时间内企业某项营销活动的行为、方针、目标、战略以及实施方案与具体措施进行的设计和计划。

茶叶营销策划可以使茶叶企业的营销活动有明确的行动方案,也可使其科学地开展起来;有利于营销人员对整个营销过程进行有效控制。企业营销活动的实施能否达到预期目标,也需要有一份策划加以对照,如果发现营销活动偏离了目标,就可以加以控制。

8.1.2 茶叶营销策划的分类

(1)茶叶企业目标市场定位策划。茶叶企业目标市场定位策划是茶叶企业在寻求市场营销机会、选定目标市场后,在目标消费者心目中树立某一特定位置及形象的行为方案、措施。

(2)茶叶产品策划。茶叶产品策划指茶叶企业从产品开发、上市、销售至报废的全过程的活动方案。

(3)茶叶价格策划。茶叶价格策划是茶叶企业产品在进入市场过程中如何利用价格因素来争取进入目标市场,进而渗透甚至占领目标市场,以及为达到营销目标而制定相应的价格策略的一系列活动及方案、措施。

(4)茶叶销售渠道策划。茶叶销售渠道策划是企业及其产品由生产地点向销售地点运动的过程。销售渠道决策是公司所面临的最复杂和最有挑战性的决策之一。

(5)茶叶促销策划。茶叶促销策划是把人员推销、广告、公共关系和营业推广等几种方式予以有机结合、综合运用,最终形成一种整体促销的活动方案。

8.1.3 茶叶营销策划的原则

(1)创意新颖原则。创意,即策划的内容必须新颖独特,表现手法也要新,给人以全新的感觉。新颖的创意是策划的重要特征之一。

(2)目的性原则。目的创意必须有利于达成预定的目标,是为目标服务的,否则再好的创意也没有价值。

(3)可操作性原则。编制的策划书是要用于指导营销活动,其指导性涉及营销活动中的每个人的工作及各环节关系的处理。因此其可操作性非常重要。

策划的构想要想有实现的可能,必须将创意与企业现有人力、物力、财力合理结合,最终能落到实处而且不产生副作用。无法实现的创意不是真正的策划,正如再好的点子,如果无法实施,只能启发人们的思路,不会产生效益。

8.1.4 茶叶营销策划应考虑的因素

(1)营销策划的前提

营销策划的两个基本前提是营销现状和营销目标。营销现状是茶叶企业所处的营销环境,它是企业进行营销策划的依据和基础;营销目标是企业希望达到的经营目标,它是营销策划的目的和结果。在一般情况下,营销现状与营销目标的距离越大,达到营销目标的难度越大,从而营销策划所花费的时间、费用、精力也越多。

(2)营销策划的结构

一项营销策划一般涉及现有的营销环境分析和营销策略两个部分。营销环境分析是为设定企业营销策略所作的基础分析;营销策略是营销策划中的主体,这两部分是相辅相成、缺一不可的。

(3)营销策划的时间

营销策划的时间没有一定的标准,应视策划本身的需要、条件以及复杂程度而定,一方面,营销策划的时间过长,茶叶企业的营销环境有可能发生大的变化;另一方面,如果营销策划的时间过短,就不能保证策划的质量。

(4)营销策划的类型

营销策划根据营销活动涉及的范围可以分成整体营销策划和局部营销策划两种类型。整体营销策划是策划内容涉及茶叶企业营销活动的全过程的,也就是既包括确定目标市场的策划,又包括占领目标市场的策划。局部营销策划既可以是确定目标市场的策划,也可以是占领目标市场的策划。确定目标市场的策划即茶叶企业目标市场定位策划。占领目标市场的策划包括茶叶产品策划、茶叶价格策划、茶叶销售渠道策划和茶叶促销策划。

(5)营销策划的资料

一项策划取得成功的前提条件是策划人员是否能取得充分而正确的资料,这些资料一般包括以下几项:市场供求状况、市场竞争状况、相关政策法规、顾客需求特征、企业茶叶产品特征等。营销策划的数据资料也不是越多越好,而是要根据策划的需要加以确定。

(6)营销策划的承担者

一项营销策划由谁来负责是一个重要问题,在一般情况下有三种选择:一是由企业自己的营销人员进行策划;二是委托专业的营销策划公司担任策划;三是聘请营销顾问与企业的营销部门一起进行策划。一般而言,属于程序性的策划、局部的策划和企业自身营销部门完全有能力担任的策划可以由企业营销人员自己担任。而综合性策划项目、大型策划项目和企业自己缺少策划能力的营销项目可以委托专业策划公司或聘请营销顾问进行策划。

(7)营销策划的方案

一项营销策划应提供单一方案还是多项方案,首先要看决策的前提条件是否确定,看市场变化趋势的方向是否明确;其次要看策划项目的大小;最后要看可供策划的经费。

(8)营销策划的表现形式

营销策划的表现形式一般为一份营销策划书或策划报告。

8.2 茶叶营销策划书的结构与内容

茶叶营销策划书依据茶产品或营销活动的不同要求,在策划的内容与编制格式上也会发生变化。但是,从营销策划活动一般规律来看,其中有些要素是相同的。一份规范的策划书常见的结构与内容,包括以下三个部分:

1.封面

在封面上需要标明:"策划书的名称""策划机构或策划人的名称""策划日期及本策划适用时间段"等。策划书的名称必须写得具体明确。策划机构或策划人的名称包括单位名称、人员名称、职务。策划日期为策划完成的日期,如果策划书经过修正之后才定案的话,除填写"某年某月某日完成"之外,还要加上"某年某月某日修正定案"。

2.目录

目录要罗列出整个策划方案的主要标题。其目的是通过目录可以使人们对策划方案有个概括的了解。

3.正文

正文部分是策划书的核心，基本内容应该包括以下内容：

(1)前言。在前言中阐明接受委托策划的情况、本次策划的重要性和必要性以及策划的过程及要达到的目的。策划目的是策划书中最重要的部分，应突出策划的目的性、方向性、包括策划的原因、前景资料、问题、创意关键等方面内容。具体内容因策划种类的不同而有所变化，但切忌过分详尽。此外，还要注意避免强词夺理的内容。

(2)市场环境分析。市场环境分析应根据调查收集的市场环境资料，经过整理、统计后进行分析，要求做到全面、准确、客观。具体选择哪些环境因素进行调查分析，可根据不同的企业、面对不同的市场来确定。

(3)市场机会与问题分析。这部分内容包括营销状况分析和市场机会分析两部分。分析市场机会是营销策划的关键。只要找准了市场机会，策划就成功了一半。

(4)具体的行销方案。具体的行销方案是策划书的重要部分，这部分内容包括目标市场、市场定位、产品、定价、分销渠道、促销、创意、广告宣传等。不同的策划目的，具体的行销方案在编制上也可有详略取舍。

(5)预算。策划是一项复杂的系统工程，需要量化一定的人力、物力和财力，因此，必须进行周密的预算。预算最好给出表格，列出总目和分目的支出内容，既方便核算，又便于以后查对。费用预算方法在此不再详谈，企业可凭借经验，具体分析制定。

(6)进度表。进度表是策划活动的全部过程拟成时间表，何月何日要做什么，加以标示清楚，以便日后检查。

(7)人员分配及场地。策划案在实施过程中，需要提供哪些场地、何种场地，需提供何种方式的人员协助等，均要加以说明。

(8)结束语。这部分可根据掌握的情报，预测策划案实施后的效果。同时，也能发挥与前言呼应的作用。

(9)附录。为便于策划顺利进行，其他重要的资料、注意事项应附在策划案后，以便查阅。

附：范本

"××牌云雾仙茗"分销渠道策划书

前 言

随着经济的增长与社会形态的转型，享受品的消费需求也日益加大。云雾仙茗的市场经过几年的开发，已点燃了市场创新的"火种"。

根据某公司将在广东市场推出"××牌云雾仙茗"的开发计划，受公司委托，通过对茶叶市场进行广泛的调查研究，特制定出本分销渠道策划书。

一、市场环境分析

(一)需求分析

据第六次全国人口普查，中国大约有13.46%为老年人，由于广东省是一个具有流动人口大省，从而减缓了人口老龄化的程度。但2009年65岁人口比例依然达到8%以上，根据追踪调查数据显示，广东省有70%的老年人患有慢性疾病，主要是高血压。

我国有2亿多人患有高血压，发病率高达25%，而且如今高血压已经不是老年人的专利，高血压趋向于年轻化。近年来，广东生活节奏加快，都市人平时工作繁忙、压力大，又长期缺乏运动，难得有释放压力的机会，加上部分人有一些不良的生活习惯，加速了高血压的发生。……根据茶叶功效、基本成分及功效：1.儿茶素类：也叫茶单宁，是特有成分，苦涩味。具抗氧化、抗突然异变、抗肿瘤、降低血液中胆固醇及低密度酯蛋白含量、抑制血压上升、抑制血小板凝集、抗菌、抗产物过敏等功效。2.咖啡因：苦味，构成茶汤味道的重要成分。喝茶可使长途开车的人保持头脑清醒及较有耐力。3.矿物质：茶中含11种矿物质，帮助体液维持碱性，保持健康，防止高血压，防蛀牙，抗氧化及防止老化，增强免疫力。……部分年轻人不仅想在繁杂的生活中寻求心灵的静、平，而且又想降低疾病发生率，选择一杯茶是最佳的选择。

因此，功能茶市场已发展到可开发阶段，同时，预计市场成长期将迅速来临。

(二)供给分析

目前，某品牌茶在广东市场同类产品众多，同时，该产品是成熟的产品，其营销广告方式的设计很专业,营销渠道成熟,售点形象气氛设计良好。在广东市场的茶产品中,×××、×××、×××(茶的品牌)等各自营造了不同消费群体,也占有一定的市场份额,形成群雄割据的局面。

从产品品种、规格、市场零售价方面,展示主要品牌情况一览表,如下表所示。

品牌	品种	规格	市场零售价
×××			
×××			
×××			

……

综合以上市场环境分析,××牌云雾仙茗的上市面临巨大的压力,但可在产品价格上有一定的优势,因为该产品的生产基地的土地、原料、加工成本很低廉。公司要想迅速在广东市场上市推广,关键是通过大面积的铺点和有吸引力的分销策略来实现

市场机会与问题分析……

营销状况分析……

市场机会分析……××牌云雾仙茗主要针对市场需求量较大、价格中等水平、喜欢喝茶的中老年消费者以及部分年轻茶客。

二、分销渠道的策划

(一)具体分销渠道的策划

1.组织公司的销售队伍

要组织一支好的销售队伍,企业可以考虑以下措施:(1)自选招聘社会人员,并对这些人员进行专业的培训,灌输企业思想,使其能代表企业直接与消费者进行接触,把产品及时推销出去,但企业的销售费用会上升。(2)在企业内部吸纳一部分人从事推销活动,由于这些人员对企业产品比较了解和熟悉,有利于产品市场的打开。(3)雇用一些兼职人员,例如在校大学生,他们有向社会推销的积极性,推销报酬要求也不高。但在校学生一般时间难以固定,无法对他们进行系统的培训,以致对产品熟悉不够。

2.零售业态的选择

随着广东商业的发展,零售业呈现出多种经营业态,这些业态都适应着当前人们消费需求的多样化、个性化和人性化需求。(1)大卖场。由于卖场具有营业面积大、选地合理、交通便利、价格便宜等特点,吸引了不少消费者前往购买。(2)连锁超市。以超市为代表的连锁业仍旧掌握着零售市场的主导权,况且其70%以上的网点设置在居民聚居区和城郊接合部,在经营商品结构上努力贴近市民的生活,很适宜茶叶的日常购买。(3)连锁便利店。便利店所设的店址更接近居民生活区或是办公区,人们可以很容易、很方便地购买到"随机型"的商品,而且便利店有一显著特点——季节变化起伏幅度远远小于全市零售额的起伏,即使茶叶在便利店的销售量不是很高,但相对而言会很稳定。(4)超级商场。超级商场已经趋于成熟,而且向复合型的方向发展,融餐饮、娱乐为一体,在商场内办大型的美食中心,供消费者在购物之余休息和消费,这也可以作为茶叶的一个卖点。

(二)分销渠道覆盖面的策划

茶叶作为一种特殊商品,除了它的饮用保健功能,还能体现它的文化艺术价值,它能使人清心、雅净、回归自然——茶叶店的选择要根据茶叶的特性,归纳起来一般有以下地段:

1.繁华商业中心。这些地区商业氛围浓,客流量大,购物层次复杂,购买频率高,消费者大多有较强的求质、求好、求美的特点,但房价或租金的费用比较高,竞争尤为激烈,这些地方要求茶叶品位高一些,要注意品牌,名茶品种要丰富,与茶叶有关的茶具、茶书要配套,如紫砂、瓷器、玻璃茶具等。覆盖率追求最大化。

2.宾馆饭店群附近。宾馆饭店是商旅居住的地方,他们大多不带茶叶,随时购买,而且为了走亲访友,捎一点茶叶,显得雅而不俗,饭店也要用茶,"客来泡茶"是中国人的传统礼节。在宾馆饭店群旁开茶店,是比较划得来的,房租不宜过高,同时还可以租用宾馆饭店的经营大厅,提高格调并可以与茶艺结合起来。覆盖率最好达到60%。

3.居民区。茶叶是居民消费的必需品,选择居民区一般风险较小,但同时针对不同居民层次,茶店经营风格也不尽相同。力求销售覆盖率最大化。

(1)老区。茶叶不要过于高档,偏向于中低档,追求利润要低,营业员要灵活,注重人缘,茶叶质量一定要稳定,信誉要好。

(2)新区。这类居民消费较超前,且物质财富和精神文明相对提高,要求经营者茶叶品种档次略微偏高一些,品种丰富一些,新品种要多上,跟上茶叶品种的新潮流。

(3)高档物业区。这类人群生活水平高、节奏快。在这个地段开茶叶店,品位应偏高一点,价格也应高一点,要求营业员素质更佳,包装应精致,茶叶包装时速度要快,同时可多上一些高档礼品、高档茶具,营业时间放长一些。

(4)行业居住区。现在有些城市,形成一种行业居住区,如离退休老干部区、教师区、明星区。茶叶经营者要根据不同人群的特性,采取不同的经营风格。

(5)集贸市场。这些地方客流量大,但消费者大多数是购物好手,要求茶叶价格实惠。

其他还有一些地方,如旅游景点,不适应大规模经营,适当经营一些纪念性包装茶等。

三、分销渠道方案的实施

(一)分销渠道方案的进度表

时间	工作布置	负责部门
2011年10月底	本方案讨论、通过	厂总部
2011年11~12月	组织、培训公司销售队伍	人事部、培训部
2012年1月15日前	与零售商制订各渠道销售计划	销售部
2012年1月16~25日	按上述计划备货	生产部、销售部
2012年1月16~25日	各渠道上市宣传工作	市场部、广告部

(二)实施分销渠道方案的费用预算

总费用:3800000元

阶段费用:第一阶段:2000000元

第二阶段:1800000元

项目费用:公关费用:3500000元

广告费用:300000元

四、人员分配及场地

(一)活动方案:开业真情大派送

设计制作一批代金券(做成红包形式),要求销售人员派送(大部分送给老客户和中老年人士)。

派送办法:老顾客以"挂历＋代金券"的形式,潜在顾客以邮寄的方式。

代金券的使用办法:消费金额现金与代金券比例为5:1。

……

(二)人员分工:30名临时促销人员给老顾客发代金券,10人进行邮寄。

……

活动时间:2012年1月16～25日。

结束语

本策划本着公司实际情况,历时一个月的时间完成,报告主要侧重分析茶叶的内外环境、营销渠道策略方面……

附录:市场调查问卷、市场调查报告、参考文献等数据资料

参考文献

1. 中国茶叶网.[OL]http://www.e-chinatea.cn/Default.aspx,2015.

2. 2016年1~12月我国茶叶出口海关统计数据.[OL]http://www.puercn.com/cysj/dcbg/112730.html,2015.

3. 中国茶叶产业"十三五"发展规划.[OL]http://www.xiaxin.name/Art.aspx?id=2875,2015.

4. 朱成钢,王超.市场营销学[M].上海:立信会计出版社,2015.

5. 黄文恒,周贺来,王辉.现代推销实务[M].北京:机械工业出版社,2010.

6. 张丽华,翟华,等.推销技术[M].广州:华南理工大学出版社,2015.

7. 邹海涛,胡东宁,张雪峰.国际市场营销[M].北京:中国铁道出版社,2016.